Ebba D. Drolshagen
Der freundliche Feind

Ebba D. Drolshagen

Der freundliche Feind

Wehrmachtssoldaten im besetzten Europa

Droemer

Besuchen Sie uns im Internet:
www.droemer.de

Die Einschweißfolie ist biologisch abbaubar.
Dieses Buch wurde auf chlor- und säurefreiem Papier gedruckt.

Copyright © 2009 bei Droemer Verlag
Ein Unternehmen der Droemerschen Verlagsanstalt
Th. Knaur Nachf. GmbH & Co. KG, München
Alle Rechte vorbehalten. Das Werk darf – auch teilweise –
nur mit Genehmigung des Verlages wiedergegeben werden.
Umschlaggestaltung: ZERO Werbeagentur, München
Umschlagabbildungen: Hintergrund: FinePic, München;
oben: Imperial War Museum;
rechts: Gerhard Gronefeld / Historisches Museum, Berlin;
unten: Süddeutsche Zeitung Photo, Knorr + Hirth
Satz: Adobe InDesign im Verlag
Druck und Bindung: CPI – Ebner & Spiegel, Ulm
Printed in Germany
ISBN 978-3-426-27440-8

2   4   5   3   1

Inhalt

»Die Verhältnisse waren anders, als Geschichtsschreibung und Ideologie behaupten, und sie waren auch anders, als die Leute sich erinnern.«

Harald Welzer

»Aber man darf nicht vergessen, dass die Besatzungszeit täglich war.«

Jean-Paul Sartre

»Die offizielle Aufarbeitung der Geschichte ist eine der gesellschaftlichen Übereinkünfte und politischen Verhandlungen, die die individuellen Erfahrungen der Menschen ausblendet.«

Claudia Schwartz

»Ich frage mich außerdem, ob es nicht in allen Kriegen Kontakte zwischen der besiegten Bevölkerung und den siegreichen Soldaten gegeben hat. Die Historiker und Schriftsteller haben sie vernachlässigt, weil sie ihre Berichte erbaulich und sittsam haben wollten, weil diese armseligen Details ihre allgemeine Linie stören, ihr grobes Bild verändern.«

Léon Werth

Der andere Krieg
Ein Vorwort

Nur sechs Nationen in Europa wurden nicht in den Zweiten Weltkrieg hineingezogen, und trotzdem sind die Worte »Wehrmacht« und »Wehrmachtssoldat« in Deutschland eng, beinahe ausschließlich mit den besetzten Ostgebieten, der Ostfront und jenen Verbrechen der Wehrmacht verbunden, die Gegenstand der gleichnamigen Ausstellung waren. Aber während im Osten und Südosten Europas ein Vernichtungskrieg geführt wurde, handelte es sich im Westen und Norden um einen quasi konventionellen »Normalkrieg«. Nach dem Einmarsch der Deutschen fanden in diesen Ländern keine Kriegshandlungen mehr statt.[1]

Dem Deutschen Reich lag viel daran, sich in Nord- und Westeuropa gewissermaßen als »korrekte Besatzungsmacht« zu präsentieren. Das hatte ebenso politische wie militärische Gründe, sicherte es doch die Disziplin der Truppe und sparte Ressourcen. Je weniger konkreten Anlass man der Bevölkerung zu Unzufriedenheit, Aufbegehren und Widerstand gab, umso weniger militärische Kräfte musste man für die Besatzung dieses Landes binden.[2] Den Wehrmachtssoldaten wurde unter Androhung strengster Strafen befohlen, sich der Zivilbevölkerung gegenüber »korrekt und höflich« zu verhalten. Man habe, sagte ein deutscher Zeitzeuge, »die Franzosen nicht wie Besiegte behandeln« dürfen, in

Norwegen bestätigten nach dem Krieg selbst renommierte Historiker und ehemalige Widerstandskämpfer, dass sich die Wehrmacht im Land »als nahezu mustergültige Besatzungsarmee« aufgeführt habe und »die Norweger sich ohne Angst vor Übergriffen sicher auf den Straßen bewegen konnten«.[3]

Aber was heißt in einer solchen Situation eigentlich »korrekt«? In Deutschland stehen derartige Äußerungen schnell im Verdacht, dem Mythos der sauberen Wehrmacht das Wort reden zu wollen, während sie doch wenig mehr sagen als dies: In Ländern wie Norwegen und Frankreich waren die Bürger nicht völlig entrechtet. Sie mussten nicht fürchten, auf der Straße willkürlich bedroht, schikaniert oder erschossen zu werden. Die Soldaten mussten ihre Einkäufe bezahlen und konnten nicht nach Belieben in Privathäuser eindringen.

Manche Zivilisten waren auch dort entrechtet, denn Menschen, die als »rassisch minderwertig« verfemt wurden sowie all jene, die das Besatzungsregime als widerständig einschätzte, wurden selbstredend nirgends und zu keinem Zeitpunkt »korrekt« behandelt. Zu den wenigen Konstanten in allen deutsch besetzten Ländern zählte die Verfolgung der Juden.

Verschiedene Nationen litten verschieden stark unter dem Krieg und der Okkupation, aber auch eine »milde« Besatzung brachte Leid und Entbehrungen. Es fielen hie und da Bomben, die Menschen hungerten, diese »Milde« der Besatzer konnte jederzeit und ohne (für die Zivilbevölkerung erkennbaren) Anlass in Brutalität umschlagen. Wegen dieser latenten, aber nicht immer sichtbaren Gewalt bezeichneten die Norweger die Politik des deutschen Besatzungsregimes als »Eisenfaust im Samthandschuh«.

10

Der Zweite Weltkrieg und die deutsche Besatzung veränderten das Leben der Zivilbevölkerung in diesen Ländern schlagartig und radikal. Sie musste mit den Regeln, Befehlen und Drohungen der neuen Machthaber, der Anwesenheit zahlloser (meist junger) fremder Männer und oft genug auch der Abwesenheit der eigenen Männer zurechtkommen, die zum Beispiel als Kriegsgefangene in Deutschland waren. Doch das Leben muss weitergehen, wie es ebenso banal wie zutreffend heißt. Daher begann die überwiegende Mehrheit der Zivilisten sofort, sich mit der neuen Situation zu arrangieren und einen neuen Alltag zu konstruieren. Sie taten dies mit bemerkenswertem Erfindungsreichtum, aber auch mit ständiger Vorsicht sowie mit Misstrauen, um dem Besatzungsregime keinen Anlass zu geben, den Samthandschuh abzuwerfen und mit voller Wucht zuzuschlagen. Diese Wachsamkeit gehört zu den immensen Leistungen jener Abermillionen Europäer, die im Zweiten Weltkrieg unter anormalen Umständen eine neue Art von Normalität errichteten und lebten. Sie geschah so leise und unauffällig, dass sie von Historikern selten angemessen gewürdigt wird.

Die Deutschen richteten sich nach dem Einmarsch und der Kapitulation des jeweiligen Landes auf Dauer ein. Soldaten verhandelten mit Bauern, Fischern und Fabrikanten, die ihre Waren an die Wehrmacht verkaufen mussten, sie beaufsichtigten Einheimische, die auf den Baustellen und in den Kasernen der Deutschen arbeiteten. Sie gingen dienstlich wie privat dieselben Hauptstraßen auf und ab wie die Zivilisten, sie frequentierten dieselben Gasthäuser und Geschäfte. Dies schuf ein enges Neben- und Miteinander, dem weder Soldaten noch Zivilisten völlig entkommen konnten. Jede neue Situation zwang sie, einander bewusst wahrzunehmen. Sie konnten nicht umhin, füreinander ein Gesicht, einen Namen, oft genug auch eine Lebensgeschichte zu bekommen. Wenn Soldaten, was häufig der Fall war, in Privathäusern einquartiert wurden, mussten jene, die einander feind waren oder doch sein sollten, Wand an Wand leben und oft am selben Tisch essen (das allerdings selten, vielleicht sogar nie gleichzeitig und gemeinsam). Man wurde vertraut miteinander, entdeckte Gemeinsamkeiten, kurz: Man begann zu fraternisieren. »Man kann nicht fünf Jahre Seite an Seite leben und Feind bleiben«, sagte eine Frau von den Kanalinseln am Ende der fünfjährigen deutschen Besatzung. Und doch bleibt diese »andere Seite« des Zweiten Weltkriegs in den Geschichtsbüchern aller am Krieg beteiligten Nationen meist ausgeklammert.

Seit etwa fünfzehn Jahren frage ich Zeitzeugen nach ihren Erinnerungen an den Krieg im Allgemeinen und an solche Fraternisierungen im Besonderen. Ich habe ehemalige Soldaten in Deutschland aufgesucht, und vor allem in Norwegen mit Menschen gesprochen, die die Besatzungszeit erlebt haben. Solche Gespräche sind inzwischen kaum noch möglich, es bleiben private Briefe und Tagebücher aus jenen Jahren sowie Lebenserinnerungen, die einige Zeitzeugen lange nach dem Krieg für ihre Kinder und Enkelkinder niedergeschrieben haben.

Es hat mich zunächst erstaunt, wie selten die ausländischen Zivilisten von persönlichen Kontakten zu deutschen Soldaten berichteten. Sie sprachen vor allem von der Bewältigung des Alltags, der Ablehnung des deutschen Besatzungsregimes, kleinen Widerstandshandlungen. Diese Schwerpunkte passten lückenlos zu der jeweiligen nationalen Erinnerung an den Zweiten Weltkrieg. Alle befreiten Nationen versuchten ab 1945, sich von den deutschen Besatzern zu distanzieren und sich dabei ungebrochen als »Nation im Widerstand« darzustellen. Sie machten sich die eigene Kriegsvergangenheit mit einer offiziellen »Geschichtspolitik« passend, um ihre zwischen Kollaboration und Widerstand zerrissenen Gesellschaften zu einen.[4] Da standen freundliche Worte über Feindsoldaten nicht hoch im Kurs.

So stellte sich bei diesen Gesprächen oft erst auf konkrete Nachfrage heraus, dass es durchaus Kontakte gegeben hatte. Sie reichten von zufälligen und unvermeidlichen Begegnungen über gelegentliche freundliche Gespräche allgemeiner Natur und Schwarzmarktgeschäfte bis zu Freundschaften, die Familien mit einem oder mehreren Deutschen schlossen. Von den Nazis habe man sich ferngehalten, hörte ich immer wieder, aber die meisten Soldaten seien freundlich und »anständig« gewesen. Als »anständig« galt, wer sich der Wehrpflicht nicht hatte entziehen können und das Nazi-Regime nicht offen unterstützte. Der Satz, dass jeder Wehrmachtssoldat ein Mörder gewesen sei, fiel übrigens nie. Die europäischen Zeitzeugen waren im Gegenteil übereinstimmend der Ansicht, die allermeisten Soldaten seien »im Grunde ganz nette Kerle« gewesen.

In dem erzwungenen Miteinander war Pragmatismus wichtiger als Heldentum, es gab stillschweigende Verhaltensregeln, wie und wo Kontakte zu den Soldaten erlaubt und möglich waren und wie weit man dabei gehen durfte, ohne in den Verdacht der Kollaboration zu geraten. Soldaten und Zivilisten waren in vielfacher Weise aufeinander angewiesen, manchmal ging es ums Überleben, meist nur um Erleichterungen im Alltag. Die große Politik war oft weit weg; wichtig war, was hier und jetzt passierte. Schließlich hoffte jeder, mit seiner Familie heil durch den Krieg zu kommen.

13

Die Zeitzeugen zeichneten »ein Bild von den deutschen Soldaten, das nicht demjenigen entspricht, das die Wissenschaft rekonstruiert hat und das auch im kollektiven Gedächtnis überall in Europa verankert ist«. So fasst die finnische Historikerin Marianne Junila die Ergebnisse ihrer eigenen Forschungsarbeit über das Zusammenleben von Finnen und Deutschen in Nordfinnland zusammen. Dieses Bild bestreitet weder die von der Wehrmacht begangenen Verbrechen noch bedeutet es, dass »der sogenannte Einmarsch der deutschen ›Wehrmacht‹ in andere europäische Länder dort von großen Teilen der Bevölkerung nicht nur nicht abgelehnt, sondern jubelnd begrüßt worden« wäre.[5] Es steht außer Frage: Das Besatzungsregime war bei den Völkern Europas nicht willkommen. Als die Deutschen kamen, waren sie verhasst, als sie Jahre später gehen mussten, kannte der Jubel keine Grenzen.

Auch die Erinnerungen der ehemaligen Wehrmachtssoldaten an ihren Dienst in den sogenannten »friedlich besetzten« Ländern kreisen vor allem um ihren eigenen Alltag. Es geht um Militärisches, das Verhältnis zu Kameraden und Vorgesetzten, um Unterkünfte, Verpflegung, Versetzungen, Beförderungen, das Warten auf den nächsten Heimaturlaub. Auffallend selten werden Widerstandshandlungen seitens der Zivilbevölkerung erwähnt; Berichte über Repressalien gegen die Zivilbevölkerung oder Übergriffe durch die Wehrmacht oder die SS fehlen völlig, obwohl es die auch in diesen Ländern gab.

Die »guten Beziehungen zu den Einheimischen« hingegen nehmen in den erzählten und geschriebenen Erinnerungen einen prominenten Platz ein, oft sind es die einzigen Soldatengeschichten, die die deutschen Väter ihren Kindern erzählt haben. Auch die Feldpostbriefe und Kriegsfotoalben, die in vielen Familien bis heute aufbewahrt werden, vermitteln einiges von dieser Begeisterung für Land und Leute.

Der Harmlosigkeit dieser Quellen widersprechen die Forschungsergebnisse über die Wehrmacht im Zweiten Weltkrieg. Das hat mehrere Gründe. Zum einen war der Besatzungsalltag in Nord- und Westeuropa für die Wehrmachtssoldaten tatsächlich selten kriegerisch, und selbstverständlich empfanden sie ihn als weitaus weniger belastend als die Zivilisten. Zum Zweiten haben sich die deutschen Historiker kaum dafür interessiert, was die Wehrmachtssoldaten in diesen »friedlich besetzten« Ländern eigentlich getan haben und wie das Leben der Bevölkerung in den vier beziehungsweise fünf Jahren deutscher Besatzung aussah. Und schließlich kannte die öffentliche Debatte, die in Deutschland über Wehrmacht und Wehrmachtssoldaten geführt wurde, lange Zeit nur ein Entweder-oder: *Entweder* gab es eine saubere Wehrmacht, und alle Soldaten waren grundanständige Kerle, *oder* die Wehrmacht war eine Verbrecherorganisation, dann waren alle Soldaten zumindest potenzielle Mörder. War dieser Gedanke, auf den eigenen Vater angewandt, fünfzig Jahre lang fast undenkbar, konnte 1995 mit der Ausstellung *Verbrechen der Wehrmacht* keiner mehr darauf beharren, »nur ein einfacher Landser« gewesen und daher zwingend frei von Schuld zu sein. Die objektive Wahrheit – die Beteiligung der Wehrmachtssoldaten am Vernichtungskrieg – und die subjektive Wahrheit – was der Vater erzählt und welches Bild seine Kinder von ihm als Soldat und Mensch haben – kommen nicht zur Deckung.

Dieses Entweder-oder, wonach ein Wehrmachtssoldat *entweder* »Teilnehmer an Kriegsverbrechen« *oder* »freundlicher Landser« gewesen sein musste, verkennt die Realitä-

15

ten des Zweiten Weltkriegs. Beides trifft zu. Es handelt sich nicht um unvereinbare Gegensätze, sondern um zwei Aspekte ein und derselben Wirklichkeit. Ob ein Soldat zwischen 1939 und 1945 das eine oder das andere, vielleicht sogar erst das eine und dann das andere war, hing ausschließlich davon ab, wann er wo stationiert war. Der Zweite Weltkrieg war in jedem Land, ja sogar in jeder Region und jeder Stadt etwas anders, man kann fast von vielen verschiedenen Zweiten Weltkriegen sprechen.[6] Überall entstanden aber auch Besatzungsgesellschaften, die – ungeachtet aller sonstigen Unterschiede – eine Reihe erstaunlicher Ähnlichkeiten aufwiesen.

Ich werde mich in diesem Buch auf den Besatzungsalltag in zwei sehr verschiedenen Nationen beschränken, die im Abstand von wenigen Wochen von den Deutschen okkupiert wurden: Norwegen und Frankreich. Norwegen hatte sich 1940 als neutral erklärt, es hatte, anders als Frankreich, nahezu keine Erfahrung mit kriegerischen Auseinandersetzungen. Viele Norweger waren ausgesprochen deutschfreundlich, Deutschland war neben England die kulturelle Leitnation und traditionell ein begehrter Aufenthaltsort für Künstler, Wissenschaftler und Studenten. Es gab also weder eine »Erbfeindschaft« zwischen den beiden Staaten, noch verachtete man die Deutschen als »Barbaren«, wie das offenbar in Frankreich der Fall war. Und doch gibt es verblüffend viele Parallelen zwischen den Erzählungen von Franzosen und Norwegern einerseits und denen der Soldaten, die in einem der beiden Länder stationiert gewesen waren, andererseits.

1968 drehte der Filmemacher Marcel Ophüls eine vierstündige Dokumentation über den Kriegsalltag in der französischen Provinz. Sie verursachte einen Skandal, denn die Geschichten vom Krieg, die Ophüls gefunden hatte, waren weder klar noch einfach, und sie passten nicht zum französischen Nachkriegsmythos der tapferen Nation im Widerstand. Auch die Geschichten, die ich selbst vom Krieg gehört und gelesen habe, wirken, wenn überhaupt, nur im ersten Moment einfach. Bei genauerem Hinsehen sind sie voller Ambivalenzen, ringen um eine Definition, wer Held, wer Feigling, wer Patriot und wer Verräter ist. Wie Ophüls seinen Film damit begründete, dass ihn nicht die Schwarz-Weiß-Geschichten, sondern das unerbittliche Grau jener Zeit interessiert hatten, interessiert auch mich jenes weite Feld zwischen Kollaboration und Widerstand, zwischen Schwarz und Weiß, das Besatzer und Besetzte Tag für Tag miteinander gestalten mussten. Geschichte, schrieb Carlo Levi, ist das Muster, das man hinterher in das Chaos webt.

Ebba D. Drolshagen
Frankfurt am Main,
im Dezember 2008

I.
Europa in Bewegung

Am 9. April 1940 marschierte die deutsche Wehrmacht in Dänemark und Norwegen ein, am 10. Mai begann der Feldzug gegen die Niederlande, Belgien, Luxemburg und Frankreich. Am 14. Juni hatten die Deutschen Paris erreicht, am 22. Juni musste Frankreich, wie in den Wochen zuvor bereits Dänemark, Norwegen, Holland, Belgien und Luxemburg, seine totale Niederlage eingestehen und einen Waffenstillstand unterzeichnen. Am 1. Juli besetzten deutsche Truppen die britischen Kanalinseln. Norwegische, englische, französische, polnische, niederländische und belgische Soldaten hatten gegen die Wehrmacht gekämpft und verloren. Dreiundachtzig Tage nach der Invasion von Dänemark und Norwegen waren große Teile Nord- und Westeuropas in deutscher Hand[1], die deutsche Propaganda sprach jubelnd von »Blitzkriegen«. Weit über 120 000 alliierte und etwa 25 000 deutsche Soldaten hatten sie mit ihrem Leben bezahlt.[2]

Militärhistorische Karten veranschaulichen diese und andere Feldzüge, indem sie verschiedenfarbige Pfeile auf Europas Landkarte zeichnen: Jede Farbe steht für eine der beteiligten Armeen, die Pfeile gehen nach Norden, nach Süden, nach Osten und Westen, bedeuten hier einen Vormarsch, dort einen Rückzug. Sie bilden ausschließlich das militärische Geschehen ab, und sie komprimieren hochkomplexe Ereignisse so lange, bis einige wenige Pfeile genügen, um sie befriedigend darzustellen.

Ähnlich gradlinig wirken diese Ereignisse in den zeitgenössischen Wochenschauen, den europäischen Geschichtsbüchern und den erfolgreichen Dokumentarsendungen unserer Tage: Es gibt eine begrenzte Anzahl Akteure, oft sind es nur zwei, und sie bewegen sich in Reaktion aufeinander. Macht der eine einen Schritt nach vorne, macht der andere einen zurück.

Niemand wird ernstlich behaupten wollen, dass solche Darstellungen falsch seien: Militärische Lagekarten veranschaulichen die Truppenbewegungen zu einem bestimmten Zeitpunkt. Sie bilden einen Kriegsverlauf korrekt und nachvollziehbar ab, zudem lassen die meist langen und weit ausgreifenden Pfeile erahnen, welch immenses Maß an Logistik und Disziplin nötig ist, um einen solchen Krieg zu führen.

Gleichwohl ist der Vorteil ihrer Klarheit ebenso sehr der Nachteil dieser Karten. Denn weil sie nur Bewegung und Gegenbewegung zeigen (und zeigen wollen), vermitteln die Pfeile ein korrektes Bild von der militärischen Lage, aber ein eindimensionales, karges und in gewisser Weise irrwitzig falsches Bild davon, was zu dem jeweiligen Zeitpunkt an den jeweiligen Orten tatsächlich geschah.

So abstrahiert, hat es nämlich den Anschein, als seien die Märsche, Truppenbewegungen und Schlachten auf leerem Terrain vor sich gegangen. Die Übersichtlichkeit verführt den Betrachter dazu, sich die Armeen als Mensch-ärgere-dich-nicht-Figuren vorzustellen, die über ein leeres, stets gleichbleibendes Spielbrett von einem Kästchen zum anderen geschoben werden. Aber wie bei allen Armeen in allen

Kriegen verliefen auch die Marschrouten der Wehrmacht und der Alliierten nie wie schnurgerade Linien auf einem Spielbrett. Das Spielbrett war nie leer, nicht, als die Soldaten kamen, nicht, als sie gingen. Und es herrschte ständige, flirrende Veränderung. Die Karten verschweigen Wesentliches: Das Leben. Das Chaos. Den Alltag.

Zwischen dem 9. April und dem 1. Juli 1940 waren Millionen Menschen in Bewegung, nicht nur die Soldaten, sondern auch die Zivilisten der Länder, in die das Deutsche Reich seine Truppen geschickt hatte. Wollte man versuchen, alle, die in diesen Wochen in Europa irgendwohin unterwegs waren, als Pfeile abzubilden, ergäbe dies ein unübersichtliches, wildes Bild mit zahllosen Pfeilen in zahllosen Farben. Wie die Pfeile, die auf der abendlichen Wetterkarte Wind- und Sturmströmungen anzeigen, müssten sie in ständiger Bewegung sein, aus unterschiedlichen Richtungen kommen, sich verlangsamen und beschleunigen, zusammendrängen und auseinanderstieben. Nur wenige verliefen gerade, und das auch nur auf einer kurzen Strecke, viele würden sich kreuzen, erstaunlich viele krümmten sich zu Schleifen, Spiralen, Wirbeln.

Von den Millionen, die in diesen knapp drei Monaten auf den Straßen waren, wussten offenbar nur die wenigsten, wohin sie eigentlich unterwegs waren. Für die Landser, wie sich die Soldaten des Heeres selbst nannten, ging es erst »nach Norden«, später »nach Westen«. Genaueres zu wissen war nicht ihre Aufgabe, sondern die ihrer Kommandeure.[3] Die Generäle, die an der Planung der *Operation Weserübung* genannten Invasion Norwegens und Dänemarks beteiligt waren, sollen sich vor dem Feldzug allerdings durch

21

die Lektüre eines Baedeker-Reiseführers von 1931 über die beiden Länder informiert haben, der vermutlich nicht alle Fragen des militärischen Vorgehens erschöpfend beantworten konnte. Der Überfall auf die nordischen Länder war von Hitler und dem Oberkommando der Wehrmacht unter strikter Geheimhaltung geplant worden, selbst die beteiligten Wehrmachtsangehörigen erfuhren erst Stunden vor dem Einmarsch in Dänemark bzw. der Landung in Norwegen, wohin sie unterwegs waren. Einer, der dabei war, sagte, er habe mit seinen Kameraden auch an diese Möglichkeit gedacht, als Ende März, Anfang April 1940 auffallend viele Wehrmachtssoldaten in Norddeutschland zusammengezogen wurden. Daran geglaubt habe er nicht. Auch ein anderer hatte erst kurz bevor er am 10. April um 2.45 Uhr mit seiner Truppe nach Norwegen geflogen wurde, erfahren, »dass Dänemark und Norwegen den Besuch deutscher Truppen bekommen hatten«.

Der Überfall erfolgte ohne Kriegserklärung, und die Geheimhaltung hatte so perfekt funktioniert, dass die Monarchen König Christian X. von Dänemark und König Haakon VII. von Norwegen in den Nachtstunden des 9. April 1940 von ihm ebenso überrumpelt wurden wie ihre Regierungsmitglieder. Als sie erfassten, was geschehen war, stand der Feind bereits im Land.

In Norwegen sollten in einer bis dahin einmaligen Luft- und Seeoperation neben Oslo fünf Städte entlang der Küste besetzt werden.[4] Das gelang, bevor es noch richtig Tag geworden war, aber der norwegische König Haakon VII. und seine Regierung fanden bemerkenswert rasch ihre Fassung wieder; sie bestiegen im Morgengrauen einen Sonderzug und flohen Richtung Norden. Deutsche Flieger setzten ihnen in den folgenden Tagen und Wochen nach und bombardier-

22

ten mehrere norwegische Städte, ohne die Flüchtenden aufhalten zu können.

König und Regierung konnten entkommen, weil der schwere Kreuzer *Blücher*, das modernste deutsche Kriegsschiff, im Oslofjord von zwei museumsreifen Kanonen getroffen worden war, die – Ironie des Schicksals – 1892 von Krupp in Essen hergestellt worden waren. Die *Blücher* sank, dabei kamen mindestens tausend deutsche Soldaten ums Leben[5], darunter auch Landungstruppen, die die Hauptstadt und das Schloss hätten sichern sollen. Im Laufe des Tages marschierten die ersten Besatzungssoldaten durch die Innenstadt – »in großen Abständen in Doppelreihen, damit es nach einer größeren Truppe aussah«.[6] Da weniger Soldaten in der Stadt waren als geplant, stiegen sie am Ende der Prachtstraße Karl-Johans-Gate auf Lastwagen. Die fuhren um die Stadt herum, dort formierten sich die Soldaten neu und marschierten wieder in die Innenstadt, wieder über die Karl-Johans-Gate. Das sollte militärische Stärke demonstrieren. In der Soldatensprache heißt so etwas Propagandamarsch.[7] Der Stockholmer Korrespondent des »Daily Telegraph« soll berichtet haben, die Deutschen hätten den Osloern mit improvisierten Soldatenchören und nur zwölf Musikinstrumenten (die Militärkapelle war samt ihren Instrumenten mit der *Blücher* untergegangen) ein friedliches Bild vorgetäuscht. Noch bizarrer klingt die Behauptung, dass die im Hafen ausgeladenen Mannschaften untergehakt am Boden gesessen und zu Ziehharmonikabegleitung laut gesungen und geschunkelt hätten, um bei der Bevölkerung den Eindruck sorgloser junger Leute zu erwecken.[8]

Fast gleichzeitig mit dem König und der Regierung verließen auch fünfundzwanzig eiligst herbeigeschaffte Lastwagen die Stadt. Geladen hatten sie 1500 Kisten mit etwa

23

fünfzig Tonnen Gold. Ein Bauer, dessen Hof fünfundzwanzig Kilometer nördlich von Oslo an einer der wenigen Landstraßen lag, die aus der Hauptstadt hinausführten, sah am 9. April auf dieser Straße »sechs neue Lastwagen, sie fuhren hintereinander, und in jedem saß neben dem Fahrer ein uniformierter Polizist. Jedes Auto hatte auf der Ladefläche sechs viereckige Ballen, die mit Stoff bezogen waren. Später habe ich erfahren, daß das die Goldreserven der Bank von Norwegen waren.«[9] Zumindest ein Teil der norwegischen Goldreserven wurde also auf offenen Ladeflächen vor dem Zugriff durch das Deutsche Reich gerettet.

Der fliehende König lehnte jede Art der Zusammenarbeit mit den Invasoren ab[10], die Regierung ordnete die Mobilmachung an. Aber König und Regierung wandten sich erst am 14. April mit einer Rundfunkansprache an das norwegische Volk, das in dieser dramatischen, historisch einzigartigen Situation fast eine Woche lang ohne politische und moralische Führung geblieben war.

Norwegen, das im Ersten wie im Zweiten Weltkrieg seine Neutralität erklärt hatte, war auf diese Situation völlig unvorbereitet, die angeordnete Mobilmachung verlief chaotisch. An vielen Orten gab es nicht einmal eine Zeitung, die sie hätte bekanntmachen können. Die Waffen, die an die Soldaten ausgegeben wurden, stammten zum Teil aus der Zeit vor dem Ersten Weltkrieg; da sie sonst nichts hatten, bastelten die Soldaten Molotowcocktails. Es gab keinerlei Verpflegung, die Befehlshaber rieten ihren Leuten, »sich das Essen in den Tälern« – das heißt bei der Zivilbevölkerung – zu organisieren. Es gab nicht genug Uniformen für alle, mancher bekam nur eine Mütze, ein anderer nur eine Jacke, für viele blieb nur eine Armbinde, die sie an ihrer Zivilkleidung befestigen sollten, um als Soldaten erkennbar zu sein.

24

Was anekdotisch klingt, kostete mehrere norwegische Soldaten das Leben: Wer in einem Krieg kämpft, ohne von Zivilpersonen unterscheidbar zu sein, hat keinen Anspruch auf eine Behandlung nach den Regeln der Genfer Konventionen. Viele der Männer wussten nicht, dass sie jederzeit, auch nachdem sie sich ergeben hatten, als Kombattanten erkennbar bleiben mussten. Sobald sie nicht mehr kämpften, entledigten sie sich der Uniform oder ihrer Armbinde. Daher sahen sie bei ihrer Festnahme wie »Zivilisten« aus, und die Deutschen meinten, sie hätten auch als Zivilisten gekämpft.[11]

Auf die Idee, dass eine Armee nicht genügend Ausrüstung für alle ihre Soldaten haben könnte, wären deutsche Soldaten im Jahr 1940 nicht gekommen, denn da hatte die Wehrmacht noch von allem reichlich. Schlampig oder gar »zivil« gekleidete Feindsoldaten waren für Wehrmachtssoldaten kaum mehr als Banditen.

Am 20. April 1940, die Deutschen waren seit elf Tagen in Norwegen auf dem Vormarsch, notierte ein Unteroffizier in sein Tagebuch, nach einer Brückensprengung durch Norweger habe man die ersten Kriegsgefangenen gemacht: »Wir hatten eine furchtbare Wut auf diese Burschen, die alle in Zivil waren und uns noch vor einer halben Stunde als Gegner gegenüberlagen. Hätten sie Uniform getragen, wären es ehrliche Gegner gewesen, aber in dieser Form…«[12] Was mit ihnen geschah, notiert er nicht. Aber er erwähnt auch später mehrfach, dass überall am Wegesrand weggeworfene Ausrüstungsgegenstände und Uniformen lägen und die Norweger sich blitzschnell von Soldaten in Zivilisten zurückverwandelten.

Ebenfalls auf dem Vormarsch wurde einem deutschen Kompaniechef gemeldet, dass norwegische Zivilisten auf deutsche Soldaten geschossen hätten. Ein norwegischer Major erinnerte sich: »Da hat er über eine Kolonne von norwegischen Kriegsgefangenen geschrien: ›In Polen haben wir in solchen Fällen sechzig Zivilisten erschossen. Aber hier erschießen wir nur zehn.‹ Er befahl, dass alle Soldaten, die sich zivil gekleidet hatten, vortreten sollen. Das haben die gutgläubigen Norweger gemacht. Sie wurden am Straßenrand aufgestellt und niedergeschossen. Sie wurden niedergeschossen. Ich erinnere mich gut an die Worte. Der Feldwebel oder Unteroffizier, der den Auftrag bekommen hatte, die sieben umzulegen, hat geschrien: ›Herr Hauptmann, es sind nur sieben!‹ Und er hat gesagt: ›Das genügt!‹ Dann knallte es.«[13] Dass dieser Hauptmann »nur« zehn statt sechzig Zivilisten erschießen lassen wollte, dürfte eines der Zugeständnisse gewesen sein, die die Deutschen an die Norweger machten, weil sie in ihnen ihre »arischen Brüder« sahen.

In den »Richtlinien für Norwegen«, die die Wehrmachtsführung an ihre Soldaten ausgab, heißt es zackig, »der Norweger« habe »keinen Sinn für militärische Zucht und Autorität«. Tatsächlich waren die Norweger nicht im Entferntesten so soldatisch gedrillt wie ihre deutschen Gegner, militärische Disziplin war ihnen eher wesensfremd. So konnte es vorkommen, dass ein Offizier abends mit 250 Wehrpflichtigen in einen Wald hinein- und morgens mit 170 wieder herausmarschierte. Achtzig hatten beschlossen, den Krieg nicht mitzumachen – in einer straffer geführten Armee bezeichnet man das als »desertieren«. Als die Deutschen nach Norden vorrückten, verschwand unweit der Küstenstadt Kvam fast ein ganzes Bataillon – 700 Mann – sang- und klanglos im Gebirge, statt, wie vorgesehen, eine Verteidigungsstellung einzunehmen.[14]

Die militärische Lage war also desperat, Befehlshaber handelten unkoordiniert, manche dachten nicht weit genug voraus. So wurde im südnorwegischen Lillehammer die einzige Brücke gesprengt, die von Süden her in die Stadt hineinführte. Auf diese Weise wollte man das Vorrücken der Deutschen erschweren. Die kamen am folgenden Tag über den zugefrorenen Mjøsa, Norwegens größten Binnensee, nach Lillehammer hineinmarschiert.[15]

Im Laufe der Besatzung sollte die Zahl der in Norwegen stationierten deutschen Soldaten auf 350000 bis 400000 anwachsen. Im Juni 1940 waren es »nur« etwa 130000, die aber waren gut ausgebildet und hervorragend ausgerüstet. Die norwegischen Streitkräfte hatten ihnen wenig entgegenzusetzen. Unter diesen Umständen ist es umso bewundernswerter, dass sie erst nach zwei Monaten, am 10. Juni, kapitulierten, drei Tage nachdem König und Regierung nach London geflohen waren, wo sie eine Exilregierung bildeten.

Am 10. April, also am Tag nach der Invasion, blickte der Bauer, der am Vortag die Goldreserven hatte vorbeifahren sehen, morgens um 5.00 Uhr aus dem Fenster. »Die Straße war voller Soldaten, die nach Norden marschierten. Als ich zur Straße hinunterkam, hatten sie angehalten und machten Rast. Es waren Norweger, und sie waren Richtung Norden unterwegs, aber sie wussten nicht wohin.« Während Soldaten Krieg führten, lebte er noch im Frieden. Er musste seine Kühe melken, und als er die Milch zur Molkerei gebracht hatte, zog erneut der Krieg an seinem Hoftor vorüber. »Als ich wieder nach Hause kam, waren viele Leute aus Oslo gekommen, die die Stadt in aller Eile verlassen hatten.«[16]

Dieser Tag ging als »Paniktag« in die norwegische Kriegsgeschichte ein. Zehntausende Osloer wollten sich in Sicherheit bringen, weil Gerüchte im Umlauf waren, dass die englische Luftwaffe am 10. April die Stadt bombardieren werde, um die Deutschen zu vertreiben.[17] Das geschah nicht, also kehrten die meisten bald in die Stadt zurück. Die Landstraße blieb befahren: Als der Bauer, unverdrossen seiner Arbeit nachgehend, zwei Tage später Schlachtfleisch zur Genossenschaft fuhr, kamen ihm Lasterkolonnen mit deutschen Soldaten entgegen. »Auf jedem Führerhaus war ein Maschinengewehr montiert, die wurden auf mich gerichtet, als ich vorbeifuhr. Sie schossen auch ein paarmal ins Wäldchen an der Straße. Ich kam mir ganz klein vor, wie ich da so langfuhr.«

Die deutschen Soldaten rückten durch die Täler nach Norden und Westen vor, in geschlossener Formation und lauthals singend. Marschmusik hilft den Singenden, Tempo und Gleichschritt zu halten, sie verleiht ein Gefühl von Gemeinsamkeit und hält vielleicht sogar die Angst in Schach. Außerdem signalisiert sie allen anderen, dass hier Leute kommen, die erstens zusammengehören und zweitens guter Stimmung sind. Das mit den ständig singenden deutschen Soldaten fanden nicht nur Norweger, sondern alle Zivilisten in allen Ländern, die im Laufe des Zweiten Weltkriegs von den Deutschen besetzt wurden, auch Jahrzehnte später noch erwähnenswert.

In entlegeneren Gegenden hat es Tage, manchmal Wochen gedauert, bis die ersten Deutschen kamen. Dass Krieg herrschte, wusste man selbstverständlich seit dem Tag der Invasion, aber kaum jemand wusste, was »Krieg« hier bei ihnen genau bedeutete und wie man angemessen darauf reagierte: »Man saß mit vielen Fragen da, aber es gab kein Telefon, das man hätte benutzen können, um mehr Neuigkeiten zu erfahren.« Die Nachricht vom Nahen der Truppen eilte ihnen voran, die Angst ging um. Dörfer und Häuser seien verlassen, notiert ein Soldat, der sich in der ersten Kriegswoche mit seiner Truppe von der Küste aus landeinwärts bewegte. Manche Landbewohner hatten sich nur in den Häusern versteckt und trauten sich bald wieder heraus, andere fanden es klüger, sich das Geschehen erst einmal aus der Entfernung anzusehen, und flohen in die umliegenden Wälder, was die deutschen Soldaten nutzten: »Die Landser verpflegten sich aus den Speisekammern der verlassenen Gehöfte entlang der Vormarschstraße.«[18]

Bauern, die sich im Wald versteckt hatten, mussten allerdings ihre Tiere versorgen, daher schlichen sie am Abend zu ihren Höfen zurück. Es dürfte in den hellen norwegischen Nächten nicht einfach gewesen sein, dabei unbemerkt zu bleiben. »Mehr als einmal kam es vor, dass sie im Stall deutsche Soldaten beim Füttern der Kühe antrafen.«[19] Damals konnte niemand ahnen, dass solche Szenen eines Krieges ohne Krieg in den meisten Gegenden Norwegens fünf Jahre lang eher die Regel als die Ausnahme sein würden. Bereits Ende April begann für die Soldaten im südlichen und mittleren Norwegen der »Friedensbetrieb«: »Für uns scheint der Krieg aus zu sein«, schreibt einer am 30. April. »Es ist das reinste Urlauberleben« am 3. Mai. »Der Dienst ist ruhig. Ich habe schon ca. 100 Aufnahmen gemacht«, am 1. Juni, »Die Parolen von Besatzungstruppe und Urlaub tauchen immer wieder auf. Die Frontzulage fällt auch weg«, am 3. Juli.

Schon Wochen vorher, ab dem 14. April, war ein »Pfeilbündel« über die Nordsee zur norwegischen Küste geeilt: 25 000 englische, französische und exilpolnische Soldaten. Sie landeten in mehreren Häfen, um mit den Norwegern gegen die Deutschen zu kämpfen. Nachdem die Deutschen den Süden des Landes bereits eingenommen hatten, konzentrierten sich beide Seiten mit allen Kräften auf die legendär gewordene Schlacht um Narvik. Die Alliierten waren den Deutschen fünffach überlegen, aber nach einem für alle bitteren Monat, die Niederlage der Deutschen war zum Greifen nah, gaben die Alliierten Norwegen auf. Am 24. Mai begannen sie, ihre Soldaten abzuziehen, um den Rückzug der englischen Truppen von Dünkirchen aus zu unterstützen.

Denn während sich in und um Narvik noch viele »Pfeile« in mikroskopisch kleinen Zickzack- und Kreismustern bewegten, waren weit über anderthalb Millionen Wehrmachtssoldaten auf dem Vormarsch Richtung Westen. Der Frankreichfeldzug hatte begonnen; ab dem 10. Mai 1940 überrannten die Deutschen die Niederlande, Luxemburg und Belgien. Die holländische Königin Wilhelmina konnte mit ihren Ministern nach England fliehen, Luxemburgs Großherzogin Charlotte und Teile ihres Kabinetts entkamen auf verschlungenen Wegen über Spanien und Portugal in die USA, der belgische König Leopold III. blieb im Land und ging Ende Mai in deutsche Kriegsgefangenschaft. Alle diese Länder hatten sich, wie auch Dänemark und Norwegen, zu neutralen Staaten erklärt, was das Deutsche Reich nicht davon abhielt, sie zu überfallen, ihre Städte zu bombardieren, sie mit der ganzen Gewalt seiner immensen Militärmaschinerie in die Knie zu zwingen.

Mit Frankreich hingegen befand Deutschland sich offiziell im Kriegszustand. Die Alliierten hatten dem Deutschen Reich im September 1939 nach dem Überfall auf Polen den Krieg erklärt, waren aber passiv geblieben. Sie erwarteten den Angriff des Gegners an der sogenannten Maginot-

Linie, ein Befestigungssystem, das von der Schweizer Grenze bis Sedan nahe der Grenze zu Luxemburg reichte und das die Alliierten für unüberwindbar hielten. Die Deutschen griffen aber nicht, wie erwartet, diese Verteidigungslinie an. Sie umgingen sie im wahrsten Sinne des Wortes, indem sie Belgien als Durchgangsland benutzten und nördlich von Sedan nach Frankreich einmarschierten. Sie fielen hinter der schwer befestigten Maginot-Linie ein, kesselten die dortigen Truppen ein und bewegten sich dann schnell nach Westen in Richtung Ärmelkanal. »Die Fahrt verläuft über schnurgerade Staatsstraßen. Das muss man den Franzosen lassen: Die Straßen sind in Ordnung. Diese geraden Straßen ließ einst Napoleon bauen. Heute kommen sie den Deutschen zugute.«[20]

Es ging auf diesen Straßen zwar zügig voran, aber knapp einen Monat nach dem Einmarsch wusste ein deutscher Gefreiter auf dem Westfeldzug wenig mehr, als dass er in Frankreich war: »Wo wir uns befinden, weiß ich nicht, es muss wohl wieder in den Ardennen sein. Rechts und links stehen die Koppelzäune einer Viehweide. Wir fahren durch verlassene Ortschaften.«[21] Er war vermutlich nicht der einzige Desorientierte, denn die Franzosen hatten »sämtliche Wegweiser umgerissen, um der feindlichen Armee auf ihrem Vormarsch die Orientierung zu erschweren«.[22]

Wie dieser Soldat erlebte jeder der vielen Millionen Menschen, die in den großen Krieg hineingeschleudert wurden, diesen nur an der Stelle, wo er sich jeweils befand. Das war ein winziger Ausschnitt. Was zur gleichen Zeit und anderswo, vielleicht nur wenige hundert Meter entfernt, passierte, konnte keiner wissen. Später fügten Historiker zahllose solcher Stücke zusammen und rekonstruierten den Verlauf des Zweiten Weltkriegs. Erlebt hat ihn so keiner, und sehr viele individuelle Erlebnisstückchen fanden in dem großen Bild keinen Platz.

Die Bewohner Belgiens und Nordfrankreichs waren wegen der erwarteten Kampfhandlungen zur Flucht aufgefordert worden.[23] Millionen flohen, sie befürchteten nicht nur, in diese Kämpfe hineingezogen zu werden, sondern auch, dass die Deutschen ihnen das Dach über dem Kopf anzünden und sie massakrieren würden. Daher zogen die Soldaten durch entvölkerte Landstriche. Sie übernachteten in leerstehenden Häusern, manche waren sogar unverschlossen. Die Bewohner waren Hals über Kopf geflohen, in Schulen lagen noch die Bücher auf den Pulten, in manchen Häusern waren die Bewohner offenbar vom Mittagstisch aufgesprungen und weggelaufen. Die Tiere waren ungefüttert, die Kühe ungemolken. In einem menschenleeren Dorf trugen zwei Türen einen eigenartigen, mit Kreide geschriebenen Appell an die Mitmenschlichkeit der erwarteten Barbaren: »Hier wohnt ein älteres Ehepaar. Durchziehende Truppen werden gebeten, die Leute zu verpflegen.«[24] Offenbar hatte man nicht nur dort alte Leute sich selbst überlassen:

19.6.40 Frankreich

Liebe Mimi!
Wenn ich auch vom Feinde nichts höre und sehe, so ist doch jeder Tag ein Erlebnis für sich. Gestern Mittag haben wir eine 92-jährige Frau beerdigt. Da die paar alten gebrechlichen Männer und Frauen kein Grab schaufeln konnten, haben ein paar Kameraden es besorgt. Zufällig kam ich mit einem Kameraden dazu, und so haben wir beide mit den Sarg aus der Kirche getragen und versenkt.

Der Geistliche hielt eine kurze Feier mit der sonderbaren Gemeinde aus kaum einem Dutzend alter Leute, gebückt und gebrechlich, zum Teil in altem Zeug und Pantoffeln, denn es ist ihnen ja alles verlorengegangen. Hinterher habe ich ein wenig Harmonium gespielt. Einige Leute kamen herein und saßen in Andacht. Der Pastor kam lächelnd zu mir und reichte mir dankbar die Hand. Nachmittags um 4 Uhr ging der Marsch weiter nach Süden, 23 km. Gott sei Dank kann ich bisher gut marschieren und habe noch keine Bläschen an den Füßen.[25]

Inmitten der kämpfenden, vorrückenden und zurückweichenden Truppen drängte also im nördlichen Frankreich ein gewaltiger Flüchtlingsstrom Richtung Süden. Es waren nicht, wie in Oslo, einige Zehntausend, es waren mehrere Millionen Menschen, sie waren nicht einige Tage, sondern mehrere Wochen unterwegs.[26] Entsetzt über die Bilder des brennenden Rotterdam, das am 14. Mai 1940 bei einem deutschen Luftangriff völlig zerstört worden war, flohen auch weit über die Hälfte der Bevölkerung von Paris. Die Fliehenden steckten bald fest, denn alle drängten auf denselben Straßen in dieselbe Richtung. Es gab kaum Benzin und Lebensmittel, im Kampf um das wenige, was es noch gab, konkurrierten sie mit den Soldaten beider Seiten, vor allem mit den Deutschen.

Wie wenige Wochen zuvor in Norwegen kreuzten und verknoteten sich auch in Frankreich die Strömungspfeile der Fliehenden mit denen der Soldaten. Auf einer Straße nach Paris hatten sich ein Soldat und seine Kameraden »von den Flüchtlingsautos die Fahrräder genommen. Uns taten zwar die Leute leid, aber es war ja nun mal Krieg, und wir dachten, besser schlecht gefahren als gut marschiert … Da die Zivilisten sie nicht freiwillig hergaben, entstand immer ein Hin- und Hergeziehe. Auf einer Seite hing die Flüchtlingsfamilie an einem Rad und auf der anderen Seite hielten Landser fest. Eine Tätlichkeit oder gar eine Waffendrohung ließen wir uns jedoch nicht zuschulden kommen.«[27] Eine Pariserin erinnerte sich, wie Jagdflugzeuge Flüchtlinge unter Beschuss nahmen: »Wir sahen, wie kleine Flammen aus den Mündungen der Bordgeschütze züngelten, als das Flugzeug über die verstopfte Straße hinwegfegte und den Tod unter die Menschen brachte.«[28] Die Menschen stürzten in die angrenzenden Felder, über die so geräumten Straßen rasten »Kradeinheiten in halsbrecherischem Tempo« an den beschossenen Trecks vorüber. »Sie schauten weder nach rechts noch nach links, als sie vorbeibrausten. Ich weiß nicht, was ich von den Deutschen erwartet hatte, aber mit Sicherheit nicht, daß sie uns vollkommen ignorieren würden … Die Überbleibsel eines französischen Regiments saßen uns gegenüber am Straßenrand … rauchten und schauten dem Troß ihrer Feinde zu, anscheinend ohne sie wirklich wahrzunehmen … Die Deutschen ihrerseits stierten in die Luft über ihren Köpfen.«[29]

Die Flüchtlinge kampierten auf der Straße, auf Feldern, in Scheunen und Notunterkünften, in manchen Dörfern und Städtchen verdoppelten sich die Einwohnerzahlen binnen Tagen. Jeder Flüchtling war auf sich allein gestellt, auf seine Duldsamkeit, Findigkeit, Skrupellosigkeit angewiesen, dem Mitgefühl oder der Geschäftstüchtigkeit der Landbevölkerung ausgeliefert. Und immer wieder zogen deutsche Soldaten an den Trecks vorüber: »23. Mai: Dauernd sahen wir sie [die Flüchtlinge] auf unseren Wegen: mit Kind und Kegel, mit Kinderwagen und mit Kranken, im

34

Wagen liegend, ein Bild des Elends.«[30] »27. Mai: Flüchtlinge betteln verzweifelt um Brot. Sie stehen von der Not
getrieben in Haufen herum.«[31]

Viele mussten aufgeben, was sie zu retten versucht hatten. »Unterwegs legen wir eine Rast ein. In der Nähe parkt
ein Wagen mit Anhänger, vollbepackt mit den unmöglichs-
ten Sachen. Möbel, Bücher und gute Gemälde sind in Kisten
verstaut. Auf der Straße steht ein Flügel und ein Eisschrank.
Diese Sachen stammen von einem reichen belgischen Flüchtling.«[32]

Nur wenige Fliehende hatten ein Ziel, sie wussten offenbar kaum mehr als die Himmelsrichtung, in die sie zogen. Sie
wollten »nur fort«. Fort von den vorrückenden Deutschen,
fort von der Gefahr von Beschuss und Bombardierung. Mit
ihren Fahrrädern, Handwagen, Pferdefuhrwerken, Bussen,
Kinderwagen, Limousinen und Cabriolets bewegten sie sich
ebenso über die Landkarte wie die Armeen mit ihren Pan-
zern, Lastwagen, Mannschaftswagen, Motorrädern und
Pferden. Dies alles gehört genauso zum Bild eines Europa,
das zu Kriegsbeginn in Bewegung geriet, wie Tausende
Schiffe, von schweren Kreuzern bis requirierten Fischkuttern, und selbstredend Flugzeuge.

Wie in Narvik zuckten auch in Frankreich an manchen
Orten die Armeepfeile so schnell auf kurzer Strecke hin
und zurück, dass sie schließlich wie Punkte wirkten: Das
französische Ardennendorf Stonne an der Grenze zu Luxemburg wechselte zwischen dem 15. und 18. Mai sieb-
zehnmal den Besitzer, manche Quellen sprechen sogar von
neunzehnmal.

Am 20. Mai, zehn Tage nach Beginn der »Westoffen-
sive«, erreichten die ersten Deutschen den Ärmelkanal und
schlossen 1,7 Millionen Soldaten der Alliierten in Flandern

ein.[33] Nur sechs Wochen hatte der Frankreichfeldzug gedauert, als die französischen Truppen trotz der Unterstützung durch die britischen Einheiten aufgeben mussten. Diese
Niederlage war für die »grande nation« erheblich schmach-
voller als für die kleinen Nationen vor ihr, die gegen den
übermächtigen Gegner keine Chance gehabt hatten. »Der
amerikanische Diplomat Bullit teilte im Juli seiner Regierung mit, die Niederlage sei seiner Einschätzung nach so
erdrückend, dass die Einwohner ›sich völlig mit dem Schicksal Frankreichs als einer Provinz Hitler-Deutschlands abge-
funden haben … Ihre Hoffnung geht dahin, dass Frankreich
Deutschlands Lieblingsprovinz werden möge.‹«[34]

Ein Pfeil besonderer Art bewegte sich Anfang Juni von
Berlin in das Ardennen-Dörfchen Brûly-de-Pesche: Adolf
Hitler. Dort war für zwei Wochen sein provisorisches Hauptquartier. Der Ort war Ende Mai geräumt worden, dann hatten Baukolonnen der Organisation Todt in rasender Geschwindigkeit für den Führer unter anderem zwei Tiroler
Chalets sowie einen Bunker gebaut.

In Brûly hörte er mit seinem gesamten Stab »am 17. Juni
im Rundfunk Pétains Ankündigung der französischen Kapitulation … Anschließend klopfte sich Hitler vor Vergnügen
auf die Schenkel – das war seine Art, sich zu freuen.«[35] Dann
kostete er die Demütigung des »Erbfeindes« aus: Zur Unterzeichnung der Kapitulation ließ er »den historischen höl-
zernen Salonwagen, in dem der französische Marschall Ferdi-
nand Foch den Deutschen damals die Bedingungen [von
Versailles] diktierte, eigens aus dem Museum von Com-
piègne zu derselben Stelle im Wald bringen [wo seinerzeit
der Versailler Vertrag unterzeichnet wurde]. Hitler lud die
Weltpresse zu dem Schauplatz ein, an dem er Revanche für
die deutsche Niederlage im Ersten Weltkrieg und für die von

den meisten Deutschen empfundene nationale ›Schmach‹ des Versailler Vertrags zu nehmen gedachte.« Dazu gehörte auch, dass er diesem historischen Moment der französischen Niederlage persönlich beiwohnte.[36]

Etwa 40 000 alliierte Soldaten, größtenteils Franzosen, gingen Anfang Juni nach der verlorenen Schlacht um Dünkirchen in deutsche Kriegsgefangenschaft. Gleichzeitig aber begann eine Rettungsoperation, die ihresgleichen sucht. »In aller Eile wurde eine bizarre Flotte aus Marineschiffen, altersschwachen Fischkuttern, Ausflugsdampfern, ausgedienten Rettungsbooten, Themsekähnen mit braunen Segeln und unzähligen privaten Jachten zusammengestellt. Damit konnten zwischen dem 28. Mai und dem 4. Juni 220 000 Briten und 120 000 Franzosen, dazu 34 000 Fahrzeuge, nach England geholt werden. Und 170 Hunde, denn kein britischer Soldat wollte sein Maskottchen zurücklassen.«[37]

Vermutlich wurden einige dieser etwa 900 Seefahrzeuge wenig später erneut eingesetzt, denn zwischen dem 20. und 24. Juni verließen fast 30 000 der 94 000 Bewohner der Kanalinseln ihre Heimat. Die britische Regierung hatte ihnen erst am 18. Juni die Evakuierung angeboten, sie mussten sich binnen Stunden entscheiden, ob sie die Inseln auf ungewisse Zeit verlassen würden oder nicht, jeder durfte nur ein Gepäckstück mitnehmen. Von Guernsey floh fast jeder Zweite, und auf Alderney blieben achtzehn Einwohner zurück, nur wenige verließen allerdings Jersey und Sark. Wer blieb, hatte auf den kleinen Inseln einen sehr begrenzten Bewegungsspielraum, dennoch gab es auch hier kleine und kleinste Spiralbewegungen: Als ein deutsches Flugzeug den Flugplatz von Guernsey überflog, rannte eine Frau, die in der Nähe wohnte, mit ihrem Kind ein Stück weit die Straße entlang und versteckte sich unter Bäumen. Sie hatte Angst; zwei Tage zuvor hatten die Deutschen den Hafen von Guernsey bombardiert, dabei waren mehrere Menschen umgekommen. Als aber die Maschine kurze Zeit später landete, gingen Mutter und Sohn wieder heim: »Wir brauchen nicht mehr unter den Bäumen zu hocken. Jetzt sind sie gelandet, da werfen sie bestimmt keine Bomben mehr.«[38] Vielleicht fühlte sie ähnlich wie die Leute aus dem norwegischen Dorf Kvanne. Dort »flohen in der ersten Kriegswoche fast alle ein bisschen. Auch wenn es nur zum Nachbarn war, irgendwie schien das sicherer, als bloß zu Hause zu bleiben.«

Frankreich wurde nördlich und westlich der Linie Genf – Tours – spanische Grenze besetzt. Das ließ die Atlantikhäfen in deutscher Hand, die im Hinblick auf die geplante Invasion Englands von strategischer Bedeutung waren; Frankreich sollte – wie auch Norwegen – »als Basis für den Kampf um England, als Ressource für die weitere Kriegführung« dienen.[39] Der Süden und Osten des Landes blieben unbesetzt, das war die »freie Zone«.[40] Zwischen beiden verlief eine Demarkationslinie, die nach dem Willen der Besatzungsmacht hermetisch abgeschlossen und strengstens kontrolliert wurde. Viele Flüchtlinge kamen nicht mehr nach Hause, weil sie sich zum Zeitpunkt des Waffenstillstands auf der falschen Seite der Grenze befanden. Und fast zwei Millionen französische Soldaten kamen nicht mehr nach Hause, weil sie als Kriegsgefangene nach Deutschland geschickt und dort in der Landwirtschaft, in Bergwerken und der Rüstungsindustrie eingesetzt wurden. Deutsche, die vor ihren mörderischen Landsleuten geflohen waren, wie Willy Brandt nach Norwegen, Heinrich Mann und Walter

Benjamin nach Frankreich, Irmgard Keun nach Belgien und später nach Holland, wurden in ihren Exilländern von ihnen eingeholt und mussten erneut fliehen.

Der Sturm über Europa hatte mit dem Überfall auf Polen und den »Blitzkriegen« gegen die beiden skandinavischen und die fünf westeuropäischen Länder erst begonnen. In Nord- und Westeuropa nahmen im Frühsommer 1940 die Zahl und die Geschwindigkeit der großen Bewegungsströme langsam ab. Die deutschen Streitkräfte waren entweder besiegt, oder sie hatten ihr Ziel erreicht.

Die Geflohenen machten sich auf den Heimweg. Schon am 22. Mai sahen vorrückende Wehrmachtssoldaten Flüchtlinge auf dem Weg nach Norden: »Ganz in der Nähe führt eine Straße aus dem Kampfgebiet heraus. Auf dieser fahren Tausende von Radfahrern. Wir denken dabei an die ›Fünfte Kolonne‹ und meinen zunächst, es seien französische Gefangene, die Zivilkleidung angezogen hätten. Es sind aber wohl nur Flüchtlinge, die nach Hause radeln. Wahrscheinlich sind es welche aus dem nordfranzösischen Industriegebiet.«[41]

Viele fanden ihre Häuser und Wohnungen geplündert vor, ob von den vorüberziehenden Soldaten oder von anderen Flüchtlingen, war für die Betroffenen unerheblich. Gebäude waren durch Granaten zerstört, ihr Vieh war gestohlen, geschlachtet oder verendet, die Ernte ruiniert. Ihnen blieb keine andere Wahl, als in dieser anormalen Situation eine neue Normalität zu suchen. Sie lebten in einem besetzten Land, und es war kein Zweifel daran möglich, wer ab jetzt die Regeln ihres Alltags bestimmte.

Kaum waren die Deutschen am 17. Juni 1940 in Colmar einmarschiert, verlangte Oberst Koch, Kommandant des Sturmregiments *Adolf Hitler*, »die sofortige Lieferung von 2300 Kg Brot, 557 Kg Wurst, 290 Kg Butter, 7 Kg Tee, 23 Kg Kaffee, 290 Liter Rum und 23000 Päckchen Zigaretten, zusätzlich zwanzig Geiseln, vorzugsweise frankophile Beamte. Die Soldaten ihrerseits leerten als gute Kunden die Geschäfte, denn der Franc war auf 5 Pfennige festgesetzt worden! Sie fühlten sich wie Gott in Frankreich.«[42]

Die neuen Herren waren angekommen.

II.
Zum ersten Mal Auge in Auge

Die neuen Herren waren angekommen, willkommen waren sie nicht. In Dänemark und Norwegen nicht, wo sie jäh eingefallen waren, in den Beneluxländern und in Frankreich nicht, wo man sie erwartet und darum in Panik vor ihnen geflohen war.

In den Erzählungen der Zeitzeugen aus den besetzten Ländern findet sich nichts von jenem spontanen »guten Einvernehmen«, das zwischen der Bevölkerung und den deutschen Soldaten »herbeigeführt worden« sei, wie deutsche Tageszeitungen am 10. April nach der Invasion von Dänemark und Norwegen demonstrativ meldeten. Untermauert wurde die Behauptung durch ein Bildchen, das alle Zeitungen neben diesen Berichten abdruckten. Es zeigt Soldaten und Däninnen in munterem Gespräch, zumindest behauptet die Bildunterschrift, dass es sich um Däninnen handele, es waren jedenfalls sehr fotogene junge Blondinen. Der propagandistische Wert solcher Fotos war hoch, »bewiesen« sie doch den Deutschen »im Reich« und aller Welt, dass die Bevölkerung die deutschen Besatzer freudig begrüßte, während ihre Regierungen uneinsichtig blieben.[1] Ähnliche Berichte und Fotos folgten in jenem Sommer auch aus anderen Ländern, in die die Deutschen einmarschiert waren.

In Wahrheit wurden die deutschen Soldaten überall in Nord- und Westeuropa mit Entsetzen, Angst und eisigem Schweigen begrüßt. Fotos vom 9. April in Oslo zeigen Kolonnen deutscher Soldaten, die mit Waffen, in Stahlhelm und Stiefeln Oslos Prachtstraße Karl-Johans-Gate entlangmarschieren. Im Hintergrund ist das Schloss zu sehen. Deswegen wurden diese Fotos zu einem Symbol für die vergewaltigte Nation und den Widerstand, der durch den König repräsentiert wurde, dessen Flucht die Deutschen nicht hatten verhindern können.[2]

Auf den Bürgersteigen stehen Osloer. Es sind viele, aber es ist keine Menschenmenge. Es kann nicht die Rede davon sein, dass sie die Deutschen begrüßen oder gar willkommen heißen. Sie winken nicht, sie lachen nicht, sie werfen keine Blumen. Sie protestieren auch nicht. Sie tun gar nichts. Sie stehen nur da und wirken wie versteinert.

In Norwegens zweitgrößter Stadt Bergen schien es einem Soldaten, als seien die Zivilisten »ganz verdattert, sie hätten eher den Tommi erwartet, nur nicht uns«.[3] Eine damals siebzehnjährige Bergenserin erinnert sich noch sehr gut, dass die Bürger der Stadt nicht verdattert, sondern entsetzt waren:

»Am 9. April, als die Deutschen hierherkamen – soll man sagen: uns überfallen haben? –, das war so unerwartet, so erschreckend, es war wie eine Vergewaltigung. Früh am Morgen wurden wir von Kanonendröhnen wach. Wir konnten gar nicht glauben, was da geschah. Dann wurden Flugblätter über der Stadt abgeworfen, auf denen stand, sie hätten uns besetzt, um uns gegen den Engländer zu beschützen. Sie kämen mit friedlichen Absichten, wir sollten uns nicht beunruhigen und möglichst zu Hause bleiben.

Genau das haben die Bergenser nicht getan. Sie haben sich angezogen und sind in die Stadt gegangen. Da haben wir es dann gesehen: Alle öffentlichen Gebäude waren besetzt, es standen deutsche Wachen davor, mit Handgranaten in den Stiefelschäften, mit Maschinenpistolen und so weiter, Helme auf, ›Gott mit uns‹ auf den Gürteln. ›Gott mit uns.‹ Das habe ich nie vergessen. Und sie haben uns freundlich aufgefordert, spazieren zu gehen oder nach Hause zu gehen. Es sei ein schöner Tag, es sei nichts Beunruhigendes geschehen.«[4]

Während sich die ahnungslosen Norweger »überfallen« und »vergewaltigt« fühlten, rechnete man in Frankreichs Westen mit den deutschen Truppen. Wie manche Norweger angstvoll in die nahen Wälder geflohen waren, liefen die Bewohner der französischen Dörfer und Städtchen in die nahen Weinberge. Eine damals Fünfzehnjährige aus einer Kleinstadt bei Bordeaux erzählte: »Die Propaganda war so weit gediehen, das ist beschämend, aber es ist eine Tatsache, dass wir gedacht haben, wir überleben das nicht, wenn sie uns besetzen.«[5] Ihr Bruder sei aus Bordeaux gekommen, »ganz aufgeregt, und er sagte: Hah! Ich habe die ersten Deutschen gesehen. Sie sind auf den Platz gekommen, mit Motorrädern, in langen Mänteln, es war Sommer, trotzdem, und ganz schwarz im Gesicht, mit Helmen, über der Schulter haben sie Waffen, Maschinengewehre und so. Sie sind gekommen und haben auf dem Platz haltgemacht. Die Bevölkerung ist reingegangen, da war niemand mehr zu sehen.«[6] Von dort werden sie hinter den Gardinen auf den Platz hinausgespäht haben. Was da geschehen sein könnte, schildert die französische Schriftstellerin Irène Némirovsky:

Es waren noch nicht die Deutschen, die kamen, sondern *ein* Deutscher: der erste. Das ganze Dorf, ob hinter den verschlossenen Türen, durch die Schlitze der halb heruntergelassenen Jalousien oder an der Luke eines Dachbodens, sah ihn kommen. Er hielt sein Motorrad auf dem menschenleeren Platz an. Seine Hände steckten in Handschuhen; er trug eine grüne Uniform, einen Helm, unter dessen Visier, als er den Kopf hob, ein mageres, rosa, fast kindliches Gesicht zu sehen war. »Er ist noch ganz jung!«, murmelten die Frauen. Ohne sich dessen recht bewusst zu sein, waren sie auf irgendeine Vision der Apokalypse, auf irgendein befremdliches, erschreckendes Ungeheuer gefasst. Er sah sich um und suchte jemanden. Da verließ der Tabakhändler, der den Krieg von 1914 mitgemacht hatte und das Kriegsverdienstkreuz und den Militärorden am Revers seiner alten grauen Jacke trug, seinen Laden und ging auf den Feind zu. Eine Weile standen die beiden Männer einander regungslos und ohne zu sprechen gegenüber. Dann deutete der Deutsche auf seine Zigarette und bat in schlechtem Französisch um Feuer. Der Tabakhändler antwortete in schlechtem Deutsch, denn er war 1918 bei der Besetzung von Mainz dabeigewesen. Die Stille war so tief (das ganze Dorf hielt den Atem an), dass man jedes ihrer Worte verstand. Der Deutsche fragte nach dem Weg. Der Franzose antwortete, erkühnte sich dann: »Ist der Waffenstillstand unterzeichnet?« Der Deutsche breitete die Arme aus.

»Das wissen wir noch nicht. Wir hoffen es«, sagte er. Und der menschliche Klang dieser Worte, diese Geste, alles, was offenkundig bewies, dass man es nicht mit irgendeinem blutrünstigen Ungeheuer zu tun hatte, sondern mit einem Soldaten wie den anderen, brach mit einem Mal das Eis zwischen dem Dorf und dem Feind, zwischen dem Bauern und dem Eindringling. »Er sieht nicht böse aus«, flüsterten die Frauen.[7]

Das war nicht die einzige Art, auf die Ankunft der Wehrmacht zu reagieren. In Frankreich nahmen die einen – und diese Gruppe war zu Kriegsbeginn eindeutig in der Überzahl – die Invasoren hin wie eine Naturkatastrophe, die es zu überstehen galt. Sie verfielen in Apathie, verzehrten sich aber zugleich vor Sorge, was die Zukunft bringen mochte und was mit ihnen werden sollte. Ihnen schien »die Ehre des Vaterlandes« nicht viel zu bedeuten, mehr als alles andere sehnten sie den Waffenstillstand herbei. Aber es gab auch vom ersten Tag an Vertreter der Extreme: Kollaborateure empfingen die Besatzer mit Champagner, andere waren vom ersten Moment an entschlossen, eine Kapitulation nicht hinzunehmen, den Feind zu bekämpfen, das Ihre zu tun, um ihn außer Landes zu treiben.

Sie müssen vielen ihrer Landsleute wie Phantasten erschienen sein. Anfangs sprach nichts dafür, dass Deutschland diesen Krieg verlieren könnte, und auch als dies nicht mehr sicher schien, blieb lange in der Schwebe, wer letztlich siegen würde. Die meisten Besetzten meinten, da man keine Wahl habe, sei es klüger, sich zu arrangieren und sich um seine eigenen Angelegenheiten zu kümmern. Die Pragmatiker waren in der Überzahl. Sie duckten sich, fanden sich aber nicht ab. Sie begegneten den Soldaten feindselig, verfluchten sie auch in deren Anwesenheit (auf Französisch, was diese nicht verstanden). Sie wehrten sich gegen Übergriffe, wo immer das möglich war und wo immer sie das wagten.

Wenn aber, wie es dem Franzosen Léon Werth auf dem Treck vom Juni 1940 passierte, einer von den feindlichen Soldaten unerbeten und uneigennützig half, machte sie das ratlos, ja bestürzt. »Von der Landstraße kommt ein Soldat. Er kommt heran und streckt uns eine Dose Büchsenfleisch zu. Ich fühlte mich erniedrigt. Ich war der Besiegte, der seine Nahrung von der Großzügigkeit der Sieger erhält ... Es war eine französische Dose Büchsenfleisch. ›Sie‹ hatten sie geplündert, gestohlen ... Das hat unser Gewissen beruhigt.«[8]

Wo immer deutsche Soldaten auftauchten, gab es Menschen – es waren meist Männer –, die aufgrund ihrer gesellschaftlichen Stellung zum Kontakt mit den Besatzern gezwungen waren: die Rede ist von Bürgermeistern, Polizisten, anderen lokalen »Honoratioren«, aber auch Geschäftsleuten. Solche Verbindungen entstanden überall sehr schnell, sie waren meist unumgänglich und immer beruflicher Natur, und vor allem die Vertreter des Staates sahen es als ihre Pflicht, sich im Rahmen ihrer Möglichkeiten schützend zwischen die Okkupationsmacht und ihre Mitbürger zu stellen.

Allen Ge- und Verboten der Erwachsenen zum Trotz, waren die ersten »Zivilisten«, die sich den Feinden näherten, oft Buben und männliche Jugendliche, magisch angezogen von den faszinierenden Motorrädern, Autos, Waffen, Uniformen, Stahlhelmen. Nichts dergleichen hatte man je zuvor gesehen. Da kam zwar der Feind, aber da kam auch eine neue Welt. Ein Norweger, der 1940 acht Jahre alt war, erinnerte sich noch sechzig Jahre später genau an den »ersten deutschen Soldaten in voller Montur: Er hatte einen Stahlhelm auf dem Kopf, hohe schwarze Schaftstiefel an und am Gürtel eine Handgranate.«[9]

Nur die Kinder von damals, vor allem die Jungen, bekannten sich später offen zu »Neugier« als Grund, sich den ersten Deutschen zu nähern. Fraglos waren auch manche Erwachsene neugierig, aber ihnen fehlte die Unbekümmertheit der Kinder. Wenn sie dieser Neugier nachgaben, dann erst viel später und selbst dann nur zögernd.

Aus diesem Grund knüpften die Soldaten die ersten »zwischenmenschlichen« Kontakte oft mit Kindern, die sich von der Aufregung des Neuen locken ließen – und von den Süßigkeiten, die die Soldaten großzügig verschenkten. Zahllose Norweger, die während der deutschen Besatzung aufgewachsen sind, beherrschen bis heute einen deutschen Satz, den sie gern und unweigerlich lachend zitieren: »Hassu bommbomm?« Manche widerstanden den angebotenen Drops zunächst tapfer, weil sie in ihnen raffinierte Vernichtungswaffen vermuteten: »Wir haben die Fäuste in den norwegischen Hosentaschen geballt und versucht, grimmig zu gucken. Wir würden uns nicht übertölpeln und vergiften lassen.«[10] Doch es dauerte nicht lange, und sie lutschten sie ebenso hingebungsvoll wie mancher Erwachsene. Für ihre Erinnerung daran, wie sie sich während der Besatzungszeit verhalten haben, sollte nach dem Krieg jedoch nicht diese kleine Fraternisierung, sondern das »widerständige« Fäusteballen maßgeblich sein.

Ein Norweger freilich hat eine völlig andere, fast gespenstische Erinnerung an seine erste Begegnung mit den Deutschen: »Es kam ein offenes Auto voller Offiziere. Die haben neben mir haltgemacht und wollten irgendetwas wissen. Da sah ich in deutsche Gesichter, und das gab mir einen Schock. Das waren wahrscheinlich gewöhnliche wehrpflichtige Offiziere, nicht einmal Berufsoffiziere, aber als ich in die Gesichter guckte, sahen sie aus wie Indianer. Die waren voller Schmisse, das waren Mensurschmisse. Für mich als Fünfzehnjähriger war das furchtbar beeindruckend. Die hatten Gesichter mit Schlagwunden über das ganze Gesicht, das waren doch intellektuelle Leute! Auf mich machte das einen furchtbaren Eindruck!«[11]

Wenn Frauen von ihren ersten Eindrücken sprechen, erinnern sie sich auch sechs Jahrzehnte später deutlich seltener als die Männer an uniformierte Krieger mit Stahlhelm und Motorrad, auch von vernarbten Offiziersgesichtern ist nicht die Rede. Ihnen fiel nicht nur auf, dass sie »nicht böse aussehen«. Wer alt genug war, sah, dass da Männer kamen: »Die Deutschen in ihren Uniformen, mein Gott, waren das schöne Männer, wir haben unseren Augen nicht getraut«, sagte eine Norwegerin. Sie »waren ungeheuer attraktiv. Einige sahen unglaublich gut aus … Die Offiziere in ihren Uniformen sahen blendend aus«[12], sagte eine Frau von den britischen Kanalinseln. Die Insulanerinnen bemerkten auch, dass die Deutschen, im Gegensatz zu den Einheimischen, blond und blauäugig waren. Norwegerinnen hingegen erwähnten später häufiger, ihnen habe so gut gefallen, dass sie dunkles Haar und dunkle Augen hatten.

»Viele [Deutsche] waren jung und sahen nett aus«, fand auch Simone de Beauvoir. »Die geschniegelten und behandschuhten Offiziere waren sich ihrer Handschuhe, ihrer schönen Uniformen, ihrer Höflichkeit bewusst und trieften von grässlicher Arroganz, aber viele Soldaten lächelten, waren glücklich und jung, häufig ziemlich schön.«[13] Beauvoir spürte bei ihrem Anblick auch, »welches phantastische Abenteuer es für einen jungen Deutschen sein musste, als Sieger in Frankreich zu sein, einen Monat Krieg heil überstanden zu haben, gut gekleidet und genährt zu sein und sich für eine auserwählte Rasse zu halten«.[14] Sie fand die

Soldaten so spektakulär, dass sie vermutete, die Nazis hätten zu Kriegsbeginn aus Propagandagründen nur Elitesoldaten nach Frankreich geschickt, eine Vermutung, die auch ein norwegischer Historiker im Gespräch mit mir äußerte, allerdings nicht Frankreich, sondern Norwegen betreffend.

Offenbar sind selbst Nationen eitel: Sie bilden sich gern ein, für den Feind so wichtig zu sein, dass er gerade ihnen seine besten Soldaten schickt, sei es, um sie zu beeindrucken, sei es, um sie einzuschüchtern (vermutlich beides). Wie es bei der Zivilbevölkerung (übrigens keineswegs nur bei Frauen) zu diesem Irrtum kommen konnte, wird leichter verständlich, wenn man zeitgenössische Fotos der deutschen Soldaten in Uniform mit solchen von Gleichaltrigen aus den besetzten Ländern vergleicht.

Wer dies tut, muss sich vorsätzlich blind machen, um nicht zu erkennen, wie es zu solchen Vermutungen kommen konnte. Junge Norweger beispielsweise, die im April 1940 bei ihrer Musterung fotografiert wurden, wirken auf dem Bild genau wie die Hinterwäldler, die sie tatsächlich waren: Sie stehen ungelenk und unelegant nebeneinander, die Hände bis zu den Ellbogen in den Hosentaschen, die Körperhaltung beklagenswert. Ihre Kleidung ist ärmlich und formlos und besteht in der Regel aus einer Schiebermütze und einer sehr engen Norwegerjacke über pludrigen Hosen, was eine ungünstige Silhouette macht.

Eine entsprechende Gruppe junger Wehrmachtssoldaten hingegen wirkt in ihren engen Uniformen straff und modern, geradezu elegant. Sie waren, wie man damals sagte, schmuck, jedenfalls zu Kriegsbeginn, als sowohl sie selbst als auch ihre Uniformen noch in unstrapaziertem Zustand waren – in späteren Kriegsjahren hingegen sahen die Uniformierten oft unbeholfen und plump aus.

Aber die Bilder der ersten Zeit verdeutlichen, welch wundersame Wandlung eine Uniform bewirken kann. Sie hindert ihren Träger aufgrund von Schnitt und Stoff an einer allzu krummbuckligen Körperhaltung und schützt ihn vor seinem eigenen schlechten Geschmack. Denn schließlich waren die feschen deutschen Soldaten in ihrer überwiegenden Mehrheit genau solche Hinterwäldler wie ihre norwegischen Altersgenossen.

Die Offiziere mögen vor Arroganz getrieft haben, von den normalen Soldaten behauptete in Frankreich kaum jemand, dass sie betont auftrumpfend aufgetreten seien. Das ist recht bemerkenswert, denn tatsächlich waren viele stolz, diesen Sieg errungen zu haben. Auch hatten sie an der Rechtmäßigkeit ihres Tuns offenbar keinerlei Zweifel, »weil wir als Zeitzeugen die französische Kriegserklärung an uns erlebt hatten. Somit fühlten wir uns mit Recht im Land.«[15] Sie waren in der Weimarer Republik und im Dritten Reich groß geworden, es war ihr Ehrgeiz gewesen, die Niederlage ihrer Väter und die »Schmach von Versailles« zu rächen. Darin waren sie allen Deutschen gleich. Als Frankreich am 21. Juni 1940 kapitulierte, standen »die Deutschen nahezu geschlossen hinter ihrem ›Führer‹. Er hat es geschafft, so räumen selbst Anhänger der Kommunisten und Sozialdemokraten ein, den verhassten Vertrag von Versailles zu revidieren.«[16]

Dennoch äußern die Soldaten in den Tagebüchern und Feldpostbriefen überraschend selten Triumph darüber, den Erbfeind Frankreich besiegt zu haben. »Bei meinen Untergebenen spürte ich nichts von Hass auf den Feind, diesem Hass, der 1914 noch allgemein verbreitet war. Wir waren stolz auf unsere Siege, aber niemand spürte den Drang, französische Städte niederzubrennen. Und bei unseren Gegnern spürte ich auch nicht viel Hass, wenigstens in den ersten Wochen nicht.«[17] Erheblich häufiger schwärmen die deutschen Soldaten von der abenteuerlichen Tatsache, dass sie in Frankreich waren. In ihren Schilderungen erinnern sie an Buben, die sich begeistert, ja ungläubig umsehen, weil sie kaum fassen können, wo sie gelandet sind.

»Beim Grenzübertritt wurde uns dann vom Hauptmann unser Ziel genannt, und das hieß Paris! Das konnten wir zuerst nicht fassen, nicht nur nach Frankreich, sondern sogar in die Hauptstadt des Landes, nach Paris. Das erschien mir zuerst als ein Traum, den ich, trotz Wachsein, noch nicht glauben konnte. Zwar hatte ich innerlich davon gesponnen, im Krieg möglicherweise eine mir noch völlig unbekannte Welt zu erleben, dass das nun aber die Weltstadt Paris sein würde, das hätte ich mir aber nie träumen lassen. Und diese Möglichkeit wurde mir vom Militär geboten – war es da nicht wirklich schön, Soldat zu sein?«[18]

»*Paris, Paris, Paris...*«, stotterte auch ein wie vor Glück besoffen wirkender Heinrich Böll. Vier Stunden hatte sein erster Besuch gedauert, dennoch meinte er »wirklich, Paris ist der Höhepunkt alles Menschlichen und der tiefe Abgrund alles Menschlichen«.[19] Ähnlich schwärmerisch äußerten sich schriftstellerisch weniger ambitionierte Landser über die Palmen auf den Kanalinseln, die Schönheit der norwegischen Fjorde und mit dem Beginn des Krieges gegen die Sowjetunion im Sommer 1941 auch über die Weite und Grenzenlosigkeit Russlands. »Wenn einer eine Reise tut, dann kann er was erzählen, ich tu eine Reise u. will Euch was erzählen«[20], schreibt ein Soldat im Oktober 1940 aus Norwegen an seine Eltern. Viele hatten noch nie »eine Reise getan«, sie hatten knapp ihren Heimatort verlassen, ganz zu schweigen davon, dass sie jemals im Ausland gewesen wären. Die Rede vom »Reisebüro Wehrmacht« war nicht so abwegig, wie es uns angesichts des Vernichtungskriegs vorkommen mag: Es zeigte ihnen Europa. Die Kanalinseln beispielsweise überstiegen die wildesten Erwartungen der meisten: »Wir waren in einem Land, wo Tag und Nacht Milch und Honig flossen. Wir waren in diesem Augenblick bester Laune. Wir kamen uns vor wie Urlauber.«[21] Wie dieser Soldat waren viele geradezu berauscht.

Viele wirkten nicht nur berauscht und aufgeputscht, sie waren es tatsächlich. Vor allem in Frankreich tranken die Soldaten viel Alkohol: »Schnaps haben wir jeder schon eine ganze Flasche zur Feier des Sonntags heute ausgesoffen; eine Pulle Cognac (fabelhaft, 2 Mark)«, schrieb Heinrich Böll im August 1940 an seine Eltern. Er trank nicht nur oft und viel und rauchte wie ein Schlot, er nahm auch ein Medikament namens Pervitin, das »bei den Strapazen fabelhaft zur Wirkung und Geltung« komme.[22] Wie er dopten sich seit dem Überfall auf Polen im September 1939 zahllose Soldaten – und das mit Billigung höchster Stellen: »Großzügig gab die militärische Führung solche Aufputschmittel, aber auch Alkohol und Opiate aus – solange es dem Endsieg nützte ... Allein von April bis Juli 1940 wurden mehr als 35 Millionen Tabletten Pervitin und Isophan (ein leicht modifiziertes Produkt) an Heer und Luftwaffe ausgeliefert.«[23] Dieses »Wundermittel der Wehrmacht« euphorisierte, erhöhte Konzentration und Risikobereitschaft, minderte Schmerzempfinden, Hunger und Müdigkeit. »Ich finde es ganz wunderbar, daß man mit einer so winzigen Tablette die Müdigkeit einfach hinausschiebt bis zu dem Zeitpunkt, wo man auch Gelegenheit hat zu schlafen ... Es ist nur gut, daß ich noch einige für solche dringende Fälle in Reserve habe.«[24]

Bölls Aufputschdroge Pervitin, von den Soldaten »Panzer-schokolade« genannt, war ein Methamphetamin, das heute »Speed« heißt.

Sei es, weil sie im Siegesrausch waren, sei es, weil sie froh waren, den Krieg bislang lebend überstanden zu haben, oder weil sie wirklich durch Alkohol und Drogen »high« waren: Wenn, wie hier in einem französischen Städtchen, die ersten Besatzer von den Armeelastern kletterten, waren dies keine erschreckenden Ungeheuer, sondern übermütige junge Männer:

> »Die Deutschen überfluteten die Häuser, die Ge-schäfte, die Cafes. Ihre Stiefel knallten auf den roten Fliesen der Küchen. Sie verlangten zu essen, zu trin-ken. Sie streichelten im Vorbeigehen die Kinder. Sie gestikulierten, sie sangen, sie lachten die Frauen an. Ihre glücklichen Mienen, ihre Trunkenheit von Erobe-rern, ihre fieberhafte Erregung, ihre Verrücktheit, ihre Seligkeit, unter die sich eine Art Ungläubigkeit mischte, als hätten sie selber Mühe, an ihr Abenteuer zu glau-ben – das alles war so spannungsgeladen, von solchem Brausen erfüllt, daß die Besiegten für einige Augenbli-cke ihren Kummer und ihren Groll vergaßen. Mit of-fenem Mund schauten sie zu.«[25]

Fassungslos dürften auch all jene gewesen sein, die gese-hen haben wollen, wie sich »einige der deutschen Soldaten während ihrer ersten freien Stunden in Paris Orangen und Bananen in den Mund gestopft hätten, ohne sie zu schälen, und auf ihre Schokoladetafeln Butter geschmiert hätten«.[26] Ein derart bizarres Verhalten passte durchaus zu dem Bild, das die Franzosen von ihrem Erbfeind hegten: Sie sind samt und sonders Barbaren. Orangen und Bananen gab es in Norwegen nicht, aber auch dort fielen die Soldaten bereits am 9. April in die Läden ein, kauften Schokolade, Butter und Käse – und butterten die Schokolade, bevor sie hineinbissen.

Mindestens so verblüffend wie die gebutterte Schokolade ist allerdings, dass es an diesem Tag voller Verwirrung und Angst überhaupt geöffnete Läden gab. Kann es sein, dass ein Ladenbesitzer morgens im Radio hört, dass Krieg ist, und dann, wie an jedem Tag, pünktlich um acht oder neun Uhr die Ladentür aufsperrt? Ein Bauer muss in den Stall gehen, seine Tiere füttern und seine Kühe melken, weil sie sonst verenden. Aber ein Ladenbesitzer? Vielleicht rechneten Lebensmittelhändler damit, dass ihre Kunden in Panik ihre Vorräte aufstocken würden. Aber auch ein kleines Osloer Wäschegeschäft hatte geöffnet und verkaufte den ersten deutschen Kunden Seidenstrümpfe.

Was mochten Ladenbesitzer und Kunden empfunden haben, als sich am ersten Tag des Krieges die Ladentür öffnete und uniformierte Deutsche hereinkamen? Die Einheimischen hatten sicher Angst, es wird eigenartige Szenen und Verständigungsprobleme gegeben haben, bis sie begriffen, dass die Feindsoldaten weder den Laden plündern noch die Anwesenden verhaften oder gar töten wollten. Sie wollten einkaufen. Überall. Nicht viele waren so genügsam wie jener österreichische Soldat, der angeblich in Paris nur zweierlei wollte: eine Büchse Ananas essen und am Grab Napoleons träumen.[27] Vermutlich waren die meisten ähnlich gierig wie jener Offizier, von dem Janet Flanner berichtete: »Mit ihrer merkwürdigen Begabung für praktische Metaphysik sehen einige der gebildeteren Deutschen in dem Vermögen, unbegrenzt französische Seidenstrümpfe zu erwerben, das Walten eines fast okkulten Gesetzes. Als kürzlich eine Französin im Trois Quartiers dagegen protestierte, daß sie nicht mehr als ein Paar Strümpfe kaufen durfte, obwohl sie drei Paar wollte, während gleichzeitig ein deutscher Offizier ein Dutzend kaufte, um sie seiner Frau zu schicken, erklärte dieser ihr in seinem schwülstigen Französisch, daß französische Beine Seide getragen hätten, als deutsche nur Baumwolle trugen, und daß jetzt aus Gründen der philosophischen Gerechtigkeit und der moralischen Höherentwicklung die Deutschen an der Reihe seien.«[28]

Dem Kaufhaus *Trois Quartiers* mochte es egal sein, an wen es verkaufte. Aber mancher kleine Ladenbesitzer und Verkäufer wird sich ab Frühsommer 1940 in den deutsch besetzten Ländern die Frage gestellt haben, wo im Allgemeinen und für ihn im Besonderen die Grenze zwischen erfreulicher Geschäftsbelebung und verwerflicher Wirtschaftskollaboration verlaufen mochte. Denn die meisten Soldaten waren zahlungskräftig. In Luxemburg wurden unmittelbar nach dem Einmarsch der Deutschen im Mai 1940 »die Warenpreise überwacht und gestoppt. Kleiderkarten und Bezugsscheine für Schuhwerk und Textilien wurden eingeführt, um zu verhindern, daß die durchziehenden deutschen Truppen Luxemburg leerkauften«.[29] In dem bereits zitierten Brief, den Heinrich Böll im August 1940 aus »Flandern« an seine Familie schrieb, verbindet er in einem langen Satz übermäßigen Alkoholkonsum, Kaufgier und Kriegsentsetzen: »Ein halbes Pfund Kaffee habe ich auf einem Bahnsteig schon ergattert für ganze fünfzig Pfennige ... Schnaps haben wir jeder schon eine ganze Flasche zur Feier des Sonntags heute ausgesoffen; eine Pulle Cognac (fabelhaft, 2 Mark); deshalb ist im Augenblick auch das Grauen über den Anblick Rotterdams zerstreut; der Krieg ist das verkörperte Entsetzen ...«[30]

Das »verkörperte Entsetzen« des Krieges und Banalitäten wie billiger Kaffee und Vollrausch scheinen aus heutiger Sicht schwer vereinbar. Die Osloer Paniktage beim Einmarsch der Deutschen, die überstürzte Massenflucht von Millionen Belgiern und Franzosen, gefallene, verwundete, kampferschöpfte oder auch übermütig siegende Soldaten – das alles passt besser zu den Bildern, die sich die Nachgeborenen vom Krieg machen, als klingelnde Ladenkassen und feilschende Krämer.

Tatsächlich erwähnen Zeitzeugen solche unspektakulären Alltäglichkeiten selten. Vielleicht sind sie unter den Erinnerungen an die schweren Jahre, die folgten, verschwunden. Möglich auch, dass solche Details nicht als erzählenswert erachtet werden, denn wer einen Zeitzeugen bittet, vom Tag zu erzählen, als der Krieg in sein (beziehungsweise ihr) Leben kam, erwartet wie selbstverständlich Geschichten über ungewöhnliche Vorkommnisse und erhitzte Gefühle – denn schließlich: Wie ungewöhnlich und aufregend es war, hat man ja in Filmen gesehen und in Büchern gelesen!

Nun ist es schwierig, sich wirklich nur an das zu erinnern, was man selbst erlebt hat, und an diesen eigenen Erinnerungen festzuhalten, wenn man hinterher erfährt, was für große Dinge an jenem Tag passierten und was das alles zu bedeuten hatte. Die meisten Zeitzeugen bemühen sich, mit Erinnerungen aufzuwarten, die dem historischen Moment und den Erwartungen der Zuhörer gerecht werden. Dies geschieht nicht unbedingt bewusst, man würde ihnen niemals Lüge unterstellen wollen. Sie wissen nur intuitiv, was als Antwort taugt und was nicht – wer möchte sein Gegenüber schon mit Auskünften wie jener enttäuschen, es sei nichts geschehen, man habe im Laden gestanden wie jeden Tag. Daraus wird erst dann eine erzählenswerte Geschichte, wenn just an diesem Tag ein deutscher Soldat hereinspaziert kam! Ansonsten bleibt der Laden unerwähnt, stattdessen ist von großen Einschnitten die Rede, von der Ausnahmesituation, dem Entsetzen angesichts des Ungeheuerlichen, das in das Leben und über das Land hereingebrochen war, von Stunden und Tagen, die das Leben aller unwiderruflich veränderten – was ja durchaus der Wahrheit entspricht.

Bilder, die überliefert werden und sich einprägen, existieren tatsächlich nur von den großen Ereignissen und den großen Einschnitten: Die Soldaten auf der Karl-Johans-Gate. Der norwegische König verlässt das Land. Hitler am frühen Morgen im menschenleeren Paris. Wie hätte man die Gleichförmigkeit des Alltags fotografieren sollen, deren wesentliches Merkmal ja gerade ihre Unsichtbarkeit ist? Warum hätte man überhaupt versuchen sollen, sie einzufangen? Wer hätte gerade an diesem Tag den Milchmann vor seinem Laden knipsen wollen? Und warum? Wer besaß schon einen Fotoapparat, und wenn er einen hatte, dann war Fotografieren besonderen Gelegenheiten vorbehalten. Es gibt also keine Bilder von den zahllosen Orten, an denen nichts passierte, was nicht am Tag vorher oder nachher auch passiert ist.

Und wer von den Nachgeborenen mag sich vorstellen, dass der eigene Vater oder Großvater den Tag des historisch unerhörten Einmarschs der Deutschen mit so etwas Lächerlichem wie dem Abwiegen von Zucker zubrachte? Dass Großmama einkaufte und Mutter Strümpfe stopfte? »Das Ereignis ist nicht das, was passiert. Das Ereignis ist das, was erzählt werden kann.«[31]

Weltgeschichte und Alltagstrott schließen einander nicht so kategorisch aus, wie man meinen möchte. Sie schieben sich übereinander, sie existieren gleichzeitig, auch wenn mal das eine, mal das andere wichtiger ist. Es gab weiterhin einen Alltag, dessen Erfordernisse sich durch den Einmarsch der Deutschen nicht verändert hatten: Man brauchte etwas zu essen und zum Anziehen, also musste man Geld verdienen, zur Arbeit gehen, einkaufen, kochen, nähen. Menschen starben weiterhin an Krankheiten und Unfällen, die nichts mit dem Krieg zu tun hatten. Es wurden Kinder geboren, es wurde geheiratet, man hatte immer noch Geburtstag, also musste und wollte man auch gelegentlich feiern. Trotz der Anwesenheit der Besatzer, der zunehmenden Knappheit aller Güter, der zahllosen Verordnungen, der Propaganda und der wachsenden Bedrohung hatten die allermeisten weiterhin ein Privatleben.

Daher beendete der Krieg einerseits für beide, Soldaten wie Zivilisten, das Leben, wie sie es bislang geführt hatten, doch zugleich lief vieles auf vielen Ebenen weiter wie bisher. Das lag auch an der Tatsache, dass Menschen sich so lange wie möglich an die ihnen vertrauten Regeln halten. Sie simulieren, allen Gegenbeweisen zum Trotz, Normalität: »Die Tage würden vergehen und die Soldaten kämpfen, der Eisenwarenhändler in der Hauptstraße und Mademoiselle Dubois, die Kurzwarenhändlerin, würden weiterhin ihre Töpfe und ihre Bänder verkaufen, in der Küche ihre warme Suppe essen, am Abend das kleine Holzgatter schließen, das ihren Garten vom Rest der Welt trennte.«[32]

So geschah auch in Norwegen an jenem legendären 9. April vieles, was im Rückblick etwa so unangemessen wirkt wie der Versuch, den Krieg auf die andere Seite des Gartentürchens zu verbannen. Von dem geöffneten Wäschegeschäft war schon die Rede. Als vor einer jungen Norwegerin, die am frühen Morgen am Oslofjord ihren Hund ausführt, plötzlich ein einzelner deutscher Soldat auftauchte und sie ansprach, rannte sie nicht weg und begann auch nicht zu schreien. Er fragte sie nach dem Weg, sie gab ihm Auskunft. Beide handelten nach Regeln, die sie vermutlich bereits als Kinder gelernt hatten: Es gehört sich, höflich zu fragen, und wer höflich gefragt wird, gibt eine höfliche Antwort.

Auf den erwähnten Fotos vom Einmarsch der Deutschen auf der Karl-Johans-Gate sind zwischen ihnen und den Passanten auf dem Bürgersteig norwegische Polizisten zu Fuß und zu Pferd zu sehen. Man fragt sich, was sie dort taten. Es wirkt ganz so, als eskortierten sie die Deutschen. Aber wäre das nicht äußerst unangemessen? Wollten sie das Ihre tun, damit der Feind ungestört einmarschieren konnte? Vermutlich nicht. Aber was hätten sie an diesem Tag sonst tun sollen: Sich auf der Wache verschanzen? Schwerlich. Gegen die Deutschen kämpfen? Dafür waren nicht sie, sondern das Militär zuständig. Ihr Beruf war es, für Ruhe und Ordnung zu sorgen, also taten sie das, immerhin waren diese so bedroht wie nie zuvor. Auch sie waren überrumpelt worden, also machten sie ihre Arbeit nach den Regeln, die sie kannten und die lauteten: Aufmärsche und Paraden werden eskortiert. Zumal es zwar keinerlei Erfahrungswerte, dafür aber eine Art Vorschrift von höchster Stelle gab: Bevor König und Regierung aus Oslo flohen, hinterließ der Justizminister die Anweisung, dass es das Los der Polizei sei, »an ihrem Platz zu bleiben, die deutschen Truppen zu empfangen und die Interessen des Volkes so gut wie möglich zu vertreten«.[33] Noch einmal: Was hätten sie tun sollen?

Die berittenen Polizisten wurden jahrzehntelang übersehen, nur darum konnten die Fotos der einmarschierenden Wehrmacht vor dem Schloss zum Symbol für die vergewaltigte Nation und ihren heroischen Widerstand werden.[34] Tatsächlich aber werden die Bilder erst durch sie wahrhaftig, denn sie versinnbildlichen das Dilemma, dem sich die Bevölkerung von jetzt an jeden Tag stellen musste.

Angesichts der augenfälligen, ja *erschlagenden* Präsenz der übermächtigen Armee hat es etwas Anrührendes, dass die Polizei der Hauptstadt meinte, das Geschehen irgendwie beeinflussen zu können. Seit dem Morgen dieses 9. April bestimmten die Besatzer, was wann wo geschehen würde. Es sollte noch zwei Monate dauern, bis die letzten norwegischen Truppen kapitulierten und die Alliierten, die in Nordnorwegen mit ihnen gekämpft hatten, das Land verließen. Aber da hatten die norwegischen Truppen im Süden und in der Mitte des Landes schon kapituliert. An vielen Orten waren die ersten Soldaten unmittelbar nach der Invasion durchgezogen, die nächsten, die kamen, richteten sich auf Dauer ein. Dort, in den bereits befriedeten Gebieten, warteten die Deutschen nicht auf die endgültige Kapitulation. Sie nahmen das Land in Besitz und gingen zügig daran, es ihren Bedürfnissen anzupassen.

So kamen sie im April nach Dalen, einem Marktflecken östlich von Oslo. Am folgenden Morgen »begannen sie mit dem Bau eines Wachtturms, hoch wie die Baumkronen, wie eine Sprungschanze. Die Wachstube zogen sie an einem Tag hoch. Am Tag vorher war nicht einmal das Material da gewesen. Nach acht Stunden war die Wachstube ganz fertig, innen und außen gestrichen, es gab sogar einen Ofen, der abends schon benutzt wurde.« Bei so viel Effizienz verging den Einheimischen Hören und Sehen, aber das war kaum mehr als ein Anfang.

Die Militärs mussten nämlich verblüfft, ja entsetzt konstatieren, dass die Bevölkerung weitestgehend ohne Straßen lebte, die diesen Namen verdienten. (Diesem Defizit hatte der Baedeker, den die Generäle vor dem Einmarsch konsultiert hatten, vermutlich nicht ausreichend Aufmerksamkeit geschenkt. Touristen und Generäle begegnen Land und Leute eben doch mit unterschiedlichen Interessen.) Die meisten Straßen waren einspurig, wenn es überhaupt welche gab, denn viele Ansiedlungen, darunter einige große Fischereihäfen entlang der Küste, waren nur per Boot zu erreichen. Andere hatten eine – wie es hieß – »Sommerstraße«, aber keine Winterstraße, sie waren bis zu sechs Monate im Jahr nur über das Meer und nicht auf dem Landweg zugänglich. Zu manchen Einödhöfen gelangte man überhaupt nur über eine Leiter.

Das Land war also schwer zugänglich. Solche Straßenverhältnisse sind mit den Interessen jeder Armee unvereinbar. Sie will mit ihrem schweren Gerät überallhin gelangen können. Als Erstes brauchte die Wehrmacht eine funktionierende Infrastruktur, daher begann umgehend und in großem Stil der Bau von Straßen und Eisenbahnlinien. Allein hätten die Soldaten kaum einen Bruchteil der anstehenden Aufgaben bewältigen können, es mussten also schleunigst Arbeitskräfte her. Im Frühling und Sommer 1940 standen den Deutschen dafür weder die Sklavenarbeit der osteuropäischen Kriegsgefangenen noch jene Norweger zur Verfügung, die im Laufe der Besatzungszeit als politische Gefangene zu Zwangsarbeit im eigenen Land verurteilt werden sollten. Somit waren die Nazis ausnahmsweise (und vorübergehend) gezwungen, sich als Besatzungsmacht den Gesetzen des Marktes zu beugen.

Sie engagierten also einheimische Unternehmen. Diese

Zusammenarbeit funktionierte sofort bestens. Nur zwei Tage nach der Invasion übernahmen norwegische Baufirmen mit norwegischen Arbeitern die Reparatur einer beschädigten Brücke, die zum Osloer Flughafen Fornebu führte. Diese Brücke war für die Truppentransporte und den Nachschub der Deutschen außerordentlich wichtig, deswegen hatten die Norweger sie gesprengt. Angesehene Osloer Bürger reagierten auf die Sprengung mit einer Zeitungsanzeige, die dazu aufforderte, Sabotage und Gewalt zu unterlassen. Die bürgerlichen Klassen, schrieb der britische Journalist Max Hastings zur Frage des Widerstands, lassen sich in ihren Ansichten immer von Law-and-Order-Argumenten leiten, und die haben im Krieg eine noch größere Kraft als im Frieden. Sabotage provoziere mörderische Vergeltung gegen Unschuldige, daher riefen Bürger dazu auf, sich im Interesse aller so zu verhalten, dass allen dergleichen erspart bleibe. Das Leben sei schon schwer genug.[35]

Die Deutschen wollten nicht nur mit Firmen arbeiten, sondern auch möglichst viele Norweger direkt anstellen. Dafür lockten sie mit Löhnen, die mitunter um ein Mehrfaches höher waren als das, was bislang für solche, ja für irgendwelche Arbeiten üblich gewesen war. Nun war Norwegen ein bevölkerungsarmes Land mit entsprechend wenigen Arbeitskräften. Dennoch dürfte das Ködern nicht allzu schwierig gewesen sein, denn Norwegen steckte 1940 in einer Wirtschaftskrise. Vor allem im Norden des Landes war die Lage für viele desperat: »In unserer Gegend gab es keine Arbeit«, erzählte eine Norwegerin aus einem Dorf in der Nähe von Trondheim. »In Oslo war das wohl anders, aber bei uns – kriminell! Wenn man Arbeit wollte, musste man zum Bauern, in einen Haushalt, vielleicht in ein Geschäft, sonst war nichts zu machen.« Ihr Vater und ihr ältester Bruder, der damals siebzehn Jahre alt war, fanden Arbeit bei den Deutschen, auf einem Flugplatz in der Nähe. »Da verdiente mein Vater anständiges Geld und der Bruder sogar auch. Jetzt hatten wir Geld, um etwas zu kaufen, jetzt konnten sich alle satt essen.« Wer freiwillig für die Deutschen arbeitete, war also politisch nicht zwingend auf ihrer Seite. Er war nur nicht so dezidiert gegen sie, dass er auf die Verdienstmöglichkeit verzichtet hätte.

Besonders gesucht waren weibliche Arbeitskräfte, vor allem als immer mehr Soldaten an die Ostfront abkommandiert wurden. Irgendjemand musste weiterhin die Kartoffeln schälen und die Briefe tippen, daher stellte die Wehrmacht zum Kochen, Putzen, Waschen, Übersetzen und für Büroarbeiten einheimische Frauen ein. Viele erhielten durch eine solche Anstellung zum ersten Mal im Leben einen nennenswerten Lohn. Bei 350 000 bis 400 000 deutschen Soldaten, die während des Krieges in Norwegen stationiert waren, wird auch diese und jene als Prostituierte ihr Auskommen gefunden haben – ohne allerdings auf der offiziellen Lohnliste der Wehrmacht zu stehen.

Ebenso dringend wie neue Straßen waren Soldatenunterkünfte. Nach und nach wurden aus vorgefertigten Teilen zahllose Baracken errichtet, zuerst aber requirierte die Besatzungsmacht umgehend jedes größere Gebäude, das sich nur irgend requirieren ließ: Schulen, Turnhallen, Krankenhäuser, Hotels, Bethäuser, Altenheime und Scheunen.[36] Die Invasoren brauchten auch Ställe für die mitgebrachten Pferde. Da die aber größer und schwerer waren als die Fjordpferde der Norweger, wurden Stalltüren vergrößert und Boxenwände entfernt. Es kam vor, dass Pferde durch den Fußboden brachen.

Wo nicht genügend Unterkünfte für Soldaten requiriert

werden konnten, wurden diese provisorisch in Zelten, vor allem aber in Privathäusern untergebracht. Eigentümer von Häusern oder Bauernhöfen erlebten, dass Quartiermeister der Wehrmacht alle Zimmer, Dachböden und Nebengebäude in Augenschein nahmen und so viele Soldaten einquartierten, wie ihnen vertretbar erschien. Den Bewohnern blieben manchmal nur Küche und Schlafzimmer. Es war völlig sinnlos, sich dagegen zu wehren, diese Übergriffe verdeutlichten (wie vieles andere) den Besetzten einmal mehr ihre Ohnmacht und ihr Ausgeliefertsein. »Die Unteroffiziere nehmen ihre Mahlzeiten im Wohnzimmer, in der Küche und im Esszimmer des Bauernhofs ein. Abel Delaveau ist nicht mehr, nach Gott, der Herr [in seinem eigenen] Haus. Es gibt keine Macht, die sie in diesem Augenblick aus diesem Raum werfen könnte. Sie achten nicht auf uns, und wir tun so, als bemerkten wir sie nicht.«[37]

Die Einheimischen mussten mit vielen Einschränkungen leben lernen: Von den Pyrenäen bis ans Nordkap durften sie nicht an ihre Strände, ab 1942 bauten die Deutschen dort hinter Stacheldraht Bunker an Bunker: den 2700 Kilometer langen Atlantikwall. Selbst für kleine Reisen, sei es zur Konfirmation der Enkelin oder zu einem Kurs in der Hauptstadt, mussten sie eine Genehmigung beantragen. Das Land ohne Erlaubnis zu verlassen war nur unter Lebensgefahr möglich, da alle Grenzen, auch die übers Meer, streng bewacht wurden. Jedes Detail des alltäglichen Lebens wurde geregelt und reglementiert, auf Zuwiderhandlung standen Strafen. Die Menschen durften nicht lesen und nicht hören, was sie wollten; in mehreren besetzten Ländern wurden alle privaten Rundfunkgeräte eingezogen. In Norwegen durften ab Februar 1942 keine roten Zipfelmützen und keine rotweiß-blaue Kleidung getragen werden, weil dies als patriotische Äußerung gegen die Besatzungsmacht galt – was es auch war. Autos, Boote und Pferde wurden requiriert. Alles – von Grundnahrungsmitteln über Kleidung und Maschinenteilen bis zu Nähgarn – wurde knapp, die zugeteilten Rationen wurden immer kleiner, die Schlangen, um das wenige zu bekommen, immer länger.

Und sie mussten ihre Fenster verdunkeln. Wie deprimierend diese Verdunklung auf Dauer war, beschrieben viele Soldaten, die auf der Zugfahrt von Norwegen nach Hause durch das nicht verdunkelte Schweden fuhren. »licht!«, schreibt einer, »gibt es das noch? ist es möglich, daß noch irgendwo auf der welt menschen leben ohne verdunklung, ohne rationierungskarten, ohne gasgeneratoren?« – »Wir schauen in erhellte Fenster, und Sehnsucht nach Frieden wächst in jedem Herz«, schwärmt ein anderer[38]; und ein Dritter »stand ganz benommen«, als er im September 1944 in zweihundert Meter Entfernung eine »schwedische Grenzstadt am finnischen Meerbusen in vollem Lichterglanz« sieht: »Fünf Jahre habe ich keine Stadt in Lichtern gesehen. Welch ein bezauberndes Bild des Friedens!«[39]

Zurück zu den Einquartierungen. Sie wurden vergütet, und soweit bekannt, wurde niemand auf die Straße gesetzt, aber die Hausbewohner mussten zusammenrücken. Dann bezogen ein, zwei oder drei Soldaten eine Stube oder eine Dachkammer, Offiziere wurden, soweit möglich, in Häusern des gehobenen Bürgertums oder auf großen Bauernhöfen einquartiert. Die Gastgeber wider Willen hießen im offiziellen deutschen Sprachgebrauch »Quartiersfamilien«, ein harmloses Wort, das nichts von Zwang und Unfreiwilligkeit verrät. Nur wenige werden ihre »Untermieter« mit so viel Grandezza begrüßt haben wie ein alter Franzose, der sich und dem gerade angekommenen jungen Deutschen Pflaumenschnaps einschenkte und mit den Worten »A une bonne entente, Monsieur« (»Auf gutes Einvernehmen, mein Herr«) zutrank. (Es sollte ein ungewöhnlich gutes Einvernehmen werden. Den Soldaten und die Tochter des Franzosen verband noch fünfzig Jahre später eine enge Freundschaft.)

Wie erträglich das enge, ja intime Nebeneinander der »Quartiersfamilien« mit ihren Zwangsgästen ausfiel, hing wesentlich davon ab, wie diese sich benahmen. Selbst die nettesten ruinierten mit ihren eisenbeschlagenen Stiefeln alle Fußböden, die miesesten waren wie jener Hauptmann, »ein harter und böser Mann, vor dem wir große Angst hatten«, und der »das Gästezimmer forderte, das erst kürzlich renoviert und noch nicht benutzt worden war. Ich durfte nichts von dem wegnehmen, was sich darin befand, und habe es nie wiedergesehen.«

Überall im besetzten Europa drangen die Fremden ein, wo sie eindringen wollten. Manche Besetzte mussten Wand an Wand mit ihnen wohnen, viele mussten oder wollten für sie arbeiten. Nation und Volk verloren ebenso wie die einzelnen Hausbesitzer ihr Selbstbestimmungsrecht, denn den Anordnungen, den Befehlen und Wünschen der Besatzungsmacht konnte sich niemand widersetzen.

Und man konnte den Fremden nicht aus dem Weg gehen.

All diese Dinge, an die mußte man sich erst gewöhnen, wie die Wehrmachtsuniform. Da begann man sich zum ersten Mal Gedanken zu machen, was heißt das überhaupt, eine Uniform zu tragen. Das heißt nichts anderes als die absolute Auflösung des Individuums, zugunsten einer Gemeinschaft. Man war nicht mehr für sich selbst verantwortlich ... Alles, was wir gemacht haben, war anonym ... Es war die Truppe, die Einheit, der Kommandeur der Einheit, aber nicht man selber verantwortlich.«

Felix Mussil, Jahrgang 1921

»Während des Krieges gibt es eine ganz andere Bindung zu anderen Menschen als im freien Leben. Man war ja aufeinander angewiesen, man wollte auch immer jemanden neben sich haben, weil man – man wollte nicht alleine sterben, das war etwas, was man auf keinen Fall wollte. Man wollte einen lebenden Menschen neben sich haben.«

Felix Mussil

Zwischenbemerkung:
Die zwei Körper des Soldaten[1]

Der Besatzungssoldat war einerseits ein Repräsentant der Besatzungsmacht, also des Deutschen Reiches. Andererseits war er Hans, Fritz oder Jürgen, Dreher, Verkäufer oder Student aus Bremen, Erfurt oder Frankfurt.

Als Besatzungssoldat trug er die Uniform der Wehrmacht, sei es die des Heeres, der Marine oder der Luftwaffe. Sie kennzeichnete ihn für die Bevölkerung der besetzten Länder als Angehörigen des Feindes, als Feind. In ihr symbolisierte er

67

die Macht des Besatzungsregimes. Tatsächlich hatte er dank der Uniform an dieser Macht konkret teil, sie verlieh ihm reale Macht über die Zivilisten – und das nicht nur, weil er als Soldat bewaffnet war. Er war auf der Seite jener, die die Gesetze machten und nach Gutdünken Recht sprachen. Daher konnte er die Besetzten allein durch sein Auftauchen verunsichern und ängstigen. Bei allen Uneinigkeiten mit ihnen hatte er von vornherein die besseren Karten. Der Soldat in Uniform *war* die Besatzungsmacht, *ihr* galten die Blicke und Gesten der Verachtung, die man ihm als Besatzer entgegenschleuderte, *ihr* galten die feindlichen Kugeln, Torpedos und Flakgeschütze, *ihr* galten Sabotage und Hinterhalte von Widerstandskämpfern.

Auch in seinem eigenen Erleben und Denken war der Soldat oft eins mit dem Schicksal seiner Nation und seiner Armee, mit all dem also, wofür die Uniform stand: Solange sein Deutschland und die Wehrmacht siegten, war auch er ein Sieger. Als sie besiegt wurden, war auch er gedemütigt und geschlagen.

Doch in der Uniform des Besatzers steckte ein Mann. Der existierte jenseits der Uniform, und er war nicht mächtig, sondern im Gefüge des Militärs weitgehend entmündigt. Seine Kleidung, sein Tagesablauf, sein Aufenthaltsort, die Menschen, mit denen er seine Tage und Nächte verbrachte, noch das letzte Detail seines Erscheinungsbildes: Alles wurde für ihn bestimmt, mit allem musste er sich arrangieren, nur wenig konnte er nach seinen Wünschen beeinflussen. Sein persönlichster Besitz, sein Spind, seine Post wurden kontrolliert, sein Sexualleben überwacht, sein Körper auf peinlichste Weise inspiziert. Nichts mehr war privat, alles war politisch.

Es gibt also zwei »Soldaten«: Der eine ist die Verkörperung der Macht, abstrakt, unpersönlich, austauschbar. Der andere ist nicht mehr als ein biologischer Körper, nicht weniger als ein komplexes Individuum. Jedes Gespräch über die Wehrmacht im Zweiten Weltkrieg, über die okkupierten Gebiete, vor allem über Rolle, Verhalten und Verantwortung der Wehrmachtssoldaten, handelt (auch) von diesen beiden »Körpern«: dem uniformierten Herrenmenschen und dem »Schützen Arsch«, dem Mitwirkenden und Mitschuldigen an den nationalsozialistischen Verbrechen einerseits, dem geschundenen Wehrpflichtigen andererseits.

Dass Gespräche zwischen der Generation der ehemaligen Soldaten und der ihrer Kinder regelmäßig misslangen, lag nicht nur daran, dass die Vätergeneration mauerte und schwieg, vertuschte, beschönigte und log. Es steht außer Frage, dass sie es tat. Es lag auch nicht nur an der mangelnden Empathie der Jüngeren, an der ebensowenig Zweifel möglich sind. Sondern es lag mindestens ebenso sehr daran, dass denen, die miteinander sprachen (oder zu sprechen versuchten), diese Zweigestaltigkeit selten bewusst war. Wenn die Jungen von den Alten Rechenschaft darüber forderten, was diese als uniformierte Repräsentanten des Nationalsozialismus getan hatten, antworteten diese konsequent und oft ausschließlich aus der Perspektive des jungen Mannes, der sie einmal gewesen waren, gaben anekdotische Munterkeiten aus dem Landserdasein zum Besten oder lamentierten darüber, dass »Hitler ihnen ihre Jugend gestohlen habe«. Wollte der Vater davon reden, »dass der Verlust der Kameradschaft ein tiefes Loch in seinen Seelenhaushalt gerissen hatte«, wollte sein Kind wissen, »was im Krieg wirklich geschah« – als sei nicht auch diese Kameradschaft »wirklich geschehen«. Allerdings verstand der Vater durchaus, wonach gefragt wurde: »Jedem, der ihn darauf ansprach, verbot er aggressiv den Mund.«² Fragen und Antworten kamen nicht zusammen. Die Folge waren Missverständnisse und Dispute, nicht selten gegenseitige Beschimpfungen und Entzweiungen.

Manche Männer hüteten ein Kriegsgeheimnis, bei dem es nicht um Tod und Vernichtung, sondern um Leben ging: Sie verheimlichten ein Kind – ihr uneheliches Kriegskind. Danach fragte sie niemand. Es ist amüsant, dass ausgerechnet ihre deutschen Kinder daran nicht dachten, schließlich waren sie es, die »make love, not war« forderten. Die Vorstellung, dass ihre Väter beides konnten, schien ihnen nicht zu behagen.

In diesem Buch geht es, zumindest zunächst, nicht um die alten Männer, die Jahrzehnte nach dem Krieg solche Gespräche mit ihren Kindern führten oder verweigerten. Es geht um die Männer, die ab September 1939 in den Krieg zogen. Sie wussten nicht, dass er fünf Jahre dauern würde, sie ahnten nicht, dass sie dann besiegt und gedemütigt in eine Heimat zurückkehren würden, in der – im buchstäblichen wie im übertragenen Sinne – kaum noch ein Stein auf dem anderen stand. Es geht um Männer in Uniformen, wie sie uns in ihren privaten Kriegstagebüchern und Feldpostbriefen entgegentreten.

Das Wichtigste im Leben eines jeden Soldaten war die gerühmte, oft ins Mythische verklärte Kameradschaft, die Gemeinschaft mit den anderen Soldaten. Für viele, sehr viele waren *die Kameraden* ihre gesamte Militärzeit über die wichtigste Bezugsgruppe, in Zeiten der Bedrohung und der Strapazen, aber auch des Wandels waren die Kameraden als engste Gruppe immer aufeinander angewiesen. Wenn sie versetzt wurden, fuhren sie mitunter tagelang im Zug durch Europa,

70

ohne dass man ihnen gesagt hätte, wohin sie unterwegs waren. Wurde die gesamte Kompanie beispielsweise von Frankreich nach Russland kommandiert, bildeten die Kameraden in dieser Heimatlosigkeit den einzigen vertrauten Bezugsrahmen, der blieb. Beim Umgang untereinander galten die vertrauten Spielregeln der »Heimat«, das gab ihnen Sicherheit in einer fremden Umgebung mit einer unverständlichen Sprache und unvertrauten Umgangsformen; zwischen ihnen war meist selbstverständlich, was sie sich im Umgang mit den ausländischen Zivilisten erkämpfen mussten und nicht immer bekamen: die Anerkennung als Mensch, als Individuum und immer auch als Mann in der Männergemeinschaft des Militärs.

Diese Welt des Militärs verlangte von jedem Einzelnen eine extreme Anpassung. Die allermeisten Rekruten kannten aus ihrem Leben vor dem Militär Männergruppen, zum Beispiel aus Vereinen oder vom Arbeitsplatz. Aber mit diesen Männern waren sie nicht jahrelang rund um die Uhr zusammen gewesen, und diese Gruppen waren nicht quer durch alle Schichten, Berufe, Altersstufen und Heimatregionen zusammengewürfelt gewesen. Selbst wer vor dem Krieg mit vielen Angehörigen auf engem Raum gewohnt hatte, war nicht daran gewöhnt, pausenlos und ohne Privatsphäre mit Fremden zusammenzuleben. Für viele Bürgersöhne aus großzügigen Verhältnissen war das ein Schock, den sie den ganzen Krieg über nicht wirklich verwanden; Mannschaftsbunker mit zehn Leuten auf zwanzig Quadratmetern, selbstredend ohne Fenster, empfanden nicht nur Klaustrophobe als Alptraum.

Wer zum Militär kam, war alt genug, um die Hackordnung in Gruppen zu kennen und zu wissen, dass er in seiner Gruppe entweder einen Platz zugeordnet bekam oder ihn sich erobern musste.[3] Er wusste um die zwingende Notwendigkeit, sich mit dem informellen Anführer, dem »Alphatier«, einer jeden Gruppe gut zu stellen. Das geschah, je nach Temperament, unterwürfig, bereitwillig, gleichgültig, widerstrebend, in seltenen Fällen gar nicht. Wenige werden zuvor gezwungen gewesen sein, sich auf Gedeih und Verderb mit so vielen verschiedenen Menschen arrangieren, ja gut stellen zu müssen, weil sich diese gegen einen verbünden und einem das Leben zur Hölle machen konnten; und weil man nur als Gruppe eine Chance hatte, sich dem Zugriff der Vorgesetzten zu entziehen.[4]

Alle hatten vor ihrer Militärzeit gelernt, Kompromisse zu machen und nachzugeben. Aber nur wenige werden aus Angst die Vergehen und Straftaten anderer gedeckt oder gar selbst an Morden und Massenmorden teilgenommen haben. Dabei nicht mitzumachen »schien gegenüber den Kameraden ein unsozialer Akt zu sein bei einer von fast allen als belastend empfundenen Aufgabe«.[5] Kameradschaft hat nichts mit Neigung zu tun; sie gehört zur Gruppe und wird »unterschiedslos jedem gewährt, der ›dazugehört‹. Sie ist Kodex und Pflicht und erfordert gerade nicht das Sich-Einlassen auf das Besondere und Individuelle des Partners, sondern gilt im Gegensatz zur Freundschaft ohne Ansehen der Person.«[6] Wer sich nach Ansicht der Gruppe in irgendeiner Hinsicht illoyal verhielt, war rasch als »Kameradenschwein« verschrien. Ein »Kameradenschwein« gehörte nicht mehr unbedingt dazu, und das Ausgeschlossensein aus der Gruppe war das Schlimmste, was einem Soldaten passieren konnte. Es konnte lebensgefährlich sein, denn die barbarischen Riten einer Männergesellschaft kannten wenig Mitleid mit einem, der sich nicht hinreichend einpassen wollte (oder konnte). Die anderen würden ihm in einer gefährlichen Situation vielleicht nicht helfen, es vielleicht sogar unterlassen, ihn zu bergen, wenn er verletzt wurde. Und jeder hatte Angst davor, alleine sterben zu müssen. Über solche Ängste jedoch schwieg man ebenso wie über Gefühle von Einsamkeit, Heimweh oder Überforderung. Als Soldat in der Gruppe durften die Männer keine Empfindlichkeiten haben oder gar zeigen, die sie angreifbar und verhöhnbar machten. Denn das Allerschlimmste war doch der Vorwurf, eine Memme zu sein.

Nicht jeder war ein geborener Gruppenmensch, manche hatten schon vor dem Krieg nur wenige Freunde gehabt, sie wussten, dass wenige ihre Interessen teilten. Aber sie waren nicht monate- und jahrelang ohne einen einzigen Menschen gewesen, mit dem sie ein (nach ihren Vorstellungen) sinnvolles, ernstes Gespräch führen konnten. Nun fühlten sich viele als Außenseiter, ohne der Situation entfliehen zu können. Und weil die ganze Gruppe ständig auf engstem Raum beisammen sein musste, fühlte sich der stille Intellektuelle ebenso gestraft wie der krakeelende Säufer. Musste der eine unentwegt Prahlereien, Vergnügungen und Musik über sich ergehen lassen, die ihm zuwider waren (»jahrelang das gleiche Geschwätz von Weibern und Kommißbrot«[7]), war der andere die endlosen miesepetrigen Belehrungen und Ermahnungen zu Ruhe, Ordnung und sittlichem Verhalten sehr bald leid. Es trafen Menschen aufeinander, die sich im zivilen Leben nie begegnet wären, und es war gefährlich, anders zu sein als die Mehrheit. Geradezu verdächtig war es, mehr zu lesen, mehr zu schreiben, mehr Zeit mit den Zivilisten zu verbringen.[8] Damit katapultierte man sich ebenso aus der Gemeinschaft heraus wie jene, die im Urlaub nicht nach Hause fuhren, sondern im Land blieben und – beispielsweise – in den norwegischen Bergen wanderten oder Ski liefen. Wer Urlaub hatte, egal wie kurz, reiste »heim ins Reich«. Alles andere war »komisch«.

Die Soldaten durften nur wenige persönliche Dinge besitzen, an denen sie umso mehr hingen und deren Verlust, sei es durch Verlegung, Feuer oder Diebstahl, umso schmerzlicher war. Sie mussten oft schweigen, wenn sie anderer Meinung waren. Ihr Tagesablauf war ebenso streng geregelt wie ihre Kleidung, ihre Ernährung, ihre Ausrüstung, ja sogar ihre Körperhaltung.[9] Sie mussten sich den Anweisungen ihres Vorgesetzten auch dann fügen, wenn dieser ein Idiot, ein Sadist oder ein Fanatiker war, wenn seine Inkompetenz und Geltungssucht ihren Tod bedeuten konnte.[10]

Die reine Männergesellschaft führte zu einer Vergröberung, ja Verrohung der Sitten, wie manche erschrocken an sich selbst bemerkten. »So ein Krieg konnte die beste Erziehung zunichte machen«, meinte einer lakonisch, aber nur wenige ironisierten sich selbst und den Drill so pfiffig wie dieser junge Mann: »Aber sonst bin ich ein strammer Soldat geworden. Ich kann Stillstehen, Schnabel halten, laut Scheiße brüllen, den inneren Schweinehund auf ein Minimum reduzieren und wie ein geölter Blitz über den Kasernenhof sausen. Nebenbei habe ich mir angewöhnt keine silbernen Löffel zu stehlen und keine Frauen zu vergewaltigen, das ist unsoldatisch.«[11] Andere genossen die Möglichkeiten der Enthemmung, die ein Leben im Schutz einer Männergruppe bot, sie werden wohl die Uniform als Instrument der Gleichmacherei geschätzt haben. Sie verstießen gegen die Regeln eines bürgerlich-geordneten Lebens, manche kosteten Brutalität und Willkür aus oder trieben sie sogar weiter voran.

Es taten sich auch andere, weniger gewaltbetonte Freiräume auf, denn ein Soldat unterlag nicht mehr der sozialen Kontrolle der Familie, des Dorfes, des Freundeskreises. Es war ein Leben ohne Frauen, ohne das weibliche Element der Mütter, Schwestern, Tanten, Kolleginnen. Es war ein Leben in »Sexualnot«, aber auch mit ersten oder bislang ungekannten sexuellen Erfahrungen, Bordellen, fremden Frauen (nebst Geschlechtskrankheiten). Einige erlebten als Soldat ihre erste Liebe, fast alle machten Erfahrungen mit Besäufnissen und anderen Drogen.

Soldatsein war ein neuer Beruf mit neuen Aufgaben, es war ein Leben, das erheblich primitiver, aber auch erheblich luxuriöser sein konnte, als man es sich jemals hätte vorstellen können. Man musste sich an neue Stationierungsorte anpassen, deren soziale und klimatische Bedingungen extrem unterschiedlich sein konnten, ohne dass die Ausrüstung den klimatischen Gegebenheiten immer entsprochen hätte. Viele Soldaten wurden durch körperliche Anforderungen und Entbehrungen an ihre äußersten Grenzen gebracht. Vor allem aber bestand der Krieg aus Warten, ein Zustand, in dem Lethargie und Stumpfsinn wuchsen.

Die sooft als einzigartig gerühmte Kameradschaft erzeugte einen ungeheuren Konformitätsdruck, das Warten und die Untätigkeit machten gereizt. Dann musste man die eigene Gereiztheit ebenso ertragen wie die der ebenfalls gelangweilten Kameraden. Eigentlich ist es erstaunlich, dass nicht mehr ausgerastet sind, zumal alle bewaffnet waren. In den Briefen ist selten von Prügeleien unter Soldaten die Rede, vermutlich galten solche Tätlichkeiten nicht als geeignetes Thema für die Lieben daheim. In einem Tagebuch ist von einer Massenschlägerei die Rede, bei der ein Betrunkener »den kahlen Schädel des anderen mit dem Holzpantoffel bearbeitet«; Tag des Geschehens war bezeichnenderweise Heiligabend. Der dies notierte, erzählte später, wegen der extremen Wetter- und Lichtverhältnisse sei »man oft gereizt gewesen. Deswegen wurden die Besäufnisse organisiert. Einmal hatte ich eine Katze reingeholt, und der Kamerad, mit dem ich das Zimmer teilte, mochte sie nicht. Da haben wir uns geprügelt. Wegen der Katze. Er hat sie irgendwie unsanft von seinem Bett runtergejagt, da bin ich an ihn gegangen. Es gab tausend Anlässe zu explodieren.«

Obwohl in vielen besetzten Ländern »weit und breit kein Krieg war«, kostete der »Friedensbetrieb« viele Soldaten das Leben. Die erwähnten »Besäufnisse« führten zu Verkehrsunfällen, Unfällen mit Waffen und zu Suiziden. Viele Soldaten starben, weil die Fahrer der Militärfahrzeuge auf die Straßenverhältnisse des Landes nicht vorbereitet waren und Gefahren nicht erkannten. In Norwegen waren an der Küste und an den Fjorden die Fahrbahnen einspurig und schmal aus dem Fels gehauen, der an der einen Seite mehr oder weniger lotrecht in den Fjord abfiel. Es war sehr leicht, die Kontrolle über den Wagen zu verlieren, vor allem wenn die Fahrbahn mit Geröll bedeckt, verschneit und vereist war. Oft war es nur eine Frage von Zentimetern, ob ein Auto in die Tiefe stürzte.

Für manche waren das neue Land und die fremden Menschen ein Anreiz, den eigenen Horizont zu erweitern und neue Welten kennenzulernen, die Zivilbevölkerung der besetzten Länder, die manche als bedrohlich oder völlig uninteressant erlebten, wurde für andere zur Chance einer Ersatzfamilie in der Fremde. Aber wer in Uniform die Kaserne verließ – das mussten alle, Zivilkleidung war streng verboten, die eigene hatten sie nach der Einkleidung nach Hause schicken müssen –, blieb als der andere, als der Feind erkennbar. Viele empfanden das als belastend, andere begrüßten es als Möglichkeit, anderen Menschen Angst zu machen.

In der Etappe Nord- und Westeuropas waren die Soldaten oft weniger gefährdet als ihre Familien in den bombardierten deutschen Städten. Das belastete viele. Die rund 40 Milliarden Feldpostsendungen der Kriegsjahre beweisen, dass kaum ein Soldat ohne ständige Verbindung in die Heimat lebte.[12] Der nächste Heimaturlaub nahm im Denken aller eine zentrale Rolle ein[13], er war »einfach das Beste und Schönste, was ein Soldat im Krieg haben kann«. Und wenn er zu Ende war? »Das Gefühl, was man hat, wenn man gerade aus dem Urlaub kommt, lässt sich in Worten gar nicht wiedergeben. Man möchte am liebsten zu Fuß nach Hause laufen.« Bitter und einsam war der Heimaturlaub für jene, die keine Angehörigen hatten. Ihnen wurden die zwei Wochen in Deutschland lang, und es schmerzte, wenn sie bei der Rückfahrt auf dem Bahnhof »ohne Begleitung, ohne Umarmung, ohne Küsse« in den Zug steigen mussten.

Der Besatzungssoldat machte als Besatzer also einerseits Erfahrungen einer realen, unpersönlichen Macht, andererseits die einer ebenso realen, persönlichen Ohnmacht. Es gab durchaus viele Situationen, in denen es ihm seine »Doppelgestaltigkeit« erlaubte, selbst zwischen den beiden Rollen zu wählen. Häufiger aber entschieden andere darüber, in welcher Rolle er auftreten musste. Sowohl seine Vorgesetzten als auch die Zivilbevölkerung konnten sich weigern, in ihm etwas anderes zu sehen als den Angehörigen der Besatzungstruppen.

Er konnte die sichtbare Macht, die ihm die Uniform verlieh, genießen, auskosten und missbrauchen, weil sie ihn größer und bedrohlicher machte. Er konnte sie aber auch verfluchen, weil sie ihn von Menschen entfremdete, mit denen er gern in Kontakt gekommen wäre. Er konnte die Entmündigung und die Unpersönlichkeit, die ihm Militärdienst und Uniform aufzwangen, begrüßen, weil sie ihm die Last der Verantwortung für sein Leben und Handeln abnahmen, er konnte sie verabscheuen, weil sie ihm seine Individualität stahlen.

All das sagt noch nichts darüber, »daß die Soldaten nicht in den Krieg gezogen waren, um ›für das Vaterland zu sterben‹, sondern um zu töten, zu verwunden, zu verstümmeln«.[14] Also nichts von dem, worum es beim Soldatsein eigentlich geht, und wovon auch in den privaten Kriegstagebüchern und den Feldpostbriefen selten die Rede ist: vom Tod und vom Töten.[15]

Was theoretisch klingt – die Spaltung des Soldaten in den Repräsentanten der Macht und in das Individuum –, geschah während des Zweiten Weltkriegs ständig und intuitiv, ja geradezu selbstverständlich. Eine verliebte Französin sagte über ihren deutschen Freund: »Ich sehe meinen Ludwig durch die Uniform.« Nur eine verschwindend kleine Zahl der europäischen Zivilisten *verliebte* sich in die deutschen Soldaten. Allein den Gedanken daran hätten die allermeisten absurd, ja empörend gefunden. Aber auch diese sahen oft durch die Uniform hindurch einen Ludwig, Heinz, Jürgen oder Otto. Das war ein Mensch, der ihnen nicht unsympathisch war, den sie im Gegenteil mochten, manchmal sogar schätzten.

III.
Auf den zweiten Blick

Man konnte den Fremden nicht aus dem Weg gehen. Gerade das aber wollten und sollten die Besiegten. Richtlinien für den richtigen, und das konnte nur heißen: den *patriotischen* Umgang mit den Besatzungssoldaten sprachen sich zwar erst Tage oder Wochen später herum, aber die meisten Zivilisten werden deren Grundsätze sofort und intuitiv verstanden haben: Diese Soldaten gehören nicht hierher. Das sollen sie spüren. Man darf ihnen keinesfalls freundlich begegnen. Jeder Zivilist sollte jedem Repräsentanten der Besatzungsmacht unmissverständlich zu verstehen geben, dass er verhasst war und schleunigst verschwinden sollte.

»Eines der größten Dilemmas der Besatzung begann am zweiten Tag mit den Eiscremes, die deutsche Soldaten am Hafen von St Peter Port auf Guernsey kauften. Es stellte sich die Frage, wieviel sozialer Umgang mit dem Feind mit Patriotismus vereinbar war. Jeder Inselbewohner, vom kleinen Kind bis zum Bailiff [dem »Vogt« oder Verwalter der Insel], mußte sich entscheiden, wie er sich dem Feind gegenüber zu verhalten gedachte. Die einfachsten menschlichen Gesten wurden zum Gegenstand peinvoller moralischer Entscheidungen. Sollte man die ausgestreckte Hand eines Deutschen schütteln? Sollte man auf ein freundliches, gutturales »Good morning« antworten? Sollte man einem Soldaten die richtige Richtung zeigen, wenn er sich auf den winzigen, völlig verwirrenden Landstraßen der Insel verfahren hatte?«[1]

Die Allgegenwärtigkeit der Soldaten und die Gebote des Patriotismus widersprachen einander. Wie bei dem Eisverkäufer blieben den Einheimischen mitunter nur Sekunden für eine Entscheidung, auf die niemand vorbereitet war. Die häufigsten Tücken und Fallen des Besatzungsalltags steckten nicht in der Frage, ob man Heldentaten begehen, insgeheim den Widerstand unterstützen oder selbst aufbegehren sollte, sondern von Beginn an in alltäglichen Gesten und Situationen. In vermeintlichen Beiläufigkeiten.

Was würde der Soldat tun, wenn er die Eiscreme nicht bekam? Wie viel Macht hatte er? Konnte er einem die Konzession für den Eisstand am Hafen oder gleich den ganzen Eisstand wegnehmen? Konnte er einen verhaften, wenn man seinen Wünschen nicht nachkam? Auf solche bedrohlichen Fragen gab es ebenso wenig Antworten wie auf moralische Zwickmühlen, die sich auftaten.

Die erste Verhaltensregel lautete: »Kein anständiger Mensch hat etwas mit den Deutschen zu tun.« Aber war es nicht wirklich ungehörig, so schroff zu reagieren, wo doch der junge Mann in Uniform so freundlich war? War es nicht schäbig, einen Fremden, egal wen, bei Dämmerung in die falsche Richtung weiterradeln zu lassen? Aber was würden die Nachbarn denken und tun, wenn sie sahen, dass man sich mit einem Besatzungssoldaten unterhielt?

Einen sehr interessanten Aspekt bringt der Holländer

Geert Mak ins Spiel, als er die Reaktion einiger seiner Landsleute auf die ersten deutschen Soldaten beschreibt, die im
Mai 1940 in die Niederlande einmarschierten. Seine Beobachtung lässt sich auch auf andere der im Frühsommer okkupierten Länder übertragen: »Das Phänomen ›Feind‹ war
für die Menschen völlig neu«, weil es auf holländischem
Territorium seit hundertfünfzig Jahren keinen Krieg mehr
gegeben hatte. Er zitiert einen Bericht aus Brabant, wo man
sich große Mühe gab, den deutschen Soldaten den Weg zu
erklären. »Sie versammeln sich rasch, hilfsbereit und die
Hälse reckend um den Wagen, um die auf Deutsch gestellten
Fragen zu verstehen ... Ein paar Frauen sind mit Schalen
voll dampfendem Kaffee aus ihren Häusern gekommen, sie
bringen sie den Deutschen, die ihre Karten zusammenfalten
und lachen.«[2]

Selbstverständlich sorgten sich alle, fast alle jedenfalls,
zunächst und vor allem darum, welche Folgen diese drama-
tische neue Situation für sie und ihre Nächsten haben
würde, wie sie es anstellen sollten, Krieg und Besatzung unbeschadet zu überleben, ohne ihre Würde aufzugeben, ohne
sich mit den Besatzern gemein zu machen und ohne ihnen
das Gefühl zu geben, willkommen zu sein. Es gab sehr di-
rekte Methoden. Ein Soldat, der sich in einem norwegischen Berghotel eingemietet hatte, wurde von einem anderen Gast angefahren: »Wo sollen wir noch hin vor euch,
wenn ihr uns auch die Berge nehmt?« Aber man konnte die
Ablehnung auch ohne ein Wort und mit sehr einfachen
Mitteln vermitteln.

1943 stieg eine deutsche Krankenschwester in Oslo in
eine Straßenbahn. Sie trug ihre Rotkreuztracht, und als sie
sich hinsetzte, standen alle Norweger rundum auf. »Da
habe ich gedacht, hier bist du nicht willkommen. Ich war

froh, als ich da raus war.«[3] (Mit »da raus« meinte sie Oslo, nicht Norwegen, an das sie die wunderbarsten Erinnerungen behielt.)

Diese wortlose Demonstration von Verachtung war eine Facette des zivilen Widerstands, der in Norwegen als »kalte Schulter«, in Frankreich als »la France muette« [das schweigende Frankreich] bezeichnet wurde. Damit sollte der einzelne Soldat und jeder andere, der mit den Invasoren ins Land gekommen war, demoralisiert werden. Er wurde konsequent auf seinen Feindesstatus reduziert, als Besatzungsmacht *personifiziert*, ihm wurde jede Anerkennung als Mensch, Individuum und Gegenüber verweigert. Heute würde man sagen: Sie ließen die Deutschen auflaufen. Es war eine Taktik der kleinen Nadelstiche, sie signalisierte der Besatzungsmacht den Widerstand des Volkes, war von dieser aber nur schwer »in den Griff« zu bekommen. In Oslo sah sich der Osloer Polizeipräsident zu dem blamablen Schritt gezwungen, in öffentlichen Verkehrsmitteln Schilder zu montieren, auf denen auf Norwegisch und Deutsch folgendes stand:

Das Stehen in dem Wagen
IST VERBOTEN
solange es noch Sitzplätze gibt.
Wer dem Gebot nicht Folge leistet,
muss den Wagen verlassen und wird bestraft.
Oslo, 4. Mai 1944
Politipresidenten i Oslo[4]

In Restaurants ließ sich dergleichen nicht verbieten: »Oslo hat mich eigentlich enttäuscht … Wir werden, obwohl wir das Straßenbild beherrschen, nicht beachtet. Es kann vorkommen, dass man im Café den Tisch verlässt, wenn ein Soldat sich hinsetzen will.«[5]

Die »kalte Schulter« war eine unmissverständliche politische Stellungnahme und zumindest theoretisch immer und überall möglich. Sie war allen, die schon vor der Invasion gegen den Faschismus im Allgemeinen und Nazi-Deutschland im Besonderen gekämpft hatten, ebenso eine Selbstverständlichkeit wie jenen, die die Besetzung ihres Landes als empörendes Unrecht empfanden. Manche, die sich einer Zusammenarbeit mit den Invasoren nicht entziehen konnten, behandelten diese mit eisiger »Korrektheit«: Sie kamen ihren Pflichten nach, mehr nicht. So zeigten einige Osloer Ingenieure den Besatzern trotz täglicher Kontakte konsequent die »kalte Schulter«. Ihr norwegischer Arbeitgeber war von der Besatzungsmacht zu umfangreichen Arbeiten gezwungen worden, aber sie wechselten mit den Soldaten und Offizieren kein Wort, das nicht im engsten Sinne dem fraglichen Projekt galt, ließen sich nie in deren Autos zu den Baustellen mitnehmen, gingen nie mit ihnen essen. Sie handelten wie ein französischer Bauer, der im Sommer 1940 die ersten deutschen Soldaten auf seinen Hof kommen sah und sagte: »Sie sind da. Man muss es ertragen, aber sich nicht erniedrigen.«[6]

Auch in Frankreich erlebten die Soldaten von Anfang an, »dass freundschaftliche Reden und Gesten unsererseits von den französischen Zivilisten [manchmal] nicht akzeptiert oder verstanden wurden«[7]. Auch dort erlebten sie kleine, aber erniedrigende Gesten der Ablehnung: Man schickte sie in die falsche Richtung, wenn sie nach dem Weg fragten, viele Menschen machten sich in ihrer Gegenwart über sie lustig, was sie aber nicht verstanden, weil sie nicht Französisch sprachen. (Man konnte sich aber vertun: Es gab Soldaten, die sehr gut Englisch und Französisch verstanden, und es kam, wenn auch selten, sogar vor, dass einer eine kleine Sprache wie Dänisch, Norwegisch oder Holländisch perfekt beherrschte und die Gespräche mühelos mitverfolgen konnte.)

Nicht allen Zivilisten fiel diese Frostigkeit leicht. Eine sehr junge Norwegerin hatte insgeheim Mitleid, wenn die »jungen, netten« Soldaten Anschluss suchten und brüsk zurückgewiesen wurden. »Aber so war das eben – man mußte Abstand halten.« Ihre Schulfreundin erzählte, dass sie an Heiligabend einen Wachsoldaten sah und den Impuls hatte, ihm eine Apfelsine zu schenken: »Es ist doch Weihnachten. Er ist weit von zu Hause fort, er ist allein. Ich sah nicht die Uniform, ich sah nur den Menschen.« Sie nahm zweimal Anlauf, zu ihm zu gehen, doch sie hatte Angst: »Was, wenn jemand sieht, daß ich einem Deutschen eine Apfelsine gebe?« Sie gab sie ihm nicht. Fünfzig Jahre nach Kriegsende bereute sie diese Entscheidung noch immer. Sie erzählte diese Geschichte als Antwort auf die Frage, ob es Kriegserlebnisse gebe, die sie noch schmerzten.

Der Soldat hat von dem inneren Kampf in dem Mädchen, das an ihm vorüberging, und seiner patriotischen Entscheidung sicher nichts bemerkt. Auch andere Zivilisten distanzierten sich auf eine Art und Weise von den Besatzern, die diese schwerlich bemerkt haben dürften. So lebte ein dänischer Lehrer seinen Patriotismus, indem er »einen Deutschen niemals grüßte oder mit ihm sprach, wenn dieser nicht zuerst grüßte oder mich ansprach, aber wenn sie grüßten oder etwas fragten, habe ich natürlich geantwortet«.

Noch vertrackter wurde es, wenn Zivilisten und Soldaten in ein und derselben Situation konträre Dinge erlebten, weil jeder seinen eigenen kulturellen Regeln verhaftet war, von denen sein Gegenüber nichts ahnte. 1995 erzählte eine

Norwegerin stolz, ihre Mutter habe in einem kleinen Ort in Nordnorwegen einen Gemischtwarenhandel besessen, in den fünf Kriegsjahren aber nie etwas an deutsche Soldaten verkauft. Betrat einer den Laden, habe sie sich damit herausgeredet, dass sie ihm nichts verkaufen könne; alles, was er sehe, sei aufgrund von Rationierungen und Bezugsscheinen bereits auf die Einheimischen verteilt. Aber selbstverständlich habe sie den Soldaten immer eine Tasse Kaffee – genauer: Ersatzkaffee – angeboten.

Einer dieser Soldaten könnte das in einem Feldpostbrief so beschrieben haben: »Liebe Eltern! Die Versorgungslage hier ist so schlecht, daß man im einzigen Lädchen nichts zu kaufen kriegt. Aber die Besitzerin war sehr nett zu mir. Stellt Euch vor, sie hat mir sogar eine Tasse Kaffee angeboten! Überhaupt kommen wir mit der Bevölkerung gut zurecht.« Er fühlte sich als Soldat und Mensch willkommen, warum sonst hätte sie ihn zum Kaffee einladen sollen? Möglicherweise sah er durch diese Erfahrung auch die nationalsozialistische Propaganda bestätigt, dass Deutsche und Norweger befreundete Völker, ja arische Brüder seien. Alle wussten doch, dass die Wehrmacht nur nach Norwegen einmarschiert war, um das Land vor dem gemeinsamen Feind, dem Kriegshetzer England, zu schützen! Und er hätte sich vermutlich in der Kriegserinnerung eines Mannes wiedergefunden, der sich in Frankreich »nicht als Besatzer, sondern als Gast« fühlte.[8]

In Norwegen aber verstand und versteht man die Verhaltensweise der Ladenbesitzerin völlig anders, ja konträr. Jeder Norweger erfasst sofort, was die Tochter erzählt: Ihre Mutter war eine gute Norwegerin und ein guter Mensch. Da der Widerstand des norwegischen Volkes im Großen und Ganzen kein wirtschaftlicher oder militärischer, sondern eben ein *ziviler* Widerstand war, bestand der patriotische Akt der

Ladenbesitzerin in ihrer Weigerung, einem Soldaten entgegenzukommen, indem sie ihm etwas verkaufte. Das wenige, was es gab, sollten ihre Landsleute bekommen. Dabei hätte sie von ihm vermutlich sogar einen höheren Preis verlangen können.

Andererseits wäre es nach allen damals geltenden Regeln von Sitte und Anstand unmöglich gewesen, einem Fremden, der das Haus betritt, nichts anzubieten – egal, wer er war. Aus diesem Grund erwähnte die Tochter, ihre Mutter habe den deutschen Soldaten *selbstverständlich* Kaffee angeboten.

Stumme Akte des zivilen Widerstands funktionieren nur, wenn dessen Ziel, also die Soldaten, sie erkennen. Das dürfte in diesem Fall kaum möglich gewesen sein – im Gegenteil. Der Deutsche hat die kleine Widerstandshandlung der Norwegerin nicht bemerkt, das Angebot des Kaffees hingegen erfreut registriert und als Sympathiebekundung gewertet, weil er weder etwas von der Notlüge der Rationierungen noch etwas von den Gesetzen der Gastfreundschaft in einem dünn besiedelten Landstrich wusste. Sie hingegen wusste nicht, dass er von den Regeln der norwegischen Gesellschaft keine Ahnung hatte, weil in Deutschland ganz andere Regeln galten, und dass er ihre Einladung nicht als das verstehen würde, was sie war: ein Ritual, eine leere Höflichkeitsfloskel.

Nach dem Krieg konnte die Ladenbesitzerin und ihre Familie wahrheitsgemäß sagen, dass sie sich, wo immer möglich, entschieden von den deutschen Besatzern distanziert hatten, denn dass jemand den angebotenen Kaffee als persönlich gemeinte, freundschaftliche Geste werten könnte, erschiene ihnen absurd. Der kaufwillige Soldat hingegen wird sich sein Leben lang daran erinnern, wie nett alle zu ihm waren und dass das Verhältnis zwischen den Norwegern und den deutschen Soldaten immer völlig unproblematisch gewesen war. Daher können beide – Soldat und Ladenbesitzerin – noch fünfzig oder sechzig Jahre nach Kriegsende ihre unvereinbar scheinenden Geschichten von Freundschaft und Patriotismus erzählen, ohne zu ahnen, das sie von ihrem Gegenüber und dem, wie er/sie die Situation erlebten, gar nichts verstanden haben.

Einer, der in Norwegen stationiert gewesen war, sagte, er habe nie das Gefühl gehabt, sich in Feindesland zu befinden. »Komischerweise. Glücklicherweise. Der Krieg gestaltete sich eher als Urlaub, sozusagen. Wir waren froh, dass wir aus Russland weg waren.« Wer aus Gebieten, in denen »richtiger Krieg« herrschte, nach Norwegen versetzt wurde, konnte nur schwer glauben, wie es da zuging. Ein junger Offizier, der vom Fronteinsatz nach Norwegen kam, erreichte Oslo an einem Freitag im März 1944. »Am Samstag vormittag meldeten wir uns beim Wehrmachtsbefehlshaber, da sagte die Wache: ›Kommen Sie mal am Montag wieder.‹ Da haben wir gestaunt, wo sind wir denn hier hingeraten. März 1944 – und da ist Samstag und Sonntag kein Dienst. Da konnte man sich schon wundern.«

Zufällig kam ein weiterer meiner Gesprächspartner ebenfalls im März 1944 von der Ostfront nach Norwegen. »Wir haben uns mit nichts beschäftigt, bißchen exerzieren, sonst nichts. Das war praktisch Urlaub, den wir da hatten. In der Zeit habe ich auch meine spätere Verlobte kennengelernt. Wir haben Bücher gelesen. Es gab einen Appell jeden Morgen, da mußte man antreten, tatütata, dann wurde eingeteilt zum Arbeiten, die einen taten dieses, die anderen jenes, nur Beschäftigungstherapie, nichts, was mit Krieg zu tun hatte.

Nichts. Wie im Frieden. Wir wußten gar nicht, was wir tun sollten, sind spazierengegangen, ich bin mit dem Motorrad zu meiner Verlobten gefahren, da war ich häufig, wir hatten ja nichts zu tun. Das war eine ganze Kompanie, die Offiziere haben in schönen Holzhäusern gewohnt, wie sie da üblich sind, zweigeschossig. Ich hatte eine Wohnung für mich alleine. Das war wunderschön, die Mannschaft wohnte in Baracken, sehr schönen, festen Baracken.«

Wer wie diese beiden in den befriedeten Ländern Nord- und Westeuropas Besatzungssoldat sein konnte, war zwar im Krieg, aber er führte nicht Krieg. Nicht alle fanden das auf Dauer schön, manche litten unter der Ereignislosigkeit der Tage, mancher wunderte sich über die Sinnlosigkeit ihres Tuns, so, wenn in Norwegen zahllose Pferdeställe unter der Erde gebaut wurden, um die Tiere vor Splittern zu schützen: »Auch so eine irrsinnige Idee. Heute habe ich das Gefühl, es wurde durch Beschäftigen verhindert, daß man zum Nachdenken kam.«

Auf die Frage, was an seiner Zeit in Nordnorwegen das Schlimmste gewesen sei, antwortete einer meiner Gesprächspartner: »Das schlimmste war eigentlich der militärische Friedensbetrieb. Man mußte die Leute ja beschäftigen. Was machen Sie mit dreißig, vierzig Leuten oder wie viele wir waren? Was machen Sie mit denen, wenn nichts los ist? Wache schieben. Ein bißchen rumexerziert, endlos Kanonen putzen, Kanone bewachen, auch wenn weit und breit kein Mensch ist. Die Geräte in Ordnung halten, die Zimmer in Ordnung halten. Außengelände in Ordnung halten. Klamotten sauber halten, das Ganze in Ordnung halten. Schnee schippen. Wache gehen mußte man natürlich abwechselnd, es mußte immer Wache da sein. Mehrere Leute immer auf dem Ausguck. Wenn es ging, hat man geschlafen.«

Innerhalb des von militärischem Reglement und Diensten vorgegebenen starren Rahmens, der wenig dem Zufall oder der eigenen Gestaltung überließ, hatten die Deutschen viel, sehr viel freie Zeit. Viele blieben jahrelang am gleichen Ort, so dass sich der Reiz des Neuen bald erschöpft hatte. Als das Gefühl vom Abenteuerurlaub verblasste, blieben wenige Möglichkeiten der Zerstreuung. Manche sahen monatelang weder Kinder noch Frauen, immer nur die Kameraden. Die Betonbunker waren kalt, entlang der norwegischen Küste waren mitunter Wachstuben, Unterkünfte, sogar Krankenstuben in den Fels gehauen. Diese Räume waren nicht nur dunkel und eisig kalt, sondern auch feucht. In der Arrestzelle einer Wachstube des westnorwegischen Küstenforts Ergan hat ein Soldat dieses bittere »Gedicht« in den Putz gekratzt:

> Kennst Du das Land
> wo Dir nie die Sonne lacht
> wo man die Leute zu Idioten macht
> wo man verliert Kultur und Tugend
> Norwegen, Du Mörder meiner Jugend
> Hier hab ich gesessen
> und habe gedacht
> wie hat mich der Teufel
> nach Norwegen gebracht
> Nichts kann uns rauben
> Ruhe und Glauben
> In diesem Land[9]

Zur Einsamkeit und Trostlosigkeit des Alltags kamen die extremen Lichtverhältnisse hinzu, die Dunkelheit beziehungsweise Helligkeit, die jeweils Monate andauerten. Manche drehten schlicht durch, sie bekamen den gefürchteten »PoKo« – den »Polarkoller«. Ungewöhnlich war die Überlebensstrategie eines Soldaten im nördlichsten Norwegen, der beschloss, seine Soldatenjahre auszustreichen, »daß er kein Bild, kein Photo kauft, sich keinen Namen etwa eines Berges, eines Offiziers merkt: Diese Jahre sind für ihn nicht gelebt und sollen es nicht sein.« Vielleicht holte ihn später ein, was der Kamerad, aus dessen Tagebuch diese Passage über ihn stammt, schon wusste: »Man sehnt sich weg und weiß, man sehnt sich her.«

Alle versuchten, sich die Zeit mit Liebhabereien zu vertreiben. So sagte einer, erst in der Einsamkeit Nordnorwegens habe er richtig lesen gelernt, andere malten, schrieben, bildhauerten, schmiedeten, musizierten, verfassten Briefe. Aus Erzählungen von Deutschen wie Norwegern gleichermaßen ist bei mir der Eindruck hängengeblieben, dass ausnahmslos alle in Norwegen stationierten Wehrmachtssoldaten unablässig und mit größtem Vergnügen Ski liefen.

Vor allem aber warteten sie darauf, dass entweder etwas passierte oder dass der Krieg zu Ende ging. Schon im Juli 1940 schrieb ein Soldat aus Frankreich, noch bekomme er keinen Urlaub, aber das sei »ja auch in Ordnung. Bald wird ja doch der endgültige große Urlaub für uns alle kommen, denn lange wird der Krieg nicht mehr dauern.«[10] Wenige Monate später, im November 1940, war der ebenfalls in Frankreich stationierte Heinrich Böll dieser leeren Zeit bereits überdrüssig: »Wir warten immer auf irgend etwas, auf Versetzung, Einsatz, Urlaub, auf die Erfüllung oder Dementierung irgendeines Gerüchts, und wenn nicht auf eines von diesen Dingen, so warten wir doch letztlich immer auf unsere Entlassung«.[11] Die Klugen und Schicksalsergebenen trösteten sich über die »leere Zeit« mit dem Satz »Das geht alles vom Kriege ab«. Aber während das Warten vom Krieg abgehen mochte, ging der Krieg von dem Leben ab, das sie führen wollten, von ihrem ungelebten Leben mit einem zivilen Beruf, mit Frau, Familie und Freunden.

In einer Soldatenzeitung fand ich einen kleinen Bericht über einen handwerklichen Wettbewerb unter Soldaten, die in Norwegen stationiert waren. Der erste Preis wurde für einen Kronleuchter vergeben, der aus gebrauchten Hufeisen geschmiedet war, den zweiten Preis bekam eine Decke in komplizierter Filethäkelei. Es ist eine bizarre, ja groteske Vorstellung: Man steckt mehrere hunderttausend Männer in Uniformen, schickt sie unter größter Gefahr an die entlegensten Zipfel Europas, organisiert eine höchst komplizierte Logistik, um sie von Lebensmitteln über Stiefel und Bleistifte bis zum Nähgarn mit allem zu versorgen, was sie zum Leben brauchen – und das alles, damit sie weit entfernt von zu Hause, wo sie als Männer und Arbeitskräfte fehlen, ihre Zeit damit totschlagen, Karten zu spielen, ihre Wäsche zu stopfen, Filetdecken zu häkeln und Hufeisenkronleuchter zu schmieden.

Ein Funker notierte in Frankreich: »Im einzelnen erfüllte ein jeder seine Aufgaben an dem Platz, wo man ihn hingestellt hatte, und nach dem sucht ein jeder seine eigenen Wege zu gehen, worin ein jeder den anderen im ganzen genommen recht ähnlich war. Man vertrat sich die Beine, hockte in Wirtschaften, trank, spielte Karten und ließ sich von den Leuten wenig stören. Man versäumte den Vorgesetzten gegenüber keinen Gruß. Man fand sich damit ab, dass nach einem gleichmütig hingenommenen, unwidersprochenen Ratschluss alte Bekannte fortgenommen und neue Bekannte zugeteilt wurden. Unter den alten, die fort kamen, waren erfreuliche und unerfreuliche, und unter den neuen erwartete man dasselbe.«

Für viele, vor allem für Ehemänner, Familienväter und Verliebte, war die Verbindung nach Hause das Allerwichtigste überhaupt. In der oft langen Zeit der Trennung waren Briefe und Karten die einzige Kontaktmöglichkeit zwischen dem Soldaten und seiner Familie. Ein Brief pro Tag war keine Seltenheit, nicht nur Heinrich Böll schrieb, wenn irgend möglich, mehrmals am Tag. Viele numerierten die Briefe, damit man wusste, welche angekommen waren und welche nicht; in diesen Fällen beginnen die Briefe in aller Regel mit einer Aufzählung, welche Briefe da waren und welche (noch) fehlten. Oft kamen Briefe gar nicht oder sehr verspätet an, manchmal blieben sie wochenlang aus, dann wurde ein ganzes Bündel auf einmal zugestellt. Jeder Brief und jede Karte waren buchstäblich *Lebenszeichen*. Blieb Post aus, konnte man die Gründe dafür nicht wissen, das war auf beiden Seiten immer Anlass zu Unruhe und Angst. Niemand konnte jemals sicher sein, ob der Mensch, an den man gerade schrieb, ob der Mensch, dessen Brief man gerade las, noch gesund war, noch lebte. Angehörige erfuhren erst mit Verspätung, dass ein Soldat verwundet, gefangen genommen oder vermisst wurde, und auch die Soldaten mussten mit jedem Kriegsmonat stärker um das Wohlergehen ihrer Angehörigen im Reich fürchten. Als Heinrich Böll wegen einer Versetzung innerhalb von Frankreich einige Tage lang keine Post von seiner Frau erhielt, schrieb er angstvoll: »... wenn Du noch lebst ... wenn Du nur noch lebst!«[12]

Viele Wehrmachtssoldaten spürten in Norwegen eine deutschfeindliche Stimmung in den Städten, vor allem in Oslo, nicht aber auf dem Land. Dass die Besatzer eventuelle

Entscheidungs- und Gewissensnöte ihres Gegenübers nicht bemerkten, gehört zu den grundsätzlichen Asymmetrien solcher Situationen. Die Ohnmächtigen müssen versuchen, die Absichten des Mächtigen zu erraten, um sich in Sicherheit bringen zu können, umgekehrt ist das nicht der Fall. Wie viele solcher »kalten Schultern«, die ihnen als Besatzungssoldaten galten, nahmen diese überhaupt wahr? Und falls sie Ressentiments oder Ablehnung bemerkten: Deuteten sie das als politische Äußerung, als Stoffeligkeit, als persönlich-private Abneigung – oder gar nicht? Wie massiv mussten Gesten und Worte der Ablehnung ausfallen, um zu den Soldaten durchzudringen?

Bereits im Juli 1940 schrieb ein junger Mann an seine Mutter, die jungen Norwegerinnen trauten sich nicht, einen Soldaten kennenzulernen, denn sie »fürchten die rigorose Strafe ihrer Landsleute. Ihnen schneidet man ohne zu zucken die Haare ab.«[13] Dies wertet er aber offenbar nicht als Hinweis darauf, dass die deutschen Besatzer – also auch er – unwillkommen, ja verhasst sein könnten.

Wer die distanzierte Haltung der Bevölkerung bemerkte, interpretierte sie auf eine Weise, die ihn weder als Vertreter der Besatzungsmacht noch als Mensch beschädigte: »Ich hatte das Gefühl, daß die Norweger sich zwar deutschfreundlich geben, ich hatte aber auch das Gefühl, daß sie froh wären, wenn wir weggingen. Ich hatte nicht das Gefühl, daß wir willkommen sind. Sie waren sehr nett und haben uns sehr gut behandelt, sehr fair, aber ich hatte das Gefühl, in ihrem Inneren wären sie froh, wenn wir wieder draußen wären. Sie dachten, die Deutschen sind zwar anständige Kerle, aber sie sollen heim gehen.«

Neben der Brüskierung der Besatzungsmacht und der Demütigung des individuellen Soldaten hatten die stum-

men Demonstrationen der Ablehnung einen geradezu un-
schätzbaren Vorteil, der indes nie erwähnt wird: Was die
Besatzungssoldaten demütigen sollte, bewahrte auch die
Einheimischen – ob »normale« Bürger oder Widerstandskämpfer – davor, es mit realen Menschen statt mit abstrak-
ten Feinden zu tun zu bekommen. Ihr Feindbild blieb unan-
getastet, sie konnten (sich) daran festhalten, was besonders
für all jene galt, die vor den Deutschen außer Landes geflohen waren. Sie mussten sich nicht in die Niederungen der
Uneindeutigkeit begeben, wo es ständig »menschelte«,
denn tatsächlich ist die Theorie der »kalten Schulter« einfacher als ihre Umsetzung.

»Das Lebendige«, sagte Franz Kafka, »lässt sich nicht
ausrechnen.« Und es ist auch nur schwer mit Grundsatzer-
klärungen und hehren Vorsätzen zu unterdrücken. Denn sobald man jemanden als *Menschen* wahrnimmt, ist er nicht
mehr so leicht in die blutleeren Kategorien »Feind« und
»Hassobjekt« abzuschieben. So können Gefühle und Beziehungen entstehen, die der Logik des Krieges zuwiderlaufen,
denn den gesichtslosen Repräsentanten der Invasoren kann
man hassen, einen *Menschen* mag man, oder man mag ihn
nicht. In das Schwarz-Weiß der Freund-Feind-Dichotomie
kann sich selbst bei jenen, deren Patriotismus über jeden
Zweifel erhaben ist, das unwillkommene Grau der Erkenntnis drängen, dass in der Feindesuniform womöglich ein Individuum steckt, mit dem man etwas gemeinsam hat. Das man
vielleicht mag. Dem man eine Apfelsine schenken möchte.

Die scharfen Grenzen, die zur völligen Distanzierung
nötig waren, ließen sich in den Städten einfacher ziehen und
einhalten als auf dem Land, wo Besatzer und Besetzte viel
stärker »Seite an Seite« lebten und leben mussten. Manche
wohnten und arbeiteten zusammen, man trennte sich nach

der Arbeit auf einer Baustelle oder in einem Wehrmachts-
büro, um sich kurz darauf auf dem einzigen Platz des Dorfes
wieder über den Weg zu laufen. Es gab nicht viele Geschäfte,
in denen man einkaufen, nicht viele Cafés oder Bistros, in
denen man die freien Stunden verbringen, nur ein oder zwei
Straßen, auf denen spaziert und marschiert werden konnte.
An etwas größeren Orten gab es ein Kino – nur eins –, das
deutsche Filme und auch die deutschen Wochenschauen
spielte. Prinzipienfeste Bürger riefen zum Boykott auf, dennoch gingen (fast) alle hin; in Norwegen und in den Niederlanden beispielsweise verdoppelte sich die Zahl der Kinobe-
sucher in den Kriegsjahren. Man sehnte sich nach ein wenig
Vergnügen und Ablenkung, und vermutlich konnten nur
wenige verstehen, was an einem Liebesfilm so gefährlich
sein sollte.

Für Widerstandskämpfer war das Maß an räumlicher
Nähe zum Besatzer, das auf dem Land unvermeidbar war,
lebensbedrohlich. Es soll in Norwegen tatsächlich Leute gegeben haben, die in den fünf Kriegsjahren keinen einzigen
deutschen Soldaten gesehen haben. Vorstellbar ist das höchstens für ein paar Einödbauern, deren Höfe sich damals hoch
über den Fjorden an die Abhänge krallten. In den ersten
Wochen und Monaten der Besatzung, als alles noch in Aufruhr war, waren solche Höfe und auch abgelegene Ferien-
häuser erste Verstecke für jene, die sofort vor den Deutschen
fliehen mussten. Aber je mehr sich die Lage beruhigte, umso
übersichtlicher wurde sie und umso besser lernten die Besatzer das Gelände kennen. Schließlich blieben nur noch wenige Orte, an denen Material oder Menschen versteckt werden konnten. Die Ortskundigen konnten möglicherweise
die Fremden täuschen, sie mussten aber immer mit Spitzeln
und Denunzianten in den eigenen Reihen rechnen. Denn das

war eine erschreckende Begleiterscheinung der Okkupation: Die neuen Umstände veränderten nicht nur das Leben des Einzelnen, sie veränderten auch das gemeinschaftliche Leben eines Dorfes, eines Freundeskreises, ja einer Familie. Menschen, die man gut zu kennen meinte, veränderten sich, zeigten unvermutete Wesenszüge, sie trafen andere, mitunter existenziell andere Entscheidungen als man selbst, tradierte Zugehörigkeiten galten nicht mehr unbesehen. Das ganze Leben war nicht nur von außen, durch das Besatzungsregime, unberechenbar geworden, sondern auch von innen, durch die eigenen Leute. Der Riss ging durch Dörfer, Familien und Menschen hindurch.

Einen extremen Fall erwähnte ein Soldat im Mai 1941. Es ging um das »café futt, ein wüstes hafencafé« im norwegischen Grimstad, dessen »besitzerin vergrämt und still ist. der mann kämpft für england und die töchter gehen mit deutschen. wenn er nur nie, nie heim kommt und das sieht; das ist die bange angst der mutter. solche familien gibt es viele, allzu viele.«

Die Widerstandsbewegung konnte kaum Fremde einschleusen, und das nicht nur wegen der letztlich nicht zu beseitigenden Ungewissheit, wo der Nachbar, ja die eigenen Kinder wirklich standen. Fremde wären sofort aufgefallen, ihre Unterbringung wäre schwierig gewesen, eben weil jeder jeden kannte und alle alles sahen. Außerdem führte die Wehrmacht in den Häusern und Höfen häufig Razzien durch. Das deutsche Militär war sehr präsent, an den Küsten der besetzten Länder verkehrten ständig Patrouillenboote. All das führte dazu, dass in ländlichen und dünn besiedelten Gegenden wie Nordnorwegen oder den britischen Kanalinseln eine effektive Widerstandsarbeit gegen die Besatzung kaum möglich war.

Durch die Transparenz solcher Orte war auch nicht so leicht mit dem Feind zu »mauscheln«. Was in der Stadt vertuschbar schien – Schwarzmarktgeschäfte, ein geheimes Stelldichein –, ließ sich in einem Dorf oder einer Kleinstadt nur schwer auf Dauer geheim halten. Die soziale Kontrolle war streng.

Dabei machten es die Deutschen ihren unfreiwilligen Gastgebern allein aufgrund ihrer Anzahl nicht leicht, die politisch korrekte Distanz beizubehalten. Norwegen und die britischen Kanalinseln beispielsweise waren von Deutschen geradezu überschwemmt. Auf den durch die vorangegangene Evakuierung entvölkerten Kanalinseln betrug das Verhältnis von Deutschen zu Zivilisten 1:2, auf Guernsey sogar 1:1; in Norwegen, das bei Kriegsbeginn 3,2 Millionen Einwohner hatte, waren fünf Jahre lang zwischen 350 000 und 400 000 Soldaten stationiert, in manchen Landstrichen des spärlich besiedelten Nordnorwegen kamen auf zehn Deutsche ein (!) Norweger.

Paradoxerweise war es also gerade auf dem Land, wo man den Nachbarn am besten im Auge hatte, auch am schwierigsten, diese von Patrioten geforderte, immer wieder aufs Neue betriebene, radikale »Entmischung« von Freund und Feind zu bewerkstelligen. Die soziale Grenzziehung zwischen Bevölkerung hier und Feind dort blieb jenen vorbehalten, die keine allzu engen Kontakte mit den Deutschen haben mussten und sie daher meiden oder schneiden konnten. Wer mit und für die Besatzer arbeitete oder mit ihnen Geschäfte machte, wer dulden musste, dass sich Angehörige der Besatzungsmacht im eigenen Haus niederließen, konnte diese saubere Trennung nur schwer aufrechterhalten.

In jedem Dorf der Welt reden »die Dörfler« über »die Neuen« und umgekehrt. Das war im Krieg nicht anders,

»die Einheimischen« redeten über »die Soldaten«, und die Soldaten über die Einheimischen. Man taxierte sich. Man glich, was man sah, mit den Erwartungen und Vorurteilen ab, die man hatte – und mit denen waren die Neuankömmlinge reich gesegnet. Viele Deutsche hatten schon als Jugendliche für die norwegischen Polarhelden Roald Amundsen und Fridtjof Nansen geschwärmt, sie hatten *Und ewig singen die Wälder* und *Das Erbe von Björndal* des Norwegers Trygve Gulbranssen gelesen. Seine Romane gehörten seinerzeit zu den bestverkauften Büchern auf dem deutschen Markt.[14] Ihr verkitschtes Blut-und-Boden-Bild von »kraftstrotzenden Bauern, urwüchsigen Frauen und rauschenden Wäldern«[15] füllte die faschistische Propaganda vom »nordischen« Menschen mit leicht fassbaren Inhalten und ließ viele Deutsche von einer Nordlandfahrt per Schiff träumen, wie sie der erste treue Norwegentourist Kaiser Wilhelm II. modern gemacht hatte. Dann, schrieb ein entzückter Matrose, »kam der Krieg, und von der unsichtbaren Hand des Schicksals geleitet, jenes Schicksals, das ich so oft abgeleugnet hatte, kam ich nach dem Norden, dem Land meiner alten Sehnsucht«.

Vielleicht erwarteten die einmarschierenden Deutschen tatsächlich, »im Land meiner Knabenträume« auf die blonden Recken und bezopften Maiden der nationalsozialistischen Propagandaplakate zu treffen. Vor Ort jedenfalls waren viele ziemlich enttäuscht. In der zweiten Kriegswoche saßen Soldaten in Bergen am Kai und sahen sich »die mit der Fähre ankommende norw. Weiblichkeit näher an. Was uns überall stark auffiel, war die starke Benutzung des Malkastens.«[16] Andere warfen einen Blick auf die Osloer der vierziger Jahre, und was sie da sahen, erstaunte sie und gefiel ihnen nicht. »Auch hier trägt man gute und sehr elegante

Kleider. Die Mädels sehr, sehr freizügig (Hosenmode, Shorts usw.).« Mehrere Soldaten stuften das weltmännisch als »amerikanisch«[17] ein, wobei sie Amerika selbstredend ebenso wenig aus eigener Anschauung kannten wie Norwegen. »Amerikanisch« war bei den Nationalsozialisten ein außerordentlich abfälliges Urteil, etwa gleichbedeutend mit »Sittenverfall«. Die Soldaten meinten damit vielleicht nicht mehr, als dass die fremden Städter moderner aussahen als die Leute daheim.

Einer meiner Gesprächspartner erzählte mir noch als alter Mann voller Verblüffung, das erste norwegische Mädchen, das er nach der Ankunft an seinem ersten Stationierungsort gesehen habe, sei in einem Ruderboot an ihm vorbeigerudert. Da sei ihr aufgefallen, dass sie ein Loch im Strumpf hatte. »Da hat sie den ausgezogen und ins Wasser geschmissen. Bei uns hat man die noch gestopft.« Das fand er geradezu verwerflich verschwenderisch. Richtig glücklich hingegen schwärmte er in seinem Kriegstagebuch von einer »feschen Maid in Hardangertracht«, die er im Foyer eines Theaters sah. »Das rote Häubchen über dem goldblonden Haar, das frische rosige Gesicht mit den blauen Augen, ein wahrhaft erfrischender Anblick, obwohl sie vielleicht ein bißchen einfältig dreinschaut«.

Auch andere »Maiden« hielten beim zweiten Blick nicht immer, was sie beim ersten zu versprechen schienen. Selbst sehr junge Norwegerinnen hatten auffallend schlechte Zähne, was Gulbranssen offenbar nicht erwähnt hatte. Auch mit der Rassereinheit der Norweger stand es nicht zum Besten. Offensichtlich lebten die »arischen« Norweger vor allem im Norden des Landes schon allzu lange und eng mit dem Urvolk der Samen zusammen, die damals allgemein »Lappen« genannt wurden. Da gab es »offenkundig mongolische Au-

genstellung in sonst rassereinen nordischen Gesichtern«,
man sah auch »oft Lappen mit blauen Augen und dunkel-
blondem Haar«.[18] Auch die »echten« Norweger waren eine
Enttäuschung: »In jedem Hafen war ich immer wieder über
das äußere Erscheinungsbild der Norweger überrascht. Da
standen die Männer, die Hände tief in den Taschen, mit
krummen Rücken und vorgeschobenem Bauch und rauchten
ihre Pfeife und rührten sich kaum vom Fleck. Hoffentlich
entspricht die innere Haltung nicht der äußeren!«[19]

Andererseits gab es in der Fremde Verbotenes zu erleben.
Ein ehemaliger Offizier erzählte, er sei mit seinem Kom-
mandanten bei Norwegern zum Abendessen eingeladen gewesen, im Esszimmer habe ein Landschaftsbild von Edvard
Munch gehangen, auf das die Gastgeber ihn stolz aufmerksam gemacht hätten. Munch war im Deutschen Reich als
entarteter Künstler verboten, ob den Gastgebern das bewusst war, erwähnte er nicht.[20] Auch in Paris gab es verbotene Genüsse, die den Franzosen nicht verboten waren,
denn die Stadt genoss manche Freiheiten, die es in Deutschland schon lange nicht mehr gab. So wurde – mit dem Segen
der Zensur – Sartre aufgeführt, und es gab Django-Rein-
hardt-Konzerte. Letzteres wäre in Deutschland undenkbar
gewesen. Jazz galt als »entartet«, zudem war Django Rein-
hardt Sinti.[21] Den Soldaten war der Besuch solcher Konzerte verboten, sie gingen dennoch hin und wurden auch
eingelassen. »Die Zuhörer tobten, wir – in Uniform dazwischen – auch, aber ohne Kontakt zu den Franzosen.«[22] Eine
damals junge Niederländerin, die in Paris lebte, hat an die
Kneipen, in denen Musik gemacht wurde, ähnliche Erinnerungen: »Wir saßen dort neben jungen Wehrmachtsoffizie-
ren, nette, blonde Burschen, denen die Augen aus dem Kopf

100

fielen und die alles ganz wunderbar fanden. Schließlich war das echter Jazz, und am Klavier saß ein echter Schwarzer. Die Deutschen wurden wie alle anderen bedient, wir blieben freundlich ... So ging das die erste Zeit.«[23]

Ins Frankreich-Bild der jungen Männer passten solche verbotenen Ausschweifungen ganz gut. Viele ältere Deutsche waren im Ersten Weltkrieg als Soldaten in Frankreich gewesen, wer im Rheinland aufgewachsen war, wo die Franzosen nach dem Ersten Weltkrieg ausgedehnte Gebiete besetzt hielten, hatte mit Franzosen viele und nicht nur gute Erfahrungen gemacht. Aber das Land kannten nur wenige Deutsche, und in den Schulen war es weniger um Frankreich und die Franzosen als um Versailles gegangen.[24] Daher spukten in den Köpfen viele Klischees. Frankreich stand für Luxus und Dekadenz, es war der Erbfeind, aber auch die bewunderte Kulturnation; es war Paris, das sprichwörtliche Leben »wie Gott in Frankreich« mit Champagner, raffinierter Küche und der sinnlichen *femme fatale*, die Männer verführte und ins Verderben treiben konnte.

Dass die Franzosen »Leute wie wir auch« sein sollten, passte nicht nahtlos in die nationalsozialistische Wirklichkeitsdeutung. Wer beispielsweise glaubte, die Deutschen entsprächen in ihrem Aussehen am ehesten dem »rassischen« Idealtypus, musste »bald feststellen, dass viele Franzosen mehr dem nordischen Idealbild entsprachen als Goebbels, Himmler oder Streicher«.[25] Das verlangte nach Deutung. Im Herbst 1940 belehrte ein Soldat seine Frau darüber, »daß einstmals germanische Stämme hier [bei Besançon] gewohnt und gewirkt haben ... Sehr oft auch begegnet man Menschen mit durchaus germanischen Merkmalen, daneben natürlich vielen, denen man das fremde Blut ansieht.«[26] Nachdem er die »germanischen«

Franzosen mit Mühe in seine nationalsozialistische Rassentheorie eingepasst hatte, kamen ihm im folgenden Juli erneut Zweifel, dieses Mal auf der Zugfahrt durch Russland. »Manches nette Gesicht lacht uns auf der Fahrt zu.« Das stürzte ihn in komplizierte Erklärungsgeflechte: »Immer wieder muß ich denken: sollten nicht diese Menschen durch eine anständige und kluge Staatsführung ebenfalls auf eine höhere Kulturstufe zu bringen sein? Sind diese Leute wirklich so schlecht, wie sie infolge der bolschewistischen Lüge und Hetze vielfach in Erscheinung treten? Sie sind doch nicht alle grausame Bolschewisten, sondern sind selbst nur vom Bolschewismus geknechtete, arme Geschöpfe. Sie werden uns noch danken, daß nun alles anders geworden ist.«[27] Seine Aufteilung der Welt entlang von Rassenkriterien war gerettet, auch dem Bolschewismus war der ihm gebührende Platz zugewiesen.

Erstaunlich gleichlautend, nämlich vernichtend, fielen die Urteile der jungen Männer über die männliche Bevölkerung aus. Das traf die Franzosen – Heinrich Böll nennt sie »diese widerlichen Männer, die sich weibisch herumlümmeln«[28] – ebenso wie die Norweger. Ein dort stationierter Soldat seufzte in sein Tagebuch, er müsse »es sich selbst einmal eingestehen«, dass ihm die Norweger, diese »so bedeutungslosen unmännlichen Männer, diese vom langen Frieden verdorbenen Menschen zuwider sind. Es fehlt ihnen jenes bißchen Härte, das erst den Mann macht, sie sind männlich nur nach ihren Genitalien, nicht nach Geist und Haltung.« Die Jahre der Indoktrination, wonach nur der soldatische Mann ein Mann sei, waren an ihn nicht verschwendet.

Rückblickend ist es verblüffend, mit welcher Sicherheit sich diese Männer auch persönlich als Europas ordnende

Hand empfanden. Selbst die idealisierten Norweger erwiesen sich als erziehungsbedürftig; die Lektüre norwegischer Heldensagen bescherte einem Deutschen die Erkenntnis, dass »damals ebenso wie heute eine harte, unerbittliche Hand dazugehörte, das querköpfige, eigenbrötlerische norwegische Volk unter einen Hut zu bringen.« Mit dem »Hut« war vermutlich das »Großdeutsche Reich« gemeint.

Seine Beobachtungen machte er bei einer Überfahrt auf einem norwegischen Schiff zusammen mit belgischen Zivilarbeitern und norwegischen Zivilisten. Die Eintragung endet mit einem veritablen Herrenmenschenkommentar: »Was wir nirgends zeigen und anscheinend den anderen auch nicht klar ist und wird, ist, daß wir hier die Herren sind. Durch nichts kommt es zum Ausdruck. Als Soldaten der Siegernation behandeln wir sie wie Unseresgleichen, ohne Überheblichkeit, ohne Mißtrauen, ohne Haß. Das wird wohl wahrscheinlich ihren Haß dämpfen.«

Diesen Hass »der anderen« empfanden manche durchaus als Problem. Sie fragten sich, wie man es bewerkstelligen sollte, dass das riesige, von den Deutschen besetzte Gebiet eines Tages ohne Besatzungsregime, Waffengewalt, Unterjochung und Vernichtung »deutsch« sein und bleiben würde. Einer meinte, dass die norwegischen Kinder der nächsten Generation »ganz vergessen werden, dass die deutschen als feinde kamen und werden alle kleine nazis werden. zeit und erziehung wandelt so manches«. Dagegen war jener, der sich auf dem Schiff gerade noch als Herr gesehen hatte, erheblich pessimistischer: »Wird Deutschland es fertigbringen, eine dauernde Ordnung zu schaffen, in der die anderen leben können nach ihrer Art, ohne daß nötiger Druck Anlaß zu neuem Aufruhr bildet. Im innersten Herzen möchte ich das glatt verneinen ... Daß die Deutschen lernen werden, Herren zu sein, daran zweifele ich, wenn ich es auch nicht sage.« Nur ein halbes Jahr später glaubte er festgestellt zu haben, dass »unsere Propaganda Fuß gefaßt und man in weiten Kreisen begonnen hat, europäisch zu denken«. (»Europäisch denken« bedeutete, ein Europa unter der Vorherrschaft des Deutschen Reichs zu akzeptieren und daher mit Hitlers Truppen zu kollaborieren.) Womöglich hatte er gerade ein paar *Norskes* belehrt, die ihm nicht widersprochen hatten.[29] Viele dieser jungen Soldaten sahen sich als Erzieher, nicht nur der »einfachen und geraden Menschen«[30] Norwegens, sondern der Bürger aller besetzten Länder. Der Franzose Léon Werth wurde von einem Soldaten über die wahren Hintergründe des Krieges belehrt: »Es geschieht nur aus Freundlichkeit, für den Fall, daß ich nicht im Besitz der Wahrheit sein sollte, daß er sich so aus dem Wehrmachtsbericht bedient, wie er seine Ration an der Feldküche holt. Er teilt mit mir.«[31]

Die nationalsozialistische Weltsicht brachte es mit sich, dass viele Wehrmachtsangehörige Ursache und Wirkung verkannten, ja verdrehten. Ein treffendes Beispiel hierfür ist die folgende Passage aus einem Brief, den ein zutiefst nationalsozialistischer Truppenarzt im August 1944 an seine Ehefrau schrieb. Er hatte in einer deutschen Wochenschau »ein paar ergreifende Bilder« gesehen: »In Stahlhelm auf der Orgelbank sitzend«, spielte ein Soldat Orgel. So geschehen in einem »Örtchen in der Normandie«, das in Trümmern liege, »die Kirche hat schweren Schaden genommen, aber die Orgel erklingt, und ein Soldat spielt sie im Grauen des Krieges. Und fast will einem dies sinnbildlich erscheinen für unser ganzes Volk. Wir tragen die abendländische Kultur auf den Trümmern dessen, was Generationen vor uns erschaffen haben.«[32] Das ist, um eine Anleihe bei Klaus Lat-

104

zel zu nehmen, nicht nur Kitsch, das ist NS-Kitsch.[33] Da verbinden sich Sentimentalität und völlige – vorsätzliche? – Blindheit dafür, was zu diesen Trümmern geführt hatte, wer dafür verantwortlich war, und dass die Deutschen diese abendländische Kultur keineswegs rettend trugen, sondern in den Würgegriff genommen hatten. Sie aber sahen sich tatsächlich als das letzte Bollwerk gegen den Untergang des Abendlandes.

Zurück zu den ersten Begegnungen zwischen den Soldaten und den Bewohnern der von ihnen besetzten Länder. Selbstverständlich beäugten auch die Einheimischen die Neuankömmlinge, und selbstverständlich fiel auch ihnen manches auf. In Frankreich wurde eine »typisch deutsche Angewohnheit« sogar an Hauswände gezeichnet: Zeitung lesende Deutsche auf einem (in Frankreich unüblichen) Sitzklo.[34] Neutraler waren die Feststellungen, dass außergewöhnlich viele Deutsche Brille trugen oder dass sie alle großartige Stiefel sowie gut geschnittene und gut passende Uniformen trugen. Ein Norweger fand allerdings als Kind deren Geruch abstoßend: »Die Soldaten hatten ja nur eine Uniform, in der schliefen sie auch. Die meisten rauchten. Die Uniform roch widerlich nach billigem Tabak und wie Kleider, die oft eingeweicht und oft getrocknet worden waren.« Tatsächlich wurden die Uniformen sehr strapaziert. Heinrich Böll klagte über den Aufwand, sie in Schuss zu halten: »Dieses tägliche Säubern und Flicken der völlig verschmutzten Stiefel und Kleider, diese täglichen Stacheldrahtspuren in Hose und Rock...«[35] Und er schrieb, er wäre sehr glücklich über ein paar Pantoffeln[36], denn die Soldaten mussten ihre Tage in der dicken Uniform und den schweren Stiefeln zubringen.

Diese »Kluft« war auch warm: Pfingsten 1941 getraute sich ein Soldat nicht, sie abzulegen, obwohl ihm der Schweiß in den Kragen lief, »aus angst, das ansehen der wehrmacht zu schädigen bzw. 3 tage bau zu kriegen«, wie er spottete.

Die Erkenntnis, dass halbnackte Soldaten auf die Eroberten keinen guten Eindruck machten, schien der Wehrmachtsführung allerdings erst nach einiger Zeit gedämmert zu sein. Im Frühsommer 1940 fanden es die Einheimischen nämlich weniger bemerkenswert, dass sich die Soldaten – aus zwingenden Gründen – anders *anzogen* als sie, sondern dass sie sich anders *auszogen*: Die männliche Bevölkerung mochte im Sommer mit nacktem Oberkörper auf dem Feld arbeiten, hier und dort ging man auch schwimmen, was damals jedoch keinesfalls überall üblich war. Den jungen Deutschen hingegen war die asexuelle Zurschaustellung ihres unbekleideten Körpers eine Selbstverständlichkeit. Sie dachten sich nichts dabei, weil sie es gar nicht anders kannten, schließlich gehörten Sport und die dazugehörige knappe Kleidung zum militärisch-sportlichen Körperideal der Nationalsozialisten.

Als Horden von Deutschen in Badehose die Strände der Kanalinseln heimsuchten, nahmen vor allem ältere Insulanerinnen an den nahezu unbekleideten Männern Anstoß. Für die jüngeren Frauen hingegen war es »nicht einfach, immer daran zu denken, daß diese Männer Feinde waren, wenn sie keine Uniformen trugen, und sich von den Insulanern nur noch durch ihre blonden Haare und ihren beeindruckenden Körperbau unterschieden«.[37]

Als die Truppen in Frankreich die ersten festen Quartiere bezogen, also bei Franzosen einquartiert wurden, lautete eine der Anweisungen: »Kein Herumsitzen in den Quartieren mit bloßem Oberkörper!«[38] Dafür gab es gute Gründe, denn die Deutschen zogen sich nicht nur zum Baden und Sonnen aus, sondern immer und überall, sobald ihnen warm war. Sie warfen ihre Kleidung so selbstverständlich ab, dass es nicht einmal von Bedeutung schien, ob sie im Dienst waren oder nicht.

»Sie tragen Badehosen und marschieren in Viererreihen singend im Gleichschritt«[39], beobachtete Léon Werth im Sommer 1940, zwischen Ungläubigkeit und Verachtung schwankend. Auch das taten sie überall, nicht nur in Frankreich. Ein Foto aus einer norwegischen Garnisonstadt zeigt genau das: zwanzig bis dreißig deutsche Soldaten, die in militärisch präzisen Dreierreihen durch eine Wohnstraße marschieren. Es ist ein strahlender Sommertag, alle tragen Turnhemd und kurze Hosen, alle haben den Mund weit geöffnet: Sie singen. Ein Norweger sagte, wenn sie als Kinder im Krieg »Deutschenheer« gespielt hätten, seien sie in einer Reihe gegangen und hätten »Hai li, hai lå« gesungen.[40]

Léon Werth wird ein ähnliches Bild vor Augen gehabt haben, als er konstatierte, diese »Mischung aus halbnacktem Marschieren und Gesang« sei zwar lächerlich, »aber … sie sind die Herren«[41]. Entgegen den Vermutungen des Soldaten auf dem Schiff wussten die Besetzten sehr wohl, wer »die Herren« waren.

»Wir überholen Infanterie, die in dem heißen Wetter marschieren muß. Manche Spaßvögel haben sich bunte Strohhüte aufgesetzt, ein wenig militärisches Bild. Aber man hält es hier nicht so streng, dafür ist eben Krieg.«[42] Der deutsche Gefreite, der dies Anfang Juni 1940 in Frankreich notierte, gehörte zu einem Flakregiment. Seine Batterie hatte einen britischen Bomber abgeschossen, zwei britische Flieger wurden gefangen genommen und zur Stellung gebracht. Dort liefen die Deutschen »noch in der Badehose herum. Beim Schießen trugen wir auch unsere Badehosen, da es so furchtbar heiß war«. Möglicherweise war das der Grund, warum einer der beiden, ein irischer Flying Officer, »unergründlich lächelt. Er scheint sich über uns lustig machen zu wollen«.[43]

Zwei Wochen zuvor hatte derselbe deutsche Soldat Gelegenheit gehabt, zu begutachten, welche Art nicht militärischer Kleidung manche englische Piloten im Dienst bevorzugten: »Der abgeschossene Pilot kam direkt aus London geflogen, er ist noch im Ausgehanzug und scheint die ganze Sache als Sport zu betrachten. Man fliegt da so am Nachmittag mal an die Front für ein Stündchen, kehrt wieder heim und geht anschließend abends aus.«[44] Die Deutschen gingen dann offenkundig eher schwimmen.

Vielleicht hatte »unser Chef« den irischen Flying Officer aber auch mit seinen Englischkenntnissen erheitert: »Sie [die Briten] müssen dann in den Chefwagen einsteigen. Es ergibt sich eine Unterhaltung. Der Flying Officer sagt, daß England den Krieg gewinnen werde. Unser Chef antwortet: ›You have a little man in the ear!‹ (Sie haben einen kleinen Mann im Ohr!)«[45]

Soldaten und Offiziere mit höherer Schulbildung hatten Französisch, oft auch etwas Englisch gelernt, konnten sich also im französischsprachigen Belgien, in Frankreich und auf den Kanalinseln, wo Englisch gesprochen wurde, verständigen. Vielleicht sollte man angesichts des »little man in the ear« eher sagen, dass sie guten Willens waren, sich verständlich zu machen. Es gelang nicht immer; eine norwegische Verkäuferin bat einen radebrechenden Soldaten, Deutsch zu sprechen, weil das für beide einfacher sei…

Ein anderer Soldat schrieb Mitte Juli 1940, nach nur wenigen Wochen im Land, stolz an seine Mutter: »Im Norwegischen machen wir ganz nette Fortschritte. So schwierig ist das gar nicht. Wir sind jetzt so weit, daß wir uns gut verständigen können.« Ein Hamburger konnte nach vier Monaten in Norwegen immerhin »in einer Mischung aus norwegisch, plattdeutsch und englisch radebrechen«, und einer meiner Gesprächspartner beherrschte die Sprache nach einem knappen Jahr so gut, dass er sein Kriegstagebuch teilweise in einem, wie ich mich überzeugen konnte, sehr ordentlichen Norwegisch führte. So hielt er Persönliches vor neugierigen Kameraden, aber auch vor seinen Eltern geheim, denn er schickte die vollen Hefte zur Aufbewahrung nach Hause. Allerdings wollten nicht viele Soldaten die Landessprache wirklich von Grund auf lernen. Die von der Wehrmacht angebotenen Sprachkurse waren nur mäßig frequentiert. Und als sich der Krieg im folgenden Jahr nach Südosten und Osten ausweitete, war zudem ungewiss, wie lange man an einem Ort bleiben würde. Da schienen Bemühungen um eine bestimmte Sprache sinnlos. »Was wollte man lernen: Italienisch, Serbokroatisch, Tatarisch? – Man ließ es also gleich.«[46]

Man darf wohl annehmen, dass diese Ungewissheit nicht der einzige Grund für den mangelnden Willen zum Lernen war. Wer sich um die Sprache bemühte, wollte vielleicht vom Kasernenleben und den Kameraden ein wenig unabhängiger werden, die ansonsten ja der einzige Umgang waren. Nur wer sich für Land und Leute interessierte, lernte die Sprache, und je besser jemand die Sprache beherrschte, umso mehr interessierte er sich für sie. Ein in Lappland stationierter Arzt bedauert beispielsweise, »daß ich neben meinen Quartiersleuten herleben muss, ohne allzu viel sprechen zu können«.[47]

Die meisten Soldaten hatten aber an engeren Beziehungen zu Zivilisten kein sonderlich großes Interesse (Teile der weiblichen Bevölkerung ausgenommen). Interessanterweise schienen dennoch nur wenige Besatzer von den Besiegten zu erwarten, dass sie Deutsch lernten; trotzdem beherrschten natürlich die Zivilisten (und Zivilistinnen!), mit denen es diese Soldaten außerhalb ihrer Kaserne zu tun bekamen, bald ausreichend Deutsch, um die (bei solchen Gelegenheiten vorhersehbaren) Dialoge bewältigen zu können. Aber als die Truppen ortsfest wurden und sich »heimisch« zu machen begannen, eigneten sich viele rudimentäre Kenntnisse der Landessprache an, mit denen sie sich auf einfachstem Niveau verständigen konnten. Manchmal wurden auch sprachkundige Kameraden um Hilfe gebeten. Das wichtigste Bezugsfeld für die meisten waren und blieben die Kameraden, »private« Kontakte zur Zivilbevölkerung beschränkten sich auf Einkäufe und Tauschgeschäfte sowie den Besuch von Cafés und Restaurants, die es vor allem in den größeren Orten gab. »der drang, etwas zu erleben, wächst in's ungeheuerliche, wenn man lange in der provinz war und wieder in die stadt kommt«.[48] Wer in Norwegen stationiert war, musste bei jeder Hin- und Rückreise von Urlauben, Schulungen und so weiter in Oslo Station machen. Daher war die Stadt immer von Soldaten überlaufen; feste Anlaufpunkte waren zum einen die Wehrmachtsbordelle (eines namens »Sphinx«, das Offizieren vorbehalten war, lag sinnigerweise in der Dronningens gate – der Königinnenstraße), zum anderen das deutsche Lokal »Löwenbräu«. An solchen Orten kam man sehr gut ohne Norwegisch aus.

Einer meiner Gesprächspartner, der ein äußerst umtriebiger junger Mann gewesen sein muss, gelangte durch eifrigen Besuch dieses Lokals zu der unerschütterlichen Überzeugung, von der er sich auch als fast Neunzigjähriger nicht abbringen ließ, dass man »in Norwegen alle Frauen haben« konnte. »Da gingen wir alle hin. Da gab es deutsches Bier, da spielte eine ungarische Kapelle und so weiter. Da standen die norwegischen Frauen vor der Tür und wollten mit den deutschen Soldaten rein. Die konnten nur in Begleitung eines deutschen Soldaten rein. Da waren viele Frauen, die sich einen Soldaten angelacht haben.« Dementsprechend ging es drinnen zu. Es herrschte »deutsche Gemütlichkeit, das heißt Rabatz und ohrenbetäubender Lärm ... für ein Messer oder eine Gabel muß man je 10 Kronen Pfand zahlen ... Weiber hocken herum, norwegische Straßenvögel, im Dunkeln aufgefischt und hier dem Licht ausgesetzt«.[49]

Selbstverständlich ist die Aussage absurd, die Soldaten hätten jede Frau haben können. Aber ein deutscher Arzt, der 1941 nach Oslo kam, um dort für die Deutschen im Gesundheitswesen zu arbeiten, zeigte sich erstaunt über die, wie er fand, lockeren Sitten im Land. »Eine Geschlechtsmoral in unserem Sinne ist kaum vorhanden. Die Bereitwilligkeit der Norwegerinnen ist selbst dem einfachsten Soldaten verblüffend, obgleich diese Leute keine allzu grosse Zurückhaltung der Weiblichkeit gewöhnt sein dürften.« Missbilligend vermerkte er ferner, dass »im höchsten Grade Geburtenverhinderung und Abtreibung beliebt« seien, »Praeservativs werden in den Zeitungen mit grosser Reklame angeboten und sind in jedem Zigarrengeschäft zu haben«[50]. Diese Geburtenkontrolle musste aufrechte Nationalsozialisten wie ihn empören, schließlich waren die Norweger für sie die arischsten aller arischen Arier, deren »wertvolles Blut« nicht ungenutzt bleiben dufte.[51]

In dem Merkblatt »Richtlinien für Norwegen«, in dem die Wehrmachtsführung ihren Soldaten in sechs Punkten alles Wissenswerte über »den Norweger« mitteilte, fehlt ein Hinweis auf die vermeintliche »Bereitwilligkeit der Norwegerinnen«, obwohl das die Landser vermutlich brennend interessiert hätte. Stattdessen heißt es in der ersten Richtlinie, jeder Angehörige der Wehrmacht müsse sich bewusst sein, »dass er nicht Feindesland betritt, sondern dass die Truppe zum Schutz des Landes und zur Sicherung seiner Bewohner in Norwegen einrückt«. Die knapp formulierten Regeln zum Umgang mit »dem Norweger« erinnern an Ratschläge zum Umgang mit bockigen Kindern: »Wenig befehlen, nicht anschreien! Das erfüllt ihn mit Widerwillen und ist wirkungslos. Sachlich aufklären und überzeugen! Humorvoller Ton erreicht am meisten. Unnötige Schärfe und Bevormundung verletzen sein Selbstgefühl.« Die nächste Regel lautet: »Der Norweger ist in seiner Wesensart (ähnlich dem friesischen Bauern) verschlossen und zurückhaltend, langsam im Denken, dazu aber auch misstrauisch gegen Fremdes. Also: Kein Hetztempo! Zeit lassen!«[52]

Der junge Mann, der nach wenigen Wochen im Norwegischen »ganz nette Fortschritte« gemacht hatte, hatte sich offenbar die letzte der sechs Richtlinien für Norwegen zu Herzen genommen: »Der Norweger liebt sein häusliches, behagliches Dasein. Er ist zu gewinnen durch Freundlichkeit, durch kleine Aufmerksamkeiten und Anerkennung seiner Person.« Im Dezember 1940 schrieb er nämlich an seine Mutter: »Wir haben uns eine abendliche Beschäftigung gesucht. Ein Kamerad und ich streichen die Möbel meiner alten Quartiersleute an. Die Küche ist fertig, sie ist prima geworden, denn der Kamerad ist Meister in seinem Fach. Auch so werben wir für Deutschland.« Dachte er dabei an die Mahnung, dass alle Soldaten in Nord- und Westeuropa auch »Botschafter des Deutschen Reiches«

scien? »Es komme auf jeden einzelnen an, wie er sich benehme.«[53]

Doch in seinem Brief und seinem Stolz schwingen neben den Ermahnungen seiner Vorgesetzten auch die Lektionen seiner Kindertage mit: Benimm dich anständig, sei ein braver Junge, damit du deiner Mama (oder auch: deinem Vaterland) keine Schande machst. Aber ganz so harmlos ist es dann doch nicht, denn er fährt fort: »Überhaupt kann man feststellen, dass das Verhältnis zwischen Norwegern und den Soldaten immer besser wird. Wenn wir auch nicht mit den Waffen kämpfen, wir kämpfen eben augenblicklich so.«[54] Seine Briefe klingen mitunter wie nationalsozialistische Propagandaheftchen: »Wir wollen aus dem Norweger wieder den starken, urwüchsigen, heimatstolzen Germanen machen. Eine große, vielleicht schwierige, aber auch lohnende Arbeit.«[55] Der er sich nicht zu entziehen gedachte.

So tief in die nationalsozialistische Rassenpropaganda eingetaucht, lebten und dachten – oder vielleicht sollte man vorsichtiger sagen: *äußerten* – sich nur wenige Soldaten. Wenn sie den Zivilisten weder feindselig noch auftrumpfend begegneten, dann ohne propagandistische Hintergedanken. Wenn sie freundlich waren, dann einfach nur, weil sie freundlich sein wollten. »Die Fahrer der deutschen Lastwagen waren höchst sympathisch, zuvorkommend und taktvoll, ganz hilfsbereit, ohne sich irgendwie bewußt zu sein, daß sie deutschen Edelmut verkörperten«[56], schrieb eine verwunderte Simone de Beauvoir.

Ihr Maß an Manieren erstaunte nicht nur die französische Schriftstellerin. Sie grüßten freundlich und sagten »bitte« und »danke«, sie hielten in Geschäften den Frauen die Tür auf, sie trugen einer Bäuerin das Feuerholz über den Hof. So etwas, sagte eine Norwegerin, waren wir von unseren Bauernbuben nicht gewohnt. Ähnliches werden die Hunsrückerinnen und Thüringerinnen möglicherweise über *ihre* Bauernbuben gesagt haben, die fern ihres Heimatdorfs durch so viel Zuvorkommenheit beeindruckten. Diese Höflichkeit wurde von den Besiegten überall bemerkt, aber unterschiedlich aufgenommen. Léon Werth fand die guten Manieren der Soldaten oberflächlich und angelernt. Während sie meinten, höflich und nett zu sein, nähmen sie von ihren »Gastgebern wider Willen« und deren Befindlichkeit nichts wahr: »Wenn sie mit Ihnen sprechen wollen und Sie ihnen den Rücken zuwenden, so zögern sie nie, Sie an der Schulter zu fassen.«[57] Damit scheint er zum Ausdruck bringen zu wollen, dass sie zwar nach eigenem Verständnis »höflich und korrekt« auftraten, dass sie zwar *bitte* und gelegentlich sogar *danke* sagten, sich aber im Grunde immer nahmen, was sie haben wollten. Und auch der Kommentar einer Französin, »Sie waren nicht böse, sie waren korrekt«[58], klingt eher reserviert. Der Schriftsteller Felix Hartlaub meinte gar, gerade dieses im Grunde völlig einwandfreie Benehmen sei für die Franzosen der eigentliche Skandal.[59]

Diese Meinung teilten absolut nicht alle. Im Sommer 1940 sei der Kontinent »von der beispiellosen deutschen Vitalität zutiefst beeindruckt« gewesen, zitiert Geert Mak die jüdische Gesellschaftsreporterin Gräfin Waldeck, ihr sei in diesen Monaten vor allem »der unglaubliche Elan fast aller Deutschen« aufgefallen. Eine andere Zeitzeugin, die 1940 in Paris lebte, sagte, es sei »in den besseren Kreisen bereits nach kurzer Zeit Mode [gewesen], junge SS- und Wehrmachtsoffiziere zum Essen einzuladen. Sie repräsentierten eine nie da gewesene Dynamik, von der man meinte, sie könne dem verstaubten Frankreich vielleicht neues Leben einhauchen.«[60]

114

So begannen sich in den Wochen und Monaten nach den Kapitulationen des Jahres 1940 in den deutsch besetzten Ländern »Besatzungsgesellschaften« herauszubilden, die Besatzer wie Besetzte umfassten. »Nach und nach beruhigten sich die Aktivitäten, wir Einwohner gewöhnten uns daran, den Feind um uns zu haben. Das Alltagsleben ging zu See und auf Land mehr seinen gewohnten Gang.« Das ist eine erstaunliche Äußerung, denn verglichen mit dem Leben vor dem deutschen Einmarsch ging nur sehr wenig seinen gewohnten Gang. Damit alles weitergehen konnte wie bisher, musste vieles anders gemacht werden als bisher, denn die Bewegungs- und Handlungsfreiheit der Zivilbevölkerung wurde durch eine Flut von Vorschriften reglementiert und beschnitten. Man musste sich Umwege und Schlupflöcher einfallen lassen, um zu bekommen, was man wollte und brauchte, um Ersatz für all das zu finden, was es nicht mehr gab; man musste sich damit abfinden, dass man nicht mehr Herr im eigenen Land, nicht einmal mehr auf dem eigenen Grundstück war; man musste lernen zu misstrauen und sich zu verstellen. Man lebte gleichermaßen im Alltag, der »seinen gewohnten Gang ging«, wie in einem permanenten Ausnahmezustand, in dem nichts vorhersehbar war. Ob das eine oder das andere im Vordergrund stand, ließ sich erst in der konkreten Situation entscheiden, sei es mit offiziellen Vertretern der Besatzungsmacht, sei es mit einem individuellen, »privaten« Soldaten. Eine falsche Einschätzung konnte verhängnisvolle Folgen haben.

Man musste sich daran gewöhnen, dass tägliche Kontakte zwischen Besatzer und Zivilisten fast überall zur Regel wurden. Manche dieser Begegnungen waren freiwillig, wenn beispielsweise Soldaten versuchten, bei Bauern für sich und ihre Angehörigen in Deutschland Lebensmittel zu organisie-

115

ren. Andere Kontakte, die durch die Arbeit entstanden, waren unvermeidlich; so gehörte es zur Aufgabe einiger Soldaten und Offiziere, bei Bauern und Fischern Lebensmittel einzukaufen oder mit anderen Lieferanten zu verhandeln, und vor allem in Norwegen waren viele Soldaten Vorgesetzte von norwegischen Zivilarbeitern.

Ein Marinesoldat, der in Norwegen zu einer Baukompanie abgestellt war, unterschied zwischen »Oslo«, wohin er nicht gern fuhr (»Oslo war mehr feindselig eingestellt, da war die Atmosphäre kalt und abweisend«), und »den Norwegern«. »Die Norweger« waren die Arbeiter auf seiner Baustelle, und die waren keineswegs feindselig oder abweisend: »Auf der Baustelle, das war ein ganz lockeres Verhältnis. Wir haben miteinander geplaudert, ich habe meine Anweisungen gegeben, wir haben auch mal strittige Probleme gehabt. Aber ich hatte nirgends unangenehme Probleme.« Was er damit meine? Nun, sagte er 2004 im Rückblick, es habe weder Widerstand noch Sabotage gegeben. Über sechzig Jahre zuvor, im Dezember 1941, war er weniger mild gestimmt: »Nichts klappt. Ich habe rasende Wut auf die Norweger. Man muß hinter den Leuten stehen wie ein Kindermädchen. Die können nicht die einfachste Ausschachtung maßgerecht machen – oder sabotieren sie.«

Vielleicht hatte er da einfach nur einen schlechten Tag gehabt, denn seine Erinnerungen an diese Männer sind durchweg positiv. Er habe von ihnen sein erstes Norwegisch gelernt, vor allem Fluchen. Sie hätten ihm aber auch Sätze beigebracht wie: »Smukke pike jeg elsker deg. Vil du sove med meg?« (»Hübsches Mädchen, ich liebe dich. Willst du mit mir schlafen?«, was im Übrigen eher dänisch als norwegisch klingt.) Das sei ein Scherz unter Männern gewesen, er habe das bald durchschaut und natürlich niemals zu einer Norwegerin gesagt. Aber die Worte gehen ihm auch dreiundsechzig Jahre später noch flüssig über die Lippen.

Auf die Frage, ob er außerhalb von Oslo nie auf Ablehnung gestoßen sei, meinte er: »Wenig. Ganz am Anfang waren eine Reihe Leute reserviert. Wer weiß, was da kommt. Wir haben viele politische Diskussionen geführt mit Norwegern, auch am Anfang, soweit Verständigung möglich war. Aber später war das eigentlich ganz locker.«

Er meinte also, dass die Norweger, mit denen er zu tun hatte, *ganz am Anfang* reserviert waren, weil sie nicht wussten, was werden wird. Die Menschen, scheint er zu sagen, waren nicht gegen die Deutschen eingestellt, sie empfanden deren Einmarsch nicht als Überfall. Aber es war Krieg, da machten sie sich private Sorgen um ihre private Zukunft. Wer wollte ihnen das in diesen Zeiten des Umbruchs und der Ungewissheit verdenken? Weder die feindselige Atmosphäre von »Oslo«, die Diskussionen mit skeptischen Norwegern noch die »Sabotage« veranlassten ihn dazu, sich grundsätzliche Fragen zu seiner eigenen Rolle und der der Wehrmacht zu stellen. Aber sie nagten an seiner Selbstsicherheit und seiner Siegesgewissheit, denn er war derjenige, der sich gut ein Jahr nach der Wut über die unwilligen Norweger fragen sollte, wie Deutschland die besetzten Gebiete ohne dauernden Druck regieren wolle.

Er wusste durchaus, dass die Macht in jeder Sekunde bei der Besatzungsmacht lag. Sie verfügte über die Mittel, ihren Willen durchzusetzen. Wenn sie Umwege machte, um zu bekommen, was sie wollte, und wenn sie hier und da sogar Widerspruch duldete, dann nur, weil (und wenn) sie sich einen Nutzen davon versprach. Grundsätzlich mussten die Besiegten den Siegern gehorchen. Aber keine Besatzungsarmee kann sich ohne Waren und Dienstleistungen der Besiegten halten. In Nord- und Westeuropa wollten die Deutschen das mit möglichst wenig offenem Zwang erreichen. Das Besatzungsregime musste sich bis zu einem gewissen Grad mit der Bevölkerung verständigen.

Die nicht endende Flut von Erlassen, Ge- und Verboten, mit der die Bevölkerung in Schach gehalten werden sollte, war die eine Seite der Besatzung. Die andere war der Umstand, dass sich die *Menschen* im Alltag miteinander einrichten und arrangieren mussten. Anwesende und Neuankömmlinge mussten in dieser nun entstandenen Nähe einige der Bilder, Erwartungen und Vorurteile modifizieren, die sie vor dem Krieg und auch beim ersten flüchtigen Blick, den ersten kurzen Begegnungen gehegt hatten. Je häufiger Soldaten und Zivilisten sich in unterschiedlichen Situationen begegneten, als Quartiernehmer und Quartiergeber in der Küche, bei der Arbeit, in Läden und auf den Straßen und Plätzen, umso mehr Facetten bekamen sie als Menschen und Individuen füreinander. Sie passten immer weniger in die einzige Rolle, in die sie der Krieg hineingezwängt hatte: die von Feinden. Eine Zeitzeugin von der Kanalinsel Jersey fasste das in einem Satz zusammen: »Man kann nicht verfeindet bleiben, wenn man fünf Jahre lang Seite an Seite lebt.«[61]

Denn kaum waren Soldaten etwas länger am selben Ort, begannen die Einheimischen, »einige der Soldaten wiederzuerkennen. Sie bildeten nicht mehr jene anonyme Masse der ersten Tage, jene Flut grüner Uniformen, in der sich kein einziger Gesichtszug von den anderen unterschied«. Sie erkannten den Kleinen mit dem komischen Gang, den Blonden, der immer mit den Kindern herumalberte, die beiden Offiziere, die auf Olsens Hof (oder im Haus der Duponts) einquartiert waren, manche Soldaten hatten bei der Bevölkerung einen Spitznamen, einer meiner Gesprächspartner hieß beispielsweise »Le petit Pellerin«, weil er bei einem alten Ehepaar Pellerin einquartiert war. »Der da ist der kleine Rothaarige, der sich Omelettes aus acht Eiern bestellt und achtzehn Gläser Weinbrand hintereinander trinkt, ohne betrunken zu sein und ohne krank zu werden.«[62]

Es ging, wie es im Leben im Allgemeinen und in dörflichen Gemeinschaften im Besonderen zu gehen pflegt: Kannte man sich erst einmal vom Sehen, nickte man sich schon bald zu, es wurden die ersten Worte gewechselt, man lernte sich ein wenig kennen und erfuhr den Namen des anderen. Allerspätestens dann konnte man nicht umhin, den Feind als Menschen wahrzunehmen. Und wie gesagt: Den mochte man – oder nicht.

Die Besiegten stellten verwundert, mitunter widerwillig fest, dass sich die Besatzer keineswegs so barbarisch und willkürlich aufführten, wie sie es erwartet und befürchtet hatten. Sie schienen vielmehr in ihrer überwiegenden Mehrzahl ganz normale, ja sogar recht angenehme Menschen zu sein. Die Sieger hingegen fanden es oft schwerverständlich, dass viele Zivilisten zurückhaltend blieben, dass ihnen nur einige, keineswegs aber alle freundlich entgegenkamen, dass offenbar nicht alle verstanden, dass die Deutschen es gut mit ihnen meinten. Kurz: dass sie als Sieger nicht geliebt wurden.

Genau so war es: Als Sieger und Besatzer wurden sie nicht nur *nicht geliebt*, sie wurden gehasst und verflucht. Das sollte bis zum Ende des Krieges so bleiben. Aber während das Verhältnis zwischen *den Besatzern* und *den Besetzten* bis zum Ende des Krieges immer ein erzwungenes bleiben sollte, entstanden im geteilten Alltag freiwillige Beziehungen zwischen *einem Besatzer* und *einem Besetzten.* Da respektierten sich Individuen über Sprach- und Nationalitätengrenzen hinweg, sie schätzten, ja mochten einander. Auch dabei ging es zu, wie es im Leben zuzugehen pflegt: Bürgertum und Adel waren ohne Ansehen der Nationalität den gleichen Werten verpflichtet. Ihre Vertreter konnten sich grenz- und sprachübergreifend mühelos darauf verständigen, welche Regeln und Gepflogenheiten galten. Auch ein gemeinsamer Beruf oder ein ähnlicher Familienhintergrund waren gute Ausgangspunkte für erste Kontakte. »Viele ältere Soldaten waren schon längere Zeit im Beruf gewesen, sie waren weniger Soldaten als Arbeiter.« Bauern oder Landarbeiter erkannten und respektierten einander. »Das besonders gute Einvernehmen mit der Bevölkerung [von Østre Toten nördlich von Oslo] hatte nicht zuletzt die Persönlichkeit des Kommandeurs, Major Ackermann, herbeigeführt, der als Landwirt und ostpreußischer Gutsbesitzer ein Herz für die Landbevölkerung hatte. Die Bauern bekamen oftmals Hilfe durch Gespanne und Arbeitskommandos der Abteilung, wenn Not am Mann war.«[63] Wie hier entstanden an vielen Orten zwischen der Bevölkerung und einer in der Nähe stationierten Einheit so etwas wie Nachbarschaften. Da zählte weniger, wer auf welcher Seite stand, als wer welchen Beitrag zum Funktionieren der Gemeinschaft leisten konnte. Konkret konnte das so aussehen wie in dem folgenden Beispiel, das das Zusammenleben von Soldaten und der finnischen Zivilbevölkerung in Lappland schildert:

»Die deutschen Truppen arbeiteten auf Befehl ihrer Offiziere in der Landwirtschaft oder führten Reparaturen durch oder liehen den Bauern ihre Pferde. In abgelegenen Gebieten wandte man sich bei Bedarf an deutsche Spezialisten wie beispielsweise Ärzte, denn die eigenen Dienstleistungen waren teilweise Hunderte von Kilometern entfernt. Wenn deutsche Soldaten sich über lange Zeit hinweg in derselben kleinen Dorfgemeinschaft aufhielten, wurden sie ein Teil des normalen Alltags im Dorf. Die Fähigkeiten der Deutschen standen allen anderen Ortsbewohnern zur Verfügung – wie die Fähigkeiten aller anderen auch: Wurde ein Haus gebaut, fragte man den Nachbarn um Rat, der ein guter Zimmermann war, ächzte das Pferd, wurde der deutsche Tierarzt gebeten, sich darum zu kümmern.«[64]

Die Fischer an Europas Westküste hielten eisern an ihren ethischen Grundsätzen fest und fuhren bei stürmischer See in ihren Booten hinaus, um schiffbrüchige Marinesoldaten zu bergen und zu versorgen. Dafür waren Nationalitäten selbst dann ohne Belang, wenn mit diesen Booten auch Flüchtlinge außer Landes und Waffen für den Widerstand ins Land geschmuggelt wurden.

Mit den vielen fremden und einsamen Männern hielt ein lockeres Leben Einzug, das auch Teilen der männlichen und weiblichen Zivilbevölkerung gut gefiel. Daher wird es an vielen Stationierungsorten ähnlich zugegangen sein wie in Nordfinnland: »Die Bürger, die bisher ein gesittetes Leben geführt hatten, wurden durch den übermäßigen Alkoholgenuss der Müßiggänger und durch Frauen gereizt, die sich scharenweise in Gesellschaft der Deutschen in den Gasthäusern oder in der Nähe der Quartiere der Deutschen aufhielten. Es handelte sich nicht ausschließlich um ein nordfinnisches Problem, doch ohne den Schnaps, den Tabak und die

Kontaktbedürftigkeit der Deutschen wären weniger Gelegenheiten für ein solches zu missbilligendes Leben geboten worden.«[65]

So stellten die meisten Besetzten in Nord- und Westeuropa fest, dass der Besatzungsalltag zwar schwer und die Invasoren verhasst waren, es für sie persönlich aber schlimmer hätte kommen können. Irgendwann stellte sich wirklich wieder das Gefühl ein, als ginge das Alltagsleben seinen gewohnten Gang, irgendwann gewöhnt man sich daran, den Feind um sich zu haben: »Das sind keine bösen Menschen, wenn man sie zu nehmen weiß, und sie zahlen gut.«[66]

»Eigentlich ist nur dieser, der nicht an Frau und Kind, sondern nur an Krieg und Sieg denkt, zum Soldaten zu gebrauchen, darum sind die Jungen bessere Soldaten: Sie sind noch ungebunden.«

Johannes Martin Hennig, Jahrgang 1902

»Wir Deutsche, alle glauben an unseren Führer und bitten den Herrgott, dass er ihn erhalten möge und bald in einen dauernden Frieden führe.«

Rudolf Sch., Jahrgang 1914

»Wir hatten eigentlich zu den Zivilisten ein wunderbares Verhältnis. Wir haben mit ihnen Quatsch gemacht, wir haben mit ihnen gesungen, das war für mich der Grund, ich wollte in Russland bleiben. Diese köstlichen Menschen, nur Phantasie und eben diese wahnsinnige Gastfreundschaft. Nach dem Krieg wollte ich in Russland bleiben, da siedeln.«

Friedrich M., Jahrgang 1921

Zwischenbemerkung:
Junge Männer werden Soldaten

Achtzehn Millionen Männer, knapp ein Viertel der Gesamtbevölkerung des »Großdeutschen Reiches«[1], dienten in der Wehrmacht. Achtzehn Millionen Männer. Achtzehn Millionen Soldaten. Wie erwachsen das klingt. Und wie jung viele waren: achtzehn, zwanzig, vielleicht zweiundzwanzig Jahre alt. Porträts aus jenen Jahren zeigen weiche, unfertige Gesichter, zu denen der präzise Haarschnitt und der Uniformkragen nicht recht passen wollen. Von den zwischen 1918 und 1925 geborenen Wehrpflichtigen hätten viele die Regierung, die sie in den Krieg schickten, nicht einmal wählen dürfen: Wahlberechtigt wurde man mit zwanzig Jahren (was im Dritten Reich allerdings sowieso egal war).

Als Rekruten wurden sie gedrillt, mussten gehorchen, sich unterordnen, hart sein, in der Gruppe funktionieren. Das alles kannten sie schon, denn sie waren »von klein auf spartanisch in den Leibesübungen von Schule, Hitlerjugend und Reichsarbeitsdienst ertüchtigt und vormilitärisch ausgebildet«.[2] Aber nicht nur körperlich, sondern auch psychisch waren sie »vormilitärisch ausgebildet«. Es ist heute schwer nachvollziehbar, wie selbstverständlich diese Generation das nationalsozialistische Ideal des »soldatischen Mannes«[3] und ihre Erziehung zu Soldaten akzeptierte. »Der Krieg wirkte auf mich und praktisch auf alle meine Alterskameraden wie eine gegebene Sache, und man erfüllte seinen Auftrag. Große Worte fielen da nicht. Dass man eventuell in jungen Jahren sterben musste, war ebenfalls Tatsache.«[4] Der Psychoanalytiker Horst-Eberhard Richter sagte in einem Interview: »Erst durch den Krieg wird der Mann zum Mann. Das war meine Kindheit, das war meine Schulausbildung.« Er war neunzehn, als er im Spätwinter 1942 nach Russland kam. »Wir waren pausenlos der Verehrung der Helden des Ersten Weltkriegs ausgesetzt. Und dass der Junge erst dann ein richtiger Mann wird, wenn er kämpft, und die Fahne mehr ist als der Tod.« Sprach's und intonierte *Und die Fahne ist mehr als der Tod*.[5] Joachim Unseld zeigte einem Journalisten, womit sein 1924 geborener Vater Siegfried Unseld als Kind spielte: eine Burg voller Soldaten mit Nazi-Uniformen und Nazi-Fahnen.[6]

Als der Zweite Weltkrieg im September 1939 mit dem Überfall auf Polen begann, lebten Männer wie Richter und Unseld seit nahezu sieben Jahren in der NS-Diktatur. Sie waren ohne freie Presse und unzensierten Rundfunk aufgewachsen, sie durften nur eine bestimmte Art von Kunst sehen, eine bestimmte Art von Literatur lesen, eine bestimmte Art von Musik hören. Davor, in den Jahren der Weimarer Republik, herrschten Wirtschaftskrisen und Massenarbeitslosigkeit, für viele der späteren Soldaten waren die Kinder- und frühen Jugendjahre Zeiten der Armut und der generellen Unsicherheit gewesen. Sie waren »in einer Welt aufgewachsen, in der die nationalsozialistischen Wertvorstellungen die einzigen ›moralischen Normen‹ waren, die sie kannten ... Sie wurden von rassistischer und antisemitischer Propaganda überschwemmt.«[7]

Es kann nicht erstaunen, dass ihre Sicht und Deutung der Welt nationalsozialistisch geprägt waren, dass sie in ihren Briefen und Tagebüchern die Sprache des Regimes benutzten, dessen Gedanken und Ziele übernahmen, ihr Vertrauen in Hitlers Führungskraft betonen. »So lange unsere Führung so gut Bescheid weiß über das, was vorgeht, und so rasch und vollendet darauf antwortet, brauchen wir wahrlich keine Sorgen um unsere Zukunft zu haben«, schrieb einer am 17. Februar 1943 nach einer Goebbels-Rede in sein Tagebuch.

Zu diesem Zeitpunkt war er zu einem Studiensemester aus Norwegen nach München beurlaubt. Fünf Tage später, am 22. Februar, erwähnte er aufgebracht Flugblätter gegen Hitler. Sie stammten von »Studenten und des einen Schwester ... natürlich auch noch Mediziner, die sich sowieso den ganzen Krieg daheim rumdrücken«. Er selbst wolle »gerne den Strick festmachen«. Dann erfuhr er, dass »der Gauleiter gegen eine Vollstreckung seitens der Studenten war wegen außenpolitischer Rücksichten ... Ich koche innerlich. Solche Schweine wagen es, der kämpfenden Front in den Rücken zu fallen. Nichts kann hart genug sein, sie zu vernichten.«[8]

Solche Hasstiraden sind selten, aber die meisten Soldaten artikulieren »eine Vielzahl von meist unreflektierten Urteilen, Vorurteilen, Ressentiments, affektiven Reaktionen und Attitüden«, die dem Nationalsozialismus entstammen.[9] Angesichts ihrer Sozialisation ist eigentlich erstaunlich, dass sie sich nicht *häufiger* explizit regimebegeistert äußerten. Vielleicht glaubten alle so selbstverständlich an Hitler, dass sie das in Briefen, gar an Angehörige, oder in ihren Tagebüchern nicht ständig erwähnen mussten. Vielleicht waren sie tatsächlich keine rabiaten Nationalsozialisten, sondern gehörten zur unpolitischen, schweigenden Mehrheit, was wohl bedeutete, dass sie (falls sie alt genug waren) die NSDAP gewählt, sich aber nichts dabei gedacht hätten. Nicht mehr jedenfalls, als dass es ihnen unter Hitler gutging, dass sich ihre materiellen Lebensumstände verbesserten, dass auch Söhne aus kleinen Verhältnissen studieren und Offiziere werden konnten.[10] Sie waren Teil der allgemeinen »staatsbürgerlichen Passivität und willigen Blindheit«.[11] Sie waren vielleicht nicht, wie der zitierte Münchner Student, Nazis im engeren politischen Sinn des Begriffs, akzeptierten aber »im großen und ganzen die Nazi-Präsentation der Wirklichkeit«.[12] Und die allermeisten waren auch Antisemiten, denn »wer sich als Siebzehnjähriger für Hitler begeisterte, musste notgedrungen vom Virus des Antisemitismus befallen gewesen sein«.[13]

Was immer sie über Hitler und die NSDAP denken mochten, kaum einer stand nicht hinter den politisch-militärischen Zielen dieses Krieges, alle, ausnahmslos alle waren vorbehaltlos und zutiefst *Deutsche*. Sie waren Patrioten und Nationalisten in dem Sinne, dass sie den Versailler Vertrag von 1918, die Schmach ihrer Väter, als Knechtung Deutschlands empfanden. Das wollten sie rächen, aber nachdem Frankreich im Sommer 1940 kapituliert hatte und gedemütigt worden war, war es mit der Rache für Versailles und der Wiederherstellung der deutschen Ehre doch nicht getan. Es musste weitergekämpft und weitergesiegt werden, und wieder waren alle *Deutsche*. An der Rechtmäßigkeit des Krieges zweifelte keiner, selbst wer die Nationalsozialisten wirklich ablehnte und den Krieg hasste, hoffte inständig auf Deutschlands Sieg.[14] »Gott gebe, daß der wahnsinnige Krieg zu Ende geht und Deutschland gewinnt«[15], schrieb Böll Anfang 1943 aus Frankreich; »alle Zukunft hängt an einem glücklichen Ausgang dieses Krieges«, schrieb ein siebenundzwanzigjähriger Truppenarzt im August 1944 aus Finnland.[16]

Daran hing nicht nur Deutschlands Zukunft, sondern die eines jeden Einzelnen. Wer wegen des Krieges im zivilen Leben nicht vorankam, konnte sich damit trösten, dass er »›für das Vaterland‹, für eine ›bessere Zukunft‹ und für ›kommende Geschlechter‹ kämpfte«.[17] Sie redeten sich zu, dass die Kriegszeit zwar »ein großer, nie wiedereinzuholender Zeitverlust« sei, sie aber »reifer, selbstbewußter und fester im Auftreten« werden lasse.[18] Mehr als diese Reife sollte ihnen im Mai 1945 auch nicht bleiben. »Damit wiegt der Verlust an Lebenszeit doppelt so schwer – und die Verzweiflung ist doppelt so groß.«[19]

Vor allem die eingezogenen Abiturienten und Studenten waren besorgt, weil sie durch die Militärzeit kostbare Jahre für ihre Berufsausbildung verloren: »Was wird, wenn es nichts wird mit diesem Studienurlaub? Noch studieren? Siedeln? Theater? Laden aufmachen? Wirt? Zur See und alles hinter mir lassen? Meteorologe? Dolmetscher und Übersetzer für nordische Sprachen? Angst und Wut, Ratlosigkeit und wilde Entschlossenheit ringen in mir bis weit hinein in die Nacht und die Träume.« Wie dieser Student hofften manche, für einen Studienurlaub ein oder zwei Semester lang vom aktiven Wehrdienst freigestellt zu werden.

Bei der Lektüre der Briefe und Kriegstagebücher der jungen Rekruten stellt sich rasch das Gefühl ein, als schaue man ihnen beim Erwachsenwerden zu. Sie waren so sehr auf der Suche nach sich selbst. Sie notierten Versponnenes, zitierten (nach Art junger Menschen) seitenlang hehre Gedanken, fassten edle Vorsätze, geißelten sich – ohne Ziel und nicht charakterfest zu sein. (»Die Trostlosigkeit meiner Lage übermannt mich immer mehr. Bin nichts, kann nichts, habe keine Aussicht, es in absehbarer Zeit zu etwas zu bringen.«) Sie schwärmten von Liebe (und schwiegen meist von Sex). Dazwischen umkreisten sie, im Tagebuch und in ihren Briefwechseln, mit tiefem, drängendem Ernst existenzielle Fragen nach dem Sinn des Lebens, der menschlichen Existenz, Ethik und Kunst.

Dieser Gespaltenheit des jungen Menschen entsprachen zwei Seiten des Krieges: Einerseits riss er viele Soldaten brutal und bruchlos aus der Jugend, schickte sie »aus dem zivilen bürgerlichen Leben direkt an die Front, wo sie sich in für sie bis dahin unvorstellbaren Situationen wiederfanden«.[20] Andererseits zögerte die Militärzeit ihr Erwachsenwerden in gewisser Weise hinaus, da sie in der Armee ein Leben ohne Familie, ohne Beruf und weitgehend ohne persönliche Verantwortung führten.

Die Erziehung in einem totalitären System mag den Gehorsam begünstigt haben, der aus vielen Briefen an die Eltern spricht.[21] Nun pflegen sich junge Menschen in ihren Briefen an die Eltern braver zu geben, als sie sind, und im Zweifel eher zu schreiben, was diese hören wollen, als das, was sie wirklich tun und denken. Zudem weiß die Feldpostforschung, dass heikle und belastende Themen in den Kriegskorrespondenzen meist ausgespart blieben. Ein drittes »Offenheitshindernis« war die drohende Zensur durch die Feldpoststelle. Doch selbst wenn man all das bedenkt, wirken viele der Männer erstaunlich unselbständig. Sie schilderten den Eltern ihre Traumvorstellungen von der idealen Zukünftigen[22], berichteten der Mutter von »meiner kleinen Freundin«, machten den Fortgang ihrer Verliebtheit von der elterlichen Zustimmung abhängig, besänftigten aber zugleich Befürchtungen mit der Zusicherung, es stehe »alles gut und ist nach wie vor sauber. Sie ist zu mir wie ein Schwesterlein«[23]. Wenn sie Beziehungen erwähnen, in denen es nicht geschwisterlich zugeht, betreffen diese immer andere, nie sie selbst (jene seltenen Fälle ausgenommen, in denen sie den Eltern beichten, dass sie Vater werden). Mit dem Vater erörterten sie ebenso ihre berufliche Zukunft wie »das Eheproblem auch genauer von der geschlechtlichen Seite«. Sie baten die Eltern in vielem um Rat (und befolgten ihn offenbar auch). Vielleicht war es angesichts des vielen Neuen und Unberechenbaren in ihrem Leben entlastend, sich wenigstens mit den Eltern auf eine Rolle zurückziehen zu können, die ihnen buchstäblich seit Kindesbeinen vertraut war. Wenn auf den Seitenflächen eines Lasters, der Feldpost nach Nordnorwegen transportierte, in Fraktur »Post von Mutti« oder in einem westnorwegischen Küstenfort auf einem roten Briefkasten in weißer Schrift »Für Mutti!« stand, war das vermutlich nicht nur ironisch gemeint.[24]

En passant erfährt man aus den schriftlichen Zeugnissen und in den Gesprächen, dass die Wehrmacht für viele auch im praktischen Sinne Schule war. In der Gemeinschaft mit Männern aus allen Berufssparten lernten sie Kniffe vieler Handwerker, den Umgang mit Pferden, das Autofahren, Waschen, Stopfen und Kochen. Sie lernten, sich in die Verhältnisse zu finden, mit dem Vorhandenen zurechtzukommen, warten, organisieren und lügen. Heinrich Böll schrieb einmal, er sei in allem ein richtiger »Landser« geworden, »raffiniert wie ein Zigeuner, leichtsinnig wie ein Wiener Baron«.[25]

Sie lernten viel über die Welt jenseits ihres Kirchturms, denn der Krieg war »vor dem Zeitalter des Massentourismus meist die einzige Gelegenheit für den sogenannten kleinen Mann, etwas von der Welt zu sehen. Was den ›touristischen‹ oder ›Freizeitwert‹ angeht, war der Krieg im Westen konkurrenzlos.«[26] Konkurrenzlos, weil er im Gegensatz zum Krieg im Osten für den, der Soldat sein musste, reichlich Entschädigungen für das bereithielt, »was man entbehrt, vermisst und erleidet«.[27] Viele waren auf dem Land aufgewachsen und kannten kaum die nächste Großstadt, nur wenige hatten je eine größere Reise gemacht oder waren gar im Ausland gewesen. Plötzlich lebten sie, Bauernbuben aus dem Taunus, Bergarbeiter aus Sachsen, am Atlantik und gingen im Meer baden. Einer schaute von dort aus landeinwärts und weinte (!) vor Glück bei dem Gedanken, dass »mein Cousin bei Moskau war, ein Bekannter in Kirkenes und ein anderer Bekannter in Afrika. Das war doch alles in deutschem Besitz, das war doch schon Europa.« Großdeutschland entstand, und sie waren dabei![28] Etwa zur gleichen Zeit schwelgte ein anderer in Norwegen: »Die Gegenwart und ihre Sorgen und Nöte verschwinden ganz vor dem Bild der Zukunft, vor dem großen Ziel: des neuen Europa, des großgermanischen Reiches.«

Die Männer waren zwar auf fast rührende Weise naiv, aber sie zogen keinesfalls unvorbereitet in die Länder, die sie besiegen und besetzen sollten. Sie begegneten der Zivilbevölkerung mit einem (nicht unbedingt bewussten) Vorwissen, einer Mischung aus Schulstoff, Familiengesprächen, nationalsozialistischen Propagandasprüchen, dem, was in den gleichgeschalteten Medien stand, ebenso wie dem, »was man über Land und Leute eben wusste« – also uralten nationalen Stereotypen.

Schon Kaiser Wilhelm II. hatte die »germanische Stammver-
wandtschaft« von Norwegern und Deutschen gerühmt, was
die Nazis in »arisches Brudervolk« sowie rassenpolitisch
»gutes Blut und wertvoll« übersetzt hatten.

Offenbar erwarteten viele Soldaten tatsächlich, ein ganzes
Land voller blonder Naturburschen und rotwangiger Bauern-
mädchen vorzufinden, mussten aber feststellen, dass da »nicht
lauter Germanen hockten, sondern Leute wie wir auch«. Ähnliches widerfuhr ihnen in Frankreich. Das gängige Bild vom
dekadenten Frankreich und den schmuddelig-faulen Franzosen war das Gegenteil der Norwegen-Klischees von Edelmut
und arischem Bruder; auch hier hielten die Stereotype dem
Vergleich mit der Realität nicht stand. Wer als Soldat nach
Frankreich kam, lebte meist nicht im flirrenden Paris, das für
Freizügigkeit und Dekadenz stand, sondern auf dem Land, in
der ruhigen Etappe. Dort musste er dann feststellen, dass die
Franzosen hart arbeiteten. Sie waren nicht luxuriöser oder de-
kadenter als die Invasoren selbst. Und die Französinnen nicht
so willig, wie sie gehofft hatten.

Vermutlich kamen nur wenige mit Bildern wie jenen nach
Frankreich, die Heinrich Böll in einem Brief vor seiner Frau
auffächert: »Es gibt kein lebendigeres Bild von Paris als Bal-
zacs Romane, wirklich, man kann sie alle sehen, die einfachen und doch so unglaublich schönen Mädchen aus dem
Volk, sehr innig und auch sehr treu, und auch die großen, die
eleganten Kurtisanen, die mich jedoch alle ein wenig kühl
dünken – nach außen wenigstens; fette, kurzgliedrige Bürgerinnen und magere alte Mädchen, die mit höllisch stechenden
Augen in die Welt bohren.«[29] Und nur wenige werden ihre
»starken Ressentiments« gegen die Franzosen so klug aufgelöst haben wie ein Flieger, der im Land schnell merkte, dass
die Franzosen »Menschen waren wie wir, und wenn sie

schlechter schienen, dann nur deshalb, weil sie sich ducken und ›gut Wetter‹ machen mußten«.[30]

Der Blick der Wehrmachtssoldaten auf Länder, Landstriche und Bewohner war keineswegs »unschuldig«, ihre Begeisterung darüber, selbst dort zu sein, war es aber durchaus. An ihr ließen sie ihre Angehörigen zu Hause teilhaben, schließlich waren sie oft die ersten in ihrer Familie, die so weit gereist waren. Sie beschrieben ihre Erlebnisse in der Fremde mit einem Staunen, ja einer Euphorie, die einen heute ein wenig lächeln lässt. »Die Erinnerung an diese Zeit wird später in meinem Leben zu dem Schönsten gehören. Man lernt das Leben doch wieder einmal von einer anderen Seite kennen, und diejenigen, die als junge Männer zu Hause geblieben sind, beneide ich nicht … Es ist mir interessant, Land und Leute in ihrer Art zu erleben, und die Lust, die Welt zu sehen in ihrer bunten Vielfalt, ist immer in mir lebendig.«[31]

Nach ihren Briefen und Tagebüchern zu urteilen, sahen die Soldaten die Zivilisten der deutsch kontrollierten Länder nicht als Kriegsgegner oder gar als Feinde. Wenn sie offene Ablehnung erlebten, die ihnen als Besatzer galt, reagierten sie überrascht. Blieb ihnen keine andere Wahl, als die Feindseligkeiten auf sich zu beziehen, waren sie gekränkt: Was wollen die Leute, schienen sie zu denken. Wir sind doch nett und korrekt zu ihnen. Ebenso frappierend ist, dass sie sich nicht als *deren* Feinde empfanden. Sie waren Repräsentanten des Besatzungsregimes, dennoch fühlten sich viele in der Fremde nicht nur wohl, sondern *zu Hause* – mehr als einer bezeichnete nach dem Krieg Norwegen als »meine zweite Heimat«. Manche wären am liebsten gleich da geblieben, andere wollten nach Kriegsende zurückkehren. Das galt nicht nur für »touristisch wertvolle« Länder wie Norwegen, Frankreich oder die Kanalinseln, dergleichen äußerten sie auch über Russland. Hitlers

Versprechungen, Deutschen nach Kriegsende in Russland Land zu geben, um dort zu siedeln, beflügelten die Phantasien vieler, andere hatten ihr Herz an Russlands Landschaft und seine Menschen verloren.[32]

Sie schrieben nach Hause, ihr Leben sei »wie ein Märchen«, »wie ein Traum«, die Briefe schienen eher aus einem Pfadfinderlager als aus dem Krieg zu kommen (»Wir leben wie in der Sommerfrische, wir schwimmen, klettern, reiten usw.«).[33] Und wären auf den Fotos, die sie selbst machten oder von Kameraden bekamen und die sie dann penibel in Alben klebten und mit weißer Tinte beschrifteten, nicht ungewöhnlich viele Männer in Uniform zu sehen, man hielte sie für Urlaubsbilder: Sie zeigen Sehenswürdigkeiten, Landschaften, Einheimische, vor allem, wenn deren Kleidung ihre Herkunft verriet, dazwischen gekaufte Postkarten mit besonders beliebten Touristenmotiven. Und immer wieder Szenen ebenjener Sommerfrische.

Die hatten manche allerdings bald über. Man hatte ihnen gesagt, dass sie in Norwegen seien, um die Norweger vor den Engländern zu schützen. Der eigentliche Feind, der wirkliche Kriegsgegner, war also nicht »der Norske«, sondern »der Tommy« – aber der kam nicht. Aus diesem Grund empfanden sie sich als Verräter an jenen Kameraden, die im Osten ihr Leben einsetzten, während sie in der Etappe »Däumchen drehten«. Sie wussten offenbar nicht, dass Warten immer und überall des Soldaten Hauptbeschäftigung ist, und sie hatten nicht das Entsetzen erfahren, das sich einstellt, wenn es das nicht mehr ist. Der Krieg bestand »›aus sich zu Tode langweilen oder vor Angst in die Hose machen‹. Dazwischen gab es nichts«.[34]

Ihnen fehlte »der Reiz der Gefahr, der irgendwie doch zum Leben eines Soldaten gehört«.[35] Sie klagten, dass sie nicht wüssten, warum sie Soldaten seien. Ihnen fehlte der Feind, ihnen fehlte der Krieg, sie wollten sich *bewähren*. »In der Zukunft wartet die große Bewährung des Krieges auf mich, zu der ich hinstrebe mit allen Fasern meines Herzens«, schrieb einer in sein Tagebuch, und einen Monat später dann: »Du bist Deutscher und musst Kämpfer sein. Im Osten fällt die Entscheidung auf Leben und Tod, dort ruhen Deine Kameraden in fremder Erde. Du musst dorthin, wo Du am meisten für den Sieg tun kannst. Deutschland ist in Gefahr, da gilt keine Gefühlsseligkeit.« Während die meisten Frontsoldaten nur wegwollten, begannen glühende Soldaten wie dieser, sich zum Kampfeinsatz an die Ostfront zu melden.

Stand hinter solchem kruden Reden mehr als der Glaube, dass »der Junge erst dann ein richtiger Mann wird, wenn er kämpft«? Schämten sich die »Sommerfrischler«, dass, wie es einer mit Gedanken an die Bombardierung seiner Heimatstadt formulierte, »zur Zeit jedes Kind in Deutschland mehr über Krieg weiß als ich«? Ebenjene Kinder, Frauen und Alten, die er als Soldat beschützen sollte, wurden statt seiner von feindlichen Geschossen getroffen.

Im (allzu) friedlichen Norwegen mahnten auch die Gräber der Deutschen, die bei der Invasion 1940 gefallen waren und das Land »mit ihrem Blut erworben haben. Welch ungeheure Verpflichtung. Sie dürfen nun ausruhen in dieser würzigen kühlen Erde, wir müssen weiter, müssen ausharren, bereit sein, dulden und wenn es das Schicksal will, am Ende auch noch einmal für dieses Land kämpfen und fallen.« Ist es Zufall, dass in allen mir vorliegenden Tagebüchern und Feldpostkorrespondenzen ausgerechnet die beiden Soldaten »für Deutschland kämpfen« wollten, die sich besonders stark mit dem Nationalsozialismus identifizierten?

Natürlich hatten auch sie Tod und Verstümmelung kennengelernt. Bei den Feldzügen waren Kameraden verwundet worden und gefallen, auch in der Etappe starben manche, sei es durch Anschläge der Widerstandsbewegung, sei es durch Unvorsichtigkeiten im Umgang mit Waffen, Verkehrsunfälle oder Selbstmord. Aber wer nur in Nord- und Westeuropa Soldat gewesen war, wird nicht einmal geahnt haben, *wie* entbehrungsreich, erbärmlich und leidvoll das Leben der Frontsoldaten war. Sie wussten nichts »vom Leben im Krieg, das zur Hölle wird. Davon, morgens aufzustehen, um zu töten, Tote und Zerfetzte zu sehen, vielleicht selbst zu sterben. Davon, systematisch Zivilisten zu erschießen. Von einem Leben, in dem Töten zu einer täglichen Angelegenheit wird.«[36] In dem der eigene Tod so nah war, dass man ihn nur verdrängen konnte. Ein Flieger, der im Eismeer eingesetzt war, sagte auf die Frage, wie man um abgeschossene Kameraden getrauert habe: »Da wurde nicht getrauert. Da ging es abends ins Kasino, und da wurde der Sieg gefeiert. Da haben wir vielleicht an einem Tag zehn Gegner abgeschossen, da wurde ordentlich Alkohol getrunken und da haben wir gefeiert.«

Die Landsersprache bannt den Tod auf ihre eigene Weise. »Nach und nach ›starb‹ mancher Kamerad um mich herum und mußte als ›Leiche‹ (so nennen wir Soldaten das) nach Hause gebracht und ›beerdigt‹ werden«[37], beschrieb ein anderer Soldat, wie solche Besäufnisse auszugehen pflegten.

Die meisten Soldaten in den »friedlich« besetzten Ländern drängte es allerdings nicht in die Schützengräben. Ihnen mochte das Land fremd sein, die Bewohner und ihre Sprache rätselhaft, aber sie wussten ihren »zivilisierten« Alltag zu schätzen. Sie führten eine Existenz zwischen Frieden und Krieg und waren froh, dass ihr Leben nicht gefährdet war, »obwohl sie einer Nation angehörten, die mit der halben Welt Krieg führte. Viele hatten Heimweh, andere dankten ihrem Gott, daß sie nach Norwegen und nicht an die Ostfront gekommen

135

waren. Später dankten sie ihm auch, daß sie nicht in der Heimat waren.«[38] Sie dankten zwar Gott für ihr ruhiges Leben, aber sie hatten auch Schuldgefühle, die im Verlauf des Krieges zunahmen: Sie hatten meist mehr zu essen als ihre Angehörigen, und sie waren nicht von Bombenangriffen bedroht. Je länger der Krieg dauerte, umso wahrer wird ihnen der zynisch klingende, unter Soldaten gängige Spruch »Genieße den Krieg, der Frieden wird fürchterlich« erschienen sein.

Auf diesem Abstellgleis des Krieges hatte der Tag viele Stunden. Die Wehrmacht bemühte sich um ein flächendeckendes und abwechslungsreiches Unterhaltungsangebot[39]. Die Soldaten lasen viel, führten Tagebuch und schrieben an die Familie oder Ehefrau, manchmal mehrfach am Tag. In diesen Briefen geht es meist unspektakulär zu, obwohl die Post als einzige Verbindung zwischen Soldaten und Heimat existenziell wichtig war. Die Angehörigen berichteten über die Ernte oder Geburtstagsfeste, oft scheint es, als wollten sie vor allem die beruhigende Normalität eines ewig gleichen Alltags beschwören. Der Abwesende antwortete mit Berichten über das, was nun sein Alltag war, aber nicht jeder war ein geborener Briefschreiber. »Viele Kameraden sagen, sie wüßten nichts zu schreiben, es sei denn, daß man alles mögliche zusammenlöge. Gott sei Dank weiß ich immer etwas, auch ohne zu lügen. Man muß nur ein Auge und ein Gemüt für Land und Leute haben, dann findet man eben auch viel Interessantes und Schönes, ohne daß man die Heimat darüber vergißt.«[40] Die Heimat war das Wichtigste, daher holten andere Briefschreiber weit aus, um den Verwandten Einzelheiten über ihren Dienst oder das Land zu vermitteln, die die Daheimgebliebenen nicht kannten.[41] Wer dies tat, wollte, bewusst oder unbewusst, der Entfremdung entgegenwirken, die aufgrund der Trennung und der unterschiedlichen Erfahrungen unvermeidbar war. »Gemeinsame

Erlebnisse fehlen über lange Zeiträume«, schrieb ein Arzt aus Finnland bedauernd an seine Frau. »Sind nicht sie es, die das Leben licht und lebenswert machen?«[42]

Die ständig präsente Angst um das Leben des anderen wurde selten explizit erwähnt, aber sie schlich sich dennoch in die Briefe ein. So begann ein Vater die wöchentlichen Briefe an seinen Sohn, der als Pilot in Norwegen stationiert war, mit Berichten über die anderen Soldaten aus dem Dorf. Er tat dies in ritueller Gleichförmigkeit mit der immer gleichen Formulierung: »Franz schreibt noch gut aus Frankreich«, »Peter schreibt noch gut aus Rußland«. – »Wir hoffen dass es Dir noch gutgeht, auch bei uns ist noch alles in bester Ordnung.« – »Noch gut.« Das Unheil ist gegenwärtig, es schwebt über allem. Man fragt sich, wie der Sohn, der als Pilot in täglicher Todesgefahr war, auf die Dauer dieses *noch* seines Vaters ausgehalten haben mag.

»Noch gut.« Beide Seiten beteuerten ihre Hoffnung, sich bald gesund wiederzusehen und erwarteten sehnlichst den nächsten Urlaub. Vor allem zu den Feiertagen wollte jeder bei seiner Familie sein. Jede Wunschkonzertsendung endete mit den Worten: »Die Heimat reicht der Front die Hand.« Vielleicht war für jene, die das hörten, noch alles gut.

IV.
Erst kommt das Fressen ...

Sie zahlten gut. *Wenn* sie zahlten. Manches nahmen sie sich einfach. Vor allem zu Beginn des sogenannten West-feldzugs, als die vorrückenden Soldaten in Belgien, Luxem-burg und Frankreich durch menschenleere Gebiete zogen, war die Verführung zum Plündern groß. Für die Anweisung der Wehrmachtsführung »Kein Betreten fremder Häuser, kein ›Stöbern‹ in Schubladen!«[1] gab es gute Gründe, denn selbstverständlich »stöberten« sie. Manchmal wollten sie nichts anderes als frische Unterwäsche, einer bemerkt nüch-tern, er habe sich aus dem Schrank eines verlassenen Hauses bedient und seine eigene, schmutzige Wäsche zurückgelas-sen.[2] Ein anderer hatte sich mit einem Kameraden in einem »kleinen Wochenendhäuschen« einquartierte, sie brachten »das schmutzige Geschirr, das wir fanden, in den Keller, nach Landserart«.

Die vielen »unbewohnten, noch völlig unberührten und meist verschlossenen Häuser« hatten erheblich mehr zu bie-ten als saubere Unterhosen. Im Juni 1940 bewohnte ein Sol-dat mit drei Kameraden ein ganzes Haus, ein Glücksfall, von dem er in einem Brief nach Hause ausführlich schwärmte: »Um nichts unnötig zu zerstören, sind wir von hinten über ein niedriges Dach geklettert, haben einen Fensterladen ge-öffnet und sind durchs Fenster hineingestiegen. Von innen konnten wir die Haustür öffnen, ohne etwas zu beschädigen. Aber wie sah es in der Wohnung aus! Alles durcheinander, die Leute waren bei der Mahlzeit plötzlich davongelaufen und hatten in der Eile nur das Notdürftigste zusammengerafft. Das ist vor vier Tagen gewesen, wie wir durch eine Nachbarsfrau erfahren haben. Im übrigen ist die Wohnung schön und macht einen wohlhabenden Eindruck. Kaffee, Wein, Kakao, Zucker, Zigarren und Zigaretten, Eier und Sonstiges steht zu unserer Verfügung. Im Garten sind reife Erdbeeren in Mengen. Ihr könnt Euch ausmalen, welch eine schöne Mahlzeit wir gestern abend um Mitternacht gehalten haben.«

So beschaffte Lebensmittel waren offenbar ebenso an der Tagesordnung wie die großen Mengen von »organisiertem« Alkohol, von denen in den Briefen und Tagebüchern jener Wochen ständig die Rede ist: »Vor dem Markt werden aus einem Café viele Flaschen organisiert«[3]; »Es wird wieder Sekt verteilt, beziehungsweise Champagner«[4]; »Abends werden Weinflaschen verteilt. Unser Vorrat geht nie aus«[5].

Dass die deutschen Soldaten auf dem Vormarsch neben solchem »Mundraub« auch anderes plünderten, steht außer Zweifel, selbst wenn ein Infanterist beteuerte, er habe während des Frankreich-Feldzugs »von Plünderungen kaum etwas« gesehen, »nur soweit es sich um Eßwaren handelte«. Er begründet das nicht moralisch, sondern pragmatisch: »Alles Geplünderte hätten wir auch mit uns tragen müssen.«[6] Möglicherweise wollte er damit lediglich zum Ausdruck bringen, dass die Vorrückenden nicht wie marodierende und brandschatzende Landsknechte durch Frankreich zogen, denn andere haben an diese Wochen ganz andere Erinnerungen. »Die ersten deutschen Soldaten ließen nun leider in ihrem Siegestaumel ihrer Habgier freien Lauf und stellten ganze Wohnungen auf den Kopf auf der Suche nach kostbaren Gegenständen.«[7]

Bemerkenswert unumwunden konstatiert ein Brief vom Juni 1940: »Abends gehen wir in das verlassene Vernon auf Raub los. Wir suchen insbesondere Gebrauchsgegenstände, die wir benötigen, aber auch andere Sachen, wie Seife zum Beispiel, Hemden, Turnschuhe und ähnliche Dinge des täglichen Bedarfs mehr. Ich bin scharf auf Straßenkarten.«[8] Ein anderer schreibt nach Abschluss des Waffenstillstandes Ende Juni 1940 bedauernd aus Frankreich: »Jetzt dürfen wir nichts mehr klauen, nur kaufen«.[9] Solcher Klartext ist eher die Ausnahme. Wer in Feldpostbriefen oder Jahrzehnte später in Gesprächen über diesen Aspekt des Vormarschs redet, bezeichnet das, was sie taten, selten als »klauen, plündern oder stehlen«. Mit »Raub« oder »Plünderung« wird das Verhalten anderer beschrieben: »Inzwischen haben wir einige Kisten Sekt in einem großen Weinkeller besorgt. Die Zivilbevölkerung plündert Tuchläden.«[10] Auch in der Wehrmacht gab es »Plünderer«, allerdings nicht in den eigenen Reihen, sondern bei »denen da oben«: So habe sich ein Offizier im Kriegsgericht nicht gescheut, »aus einer leerstehenden Wohnung einen Sack mit 40 Pfund Kaffee zu entwenden«, obwohl »doch auf Plünderung die Todesstrafe stand!«[11]

Die Erzählenden selbst »gingen auf Streifzüge«, sie »organisierten« (was alles nur Vorstellbare zwischen Kaufen und Stehlen bedeuten konnte) und »besorgten« aus verlassenen Privathaushalten und Geschäften, was sie brauchten oder haben wollten. Das waren neben Lebensmitteln »alle möglichen und unmöglichen Sachen« wie Schuhcreme, Kameras, Wein und Champagner. »Die Lage scheint uns sehr brenzlig, und gerade deshalb wird organisiert. Warum soll es uns schlecht gehen, wo wir vielleicht im nächsten Moment vor dem Feind stehen?«[12] In Rouen »entdeckte« ein Unteroffizier im Schrank eines Geschäfts »zufällig eine Kodak-Filmkamera Doppel-Acht-Millimeter, komplett mit Ledertasche und mit eingelegtem Film. Er hängte die Filmkamera um und verließ den Laden.«

Der schriftliche Bericht dieses »Zufallsfunds« beginnt mit der Erwähnung der brennenden Kathedrale von Rouen und dem Befehl an die Voraustruppe, die ganze Nacht über in der Stadt herumzufahren, um eine starke deutsche Besatzung vorzutäuschen. Es folgt die merkwürdig wolkige Formulierung, der fragliche Unteroffizier habe einen Tipp erhalten, »daß ein kleines Fotogeschäft neben der Kathedrale Kameras vorrätig hätte. Er kam jedoch zu spät«.[13] Erst nach mehrfacher Lektüre des ganzen Absatzes wird klar, was da steht: Jene Soldaten, die in der Stadt herumgefahren waren, um sie zu sichern, hatten den Laden bei Nacht bereits geplündert.

Von französischer Seite wird übereinstimmend von Plünderungen im großen Stil berichtet, und das nicht nur zu Kriegsbeginn. Léon Werth mahnte zwar ebenso differenziert wie resigniert, Plünderungen und Verwüstungen von Häusern auf der Suche nach Wertgegenständen seien »die Tat von Soldaten, und nicht von Deutschen«[14], aber diese Sicht fand unter seinen Landsleuten verständlicherweise weder damals noch heute viele Anhänger. Die amerikanische Journalistin Janet Flanner, Paris-Korrespondentin des Magazins *New Yorker*, berichtete Ende 1940 gar von einer »Manie der Deutschen für systematische Plünderung«, man sehe sie »französische Bettwäsche, Maschinen, Gobelins, medizinische Instrumente, Milch, Schafe und süßen Champagner zusammenraffen und wegschleppen«.[15]

Auch im weiteren Verlauf der Besatzungszeit boten sich Möglichkeiten zum Plündern. Ein bibliophiler Infanterieoffizier, der in jedem französischen Städtchen, in das er kam, die Antiquariate nach kostbaren Büchern absuchte, wurde im Mai 1941 in eine elegante Villa einquartiert: »Nachdem die anderen dann wirklich zur Ruhe gingen, suchte ich die Bibliothek auf. Und fand wieder einige sehr schöne Sachen. Nun weiß ich fast wirklich nicht mehr, was tun! Der Hausbewohner kommt nicht wieder, ich kann also unbesehen mitnehmen, was mitnehmenswert ist, bevor die Dinge verkommen. Das Schönste ist wohl ein Band ›Eloge de la folie‹ – Lob der Torheit – von Erasmus mit den einfach wunderbaren Federzeichnungen von Holbein. Ganz fabelhaft! Wenn ich nur Gelegenheit hätte, die Sachen nach Hause zu kriegen. Urlaubern mitgeben? Ab heute ist Urlaubssperre. Das ist wieder schlecht.«[16] Man fragt sich, was ihn so sicher machte, dass der Besitzer nicht zurückkommen werde. Seine Plünderungsgelüste jedenfalls vertuschte er mit der fast karitativ anmutenden Begründung, ohne sein Einschreiten würden »die Dinge verkommen«.

Wie er zerbrachen sich viele den Kopf darüber, wie sie das, was sie in dem besetzten Land, sei es legal, sei es illegal, erworben hatten, nach Hause schicken konnten. Aber während sich dieser Offizier »nur« um Bücher sorgte, kreisten die Gedanken vieler Wehrmachtsangehöriger um die Wünsche und Bedürfnisse ihrer Familien. Die Männer hatten Schuldgefühle, weil sie aus der Ferne für ihre Angehörigen so wenig tun konnten. Sie erfüllten zwar ihre Pflichten als Mann, indem sie »die Heimat« verteidigten. Aber sie waren nicht zu Hause bei ihren Eltern, Geschwistern, Frauen, Kindern, konnten ihnen im Alltag nicht beistehen, sie nicht schützen, nicht versorgen. Daher war es offenbar den allermeisten außerordentlich wichtig, aus dem Ausland etwas nach Hause zu schicken, um so etwas zum Leben in der Heimat beizutragen.

Sie kauften mit geradezu schockierender Gier, schon während des Vormarschs fielen sie wie Heuschrecken über Geschäfte her und rafften zusammen, was sie kriegen konnten. Als im Mai 1940 die ersten deutschen Soldaten in den belgischen Marktflecken Volaiville kamen, hatte »der Kramladen seine gesamten Vorräte in wenigen Stunden gegen eine Kiste voll Scheine umgetauscht«.[17] In Frankreich besaßen die Leute »so viele Vorräte an Stoffen, Schuhen, Lebensmitteln, daß sie durchaus geneigt waren, sie zu verkaufen. Die Deutschen waren nicht anspruchsvoll – man würde ihnen alle Ladenhüter unterjubeln, Frauenkorsetts aus dem anderen Krieg, Stiefel der Jahrhundertwende, mit gestickten Fähnchen und Eiffeltürmen verzierte Wäsche (ursprünglich für die Engländer bestimmt). Alles war gut für sie. Den Bewohnern der besetzten Länder flößten die Deutschen Angst, Respekt, Abscheu und den neckischen Wunsch ein, sie übers Ohr zu hauen, sie auszunutzen, ihr Geld an sich zu bringen.«[18]

Das war kein Problem. Die Soldaten kauften »die Länder Europas buchstäblich leer. Sie verschickten Abermillionen Feldpostpäckchen von der Front in die Heimat, Adressaten waren hauptsächlich Frauen. Spricht man die betagten Zeitzeuginnen auf ihre Feldpostpäckchen an, bekommen sie noch heute leuchtende Augen: Schuhe aus Nordafrika, aus Frankreich Samt und Seide, Likör und Kaffee, Tabak aus Griechenland, Honig und Speck aus Russland, Heringe en masse aus Norwegen.«[19] Heringe und Fuchspelze, um genau zu sein.

Geschäftstüchtige schickten billig Erstandenes nicht nur,

um ihre Lieben zu erfreuen, sondern auch, damit diese es in Deutschland mit Gewinn weiterverkauften.[20] Die Verlockung solcher Feldpostpäckchen ließ sich in der Heimat offenbar auch anderweitig nutzen. Es heißt, manche Frau habe mit Soldaten auf Heimaturlaub nur angebandelt, um in den Genuss der begehrten Mangelwaren aus den besetzten Gebieten zu kommen.[21]

Bevorzugten die Soldaten anfangs Luxusgüter wie Pelze, Dessous, Cognac und Seidenstrümpfe (»Jeder schickte seiner Mutter, Frau, Braut oder Freundin in einem ›Päckchen‹ bis zu 50 Gramm per Feldpost ein Paar seidene Strümpfe.«[22]), waren angesichts der schlechter werdenden Versorgungslage in Deutschland Zucker, Butter, Schokolade und Kaffee bald mindestens ebenso begehrt. Während seines ersten Frankreich-Aufenthalts, der nur knapp zwei Monate dauerte, berichtete Heinrich Böll in Briefen immer wieder von seiner Jagd auf Kaffee:

> 4.8.1940: »Ein halbes Pfund Kaffee habe ich auf dem Bahnsteig schon ergattert für ganze fünfzig Pfennig.«
> 7.8.1940: »Mit den Kaffeeträumen wird es wohl leider aus sein, hier gibt es gar nichts mehr.«
> 7.9.1940 »Für Mutters Kaffeehoffnungen sehe ich schwarz – schickt mir bitte Geld, vielleicht kann ich damit meine Kaffeebemühungen etwas einheizen.«
> 15.9.1940 »Die Kaffeeangelegenheit läuft noch.«
> 22.9.1940 »Hoffentlich sind die drei Pakete Kaffee inzwischen da.«

Zwei Jahre später, am 30.8.1942, Böll ist wieder in Frankreich, geht es immer noch um Kaffee: »Schicke mir doch bitte sofort meine September-42.-Mk-Quote; ich habe für

Mutter ein Pfund Kaffee erstanden, das ich erst auslösen kann, wenn ich genügend Geld zusammenhabe.«[23]

Wie in Bölls Fall, waren solche »Fresspakete« selbst dann Kostbarkeiten, wenn die Angehörigen der Soldaten das Geld für die Einkäufe schicken mussten. Die Familie war eine Gemeinschaft, alle kümmerten sich umeinander. Wer etwas für alle kaufen konnte, bekam das gemeinsame Geld. Und in Nord- und Westeuropa gab es nicht nur beim Einmarsch 1940, sondern auch später vieles zu kaufen, was es im Reich nicht (mehr) gab.

Zudem bezahlte die Wehrmacht ihre Soldaten ausgesprochen gut. Böll erhielt bei voller Verpflegung alle zehn Tage eine »phantastische Löhnung von 25 Mark«[24]. Dieser Sold wurde später – steuerfrei selbstverständlich – deutlich erhöht. »Eine Reichsmark entsprach, in heutige Verhältnisse übertragen, ungefähr der Kaufkraft von 10 Euro. Nach der Hochzeit erhielt Annemarie Böll zusätzlich Familienunterhalt. Im Zweiten Weltkrieg wurde kein Soldat so üppig bezahlt wie der deutsche.«[25]

»Offiziell konnte sich jeder deutsche Soldat monatlich zusätzlich 100 Mark per Feldpost überweisen lassen, zu Weihnachten 200. Inoffiziell durfte jeder an Geld mitnehmen, was er wollte.«[26] Böll (und bestimmt nicht nur er) ließ sich zusätzlich schwarz Geld schicken: »Auch Geld kannst Du ruhig mal im Brief riskieren.«[27]

Vor einem bevorstehenden Heimaturlaub bat er: »Schick mir nur, wenn es geht, in Briefen noch Geld, damit ich noch etwas von den Kostbarkeiten des Landes mitbringen kann; damit wir auch ein kleines Fest feiern können, ach, jeder, jeder Tag wird ein Fest.«[28] Bei der Lektüre seiner Briefe entsteht rasch der Eindruck, als sei Böll von Einkäufen für Eltern, Geschwister und Ehefrau geradezu besessen gewesen.

145

Er »organisierte« vieles schwarz, vielleicht, wer weiß, hat er auch gestohlen, denn an einer Stelle schreibt er, »man« stehle gelegentlich[29], an anderer, er habe in »dieser Welt der Soldaten« gelernt, »so schlecht und so hundsgemein frech, diebisch und verlogen«[30] zu sein. Man braucht keine besonders rege Phantasie, um sich vorzustellen, dass nicht alle Soldaten so hohe moralische Ansprüche hatten wie er, und man muss sich nicht naiver stellen als nötig. Auch wenn es sich natürlich nicht (mehr) beweisen lässt, enthielten Feldpostpäckchen selbstverständlich auch Geplündertes und Geraubtes.

Wie bei Böll konnte das »Organisieren« begehrter Dinge viel Zeit beanspruchen. Und es stellte sich das Problem, das dem bereits zitierten Bücherliebhaber so großes Kopfzerbrechen bereitet hatte: Wie sollte man all diese (legal oder illegal erworbenen) »Schätze« in die Heimat transportieren? Daher sprach Hermann Göring im Oktober 1940 vielen seiner Landsleute aus dem Herzen, als er sagte, er halte »die von verschiedenen Seiten erhobenen Bedenken wegen eines drohenden Ausverkaufs der besetzten Gebiete für unbeachtlich«, die »›Einkaufsverbote für Pelze, Schmuck, Teppiche, Seidenstoffe und für Luxusgüter‹ seien ebenso ›sofort aufzuheben‹ wie Beschränkungen bei dem Versand von Feldpostpäckchen in die Heimat«[31].

Es ließ sich also nahezu alles schicken, Butter und Eier reisten in Sperrholzkistchen. Im Mai 1943 schrieb Böll an seine Frau, er habe »im Schweiße meines Angesichts gepackt, gepackt, elf Pakete, wirklich 11 Pakete: 2 für einen Kameraden, eines für den Feldwebel und 8 für mich, ja zwei für Dich, eins mit Butter und eins mit viel Schreibpapier, 2 für Alois' Familie und 4 für zu Hause; die Eier habe ich in dieser Woche in ein Paket gepackt, weil ich für 2 nicht ausreichend hatte.«[32]

146

Man konnte wie der oben zitierte Büchernarr versuchen, das Ergatterte einem Kameraden mitzugeben, der auf Urlaub fuhr. Das war vor allem für kostbare Dinge die bevorzugte, weil sicherste Methode. »Kameradendiebstahl« war verfemt und wurde drakonisch bestraft. Ein Gefreiter wurde erschossen, »strafverschärfend durch Angehörige der eigenen Einheit«, weil er auf einer Urlaubsreise drei Päckchen unterschlagen hatte, die er für Offiziere im Reichsgebiet aufgeben sollte.[33]

Man konnte auf den eigenen Urlaub warten, aber zwischen zwei Heimreisen konnte sich einiges ansammeln. Manche träumten nicht nur davon, dass sie »so gern auch wieder ein Schwein oder etwas Ähnliches mitbringen«[34] wollten, sie taten es auch: »Die kleinen Bauern in der Bretagne verkauften gern, und wir bezahlten gut. Eier, Butter und Fleisch waren ja in der Heimat knapp geworden. So wurde ein Schwein von unserm Feldkoch geschlachtet, zerlegt, gesalzen oder geräuchert. Je nach Wunsch packte der Urlauber die Hälfte oder ein Viertel vom Schwein für zuhause ein.«[35]

Also verkündete Göring den (später so genannten) »Schleppererlass«. »Die Beschränkungen für die Mitnahme von gekauften Gegenständen durch Urlauber usw. sind grundsätzlich aufzuheben. Was der Soldat tragen kann und was zu seinem persönlichen Gebrauch oder für seine Angehörigen bestimmt ist, soll er mitnehmen dürfen.«[36]

Zunächst sollte ein Soldat nur so viel »Gepäck mitnehmen, wie er ohne Zuhilfenahme von Tragriemen oder Tragvorrichtungen in beiden Händen tragen« konnte. 1943 wurden die Zollbehörden des Reichs angewiesen, der Wehrmachtsangehörige dürfe »sehr wohl Tragriemen und Tragvorrichtungen benutzen. Er braucht sich beim Überschrei-

ten der Grenze nicht in ›militärischer Haltung‹ zu befinden.«
Man solle »bei der Abfertigung von Soldaten und Soldaten-
paketen ›so großzügig wie irgend möglich verfahren‹, insbesondere sei ›jede Beschlagnahme von Lebensmittelpaketen,
die Soldaten mit sich führen, zu unterlassen‹.« Am Ende bedeutete »tragen können« offenbar, dass der Soldat sein Gepäck mit gebeugten Knien gerade noch geschleppt bekam.

Die Ausplünderung der besetzten Gebiete war nicht allein
Folge der Tatsache, dass Hunderttausende von Soldaten unentwegt auf der Suche nach etwas waren, was sie in die Heimat schicken konnten. Schwerwiegender war, dass sie zum
großen Teil aus dem Land ernährt werden mussten. Das
ging in allen deutsch besetzten Ländern stark zu Lasten der
Bevölkerung. In Frankreich brachte es den Deutschen den
Beinamen »doryphores« ein – »Kartoffelkäfer«, die alles
kahl fressen. Die abschätzige Bezeichnung *Vert-de-gris* –
Grünspan – für die Soldaten bezog sich auf die Farbe der
Wehrmachtsuniformen. Und dass ein ressourcenarmes Land
wie Norwegen neben seinen (damals) 3,2 Millionen Einwohnern noch 350 000 bis 400 000 Wehrmachtssoldaten
adäquat verpflegen sollte, war ein Ding der Unmöglichkeit.
Damit nicht genug: Die Besatzungsmacht transportierte
Lebensmittel, Konsumgüter und Industrieprodukte aus den
besetzten Ländern nach Deutschland, um auf diese Weise
die Deutschen im Reich zu ernähren, zu versorgen und bei
Laune zu halten. Der korrekte Begriff hierfür ist selbstverständlich »requirieren«, ein Verb, das den ungeheuren
Raubzügen den Anstrich des Ordentlichen und Rechtmäßi-
gen verleiht.
Als Folge der umfassenden Ausplünderungen stiegen in
den deutsch besetzten Ländern die Preise, nach und nach

wurde alles rationiert. Schon im Dezember 1940 berichtete Janet Flanner aus Paris, die Franzosen seien gezwungen, »ein Volk von Lügnern und Betrügern zu werden, um physisch zu überleben. So wird etwa Milch jetzt nur für Babys, schwangere Frauen und Einwohner über siebzig verkauft. Stundenlang stehen Pariser Hausfrauen mit gemieteten Babys, mit einem Kissen unter der Schürze oder mit geliehenen Großeltern am Arm vor Milchläden an.«[37]

Bald schon wurden die Rationen reduziert, Bevölkerung und Soldaten konnten in den Geschäften kaum noch etwas frei kaufen. Wer in der Stadt einen Garten zum Gemüseziehen hatte, schätzte sich glücklich, manche Städter versuchten sich – mit mehr oder weniger Geschick – an der Aufzucht von Tieren für den Kochtopf, vom Huhn bis zum Schwein, was dem Norwegischen das neue Wort »Villaschwein« bescherte. Einer schweren Hungersnot entging das Land nur, weil der überwiegende Teil der Bevölkerung in den Kriegsjahren entweder noch auf dem Land lebte oder Verwandte auf dem Land hatte und so nicht (nur) auf die offiziellen Rationen angewiesen war. Nicht nur in Norwegen ging es der Landbevölkerung besser als den Städtern. Im Sommer 1943 schrieb ein gereizt wirkender Heinrich Böll aus Frankreich an seine Frau Annemarie: »Die Bauern sind wahnsinnig stur und anspruchsvoll, sie leben wie die Fürsten, trinken Bohnenkaffee, rauchen dicke Zigarren, und die Kinder haben das Maul verklebt von Schokolade und Zuckerwerk.«[38]

Überall blühte der »private Handel«. Das begann bei kleinen, gegenseitigen Gefälligkeiten, die kaum den Namen »Handel« verdienten: Ein Norweger reparierte eine Kleinigkeit für einen Soldaten, der schenkte ihm Schokolade für seine Kinder; ein Soldat, im Privatleben Medizinstudent, half einem Kranken und erhielt als Dank ein paar Eier. Es boten sich Chancen zum gelegentlichen »Naturalientausch« (Angelrute gegen Schnaps, Fisch gegen ein Stück Stoff oder Kartoffeln; alles Mögliche gegen Bier, Nägel, Baumaterial), für Bauern und Fischer taten sich neue Möglichkeiten des Geldverdienens auf. »Für nicht wenige war es hilfreich, an deutsche Soldaten Produkte vom eigenen Bauernhof wie Strickwolle, Fleisch und Butter zu verkaufen oder zu tauschen. Sie bezahlten gut, entweder bar oder mit Waren. Für ein Kilo Butter gaben die Deutschen zum Beispiel eine Dose Tabak.« Ob es sich hierbei um den in Norwegen während des Krieges angebauten Tabak (»starkes Kraut, nicht immer wohlschmeckend«) handelte, vermerkt die Quelle nicht.

Viele Geschäftsleute, Bauern und Fischer verkauften schwarz. Wer durch Schwarzmarktgeschäfte reich wurde, galt als unmoralisch, eine stillschweigende Regel aber lautete, dass man sich an den Besatzern bereichern durfte. Dies durfte jedoch nicht auf Kosten der eigenen Landsleute geschehen, denn bei jeglichem Verhalten galt »die grobe Richtlinie, dass im Kontakt mit den Besatzern alles verboten war, was der Familie, der Gemeinschaft oder der Nation schadete«, wie Robert Gildea über die Besatzungsjahre in Frankreich schrieb.[39] Dennoch war es gang und gäbe, auch Mangelwaren bevorzugt an Soldaten zu verkaufen, denn die konnten und wollten mehr, manchmal *horrend* mehr zahlen als die Einheimischen. Böll schilderte den Kauf eines »fetten Hammels« für seine Kompanie und den »tollen Handel« mit dem Schäfer, »der unheimlich viel Zeit hat und Nerven, Nerven wie Drahtseile, aber wir hetzen, hetzen, hetzen ihn doch von 1500 auf 900 Francs, wirklich, eine Stunde haben wir daran gearbeitet; ach, er fiel um wie ein morscher Baum, als wir ihm ein ganzes Bündel 100-Franc-Scheine vor die Nase hielten«.[40]

Nicht immer musste man die Zivilisten auf diese Weise beknien, viele erkannten ihre Chance zum Geldverdienen und ergriffen sie ohne Zögern und ohne Skrupel. Auf einem Foto aus dem besetzten Paris des Jahres 1942 wirbt ein Schild in deutscher Sprache für einen »Friseur – Damen und Herren«, der sich im »Hochparterre« befindet und neben Gesichtspflege auch »Höhensonne« anbietet. Auf einem anderen Bild wirbt ein »Kabarett im Quartier Latein mit Echter Pariser Stimmung. Die ganze Nacht geöffnet.«[41] Ein Marinesoldat, der im April 1940 nach Oslo kam, wurde auf der Straße von einem Fotografen angesprochen, der ihm (ebenso wie allen anderen vorbeikommenden deutschen Soldaten) anbot, ihn zu fotografieren. Das Bild konnte er schon fünfzehn Minuten später abholen, da sah er, wie gut der Standort gewählt war: Der Fotograf lichtete die Männer so ab, dass im Hintergrund »Oslo Cafeen« zu lesen war. (Der Matrose steckte das Foto in einen Brief an seine Eltern, die Postkontrolle öffnete den Brief, machte *Oslo* unkenntlich, schickte aber Brief und Bild weiter. Die Soldaten durften nicht schreiben, wo sie sich befanden.)

In Nordnorwegen kam häufig »ein Norweger [in die Soldatenunterkünfte], der Schnaps oder Zigaretten haben will und Wolle, Eier oder Fisch anbietet, meist sehr teuer«. Was es gab, wurde zu festen »Tarifen« gehandelt: »Gestern bekam ich fünf Eier für zwanzig Zigaretten. Sie [die Norweger] fordern meist fünfunddreißig, doch geben wir nicht so viel. Aber die Norweger bezahlen selbst für ein Ei eine Krone: Hühner sind hier selten. Für zehn Zigaretten bekommen wir aber vier Kronen, fünfunddreißig für fünf Eier sind für uns also zu teuer. Für Geld bekommen wir nichts.«

Das war 1944, da hungerte Norwegen bereits. Aber während in den langen Schlangen vor Lebensmittelgeschäften überwiegend Frauen standen, warteten vor den Tabak- und Schnapsläden fast nur Männer.[42] Und die wollten auch von den Soldaten nicht in erster Linie Lebensmittel ergattern (die diese in Grenzen durchaus auch hätten beschaffen können), sondern ihre Suchtmittel. »Meistens kommen die ›Norges‹, und zwar gewöhnlich die siebzehn- bis fünfundzwanzigjährigen Burschen, mit ihren Angeboten ins Haus, ja in die Stuben, oder einer von uns sagt den anderen Bescheid, was zu haben ist, dann wird im Flur das Geschäft gemacht. Sie kommen nicht aus Freundschaft, auch nicht aus Freude am Handeln, sondern aus Sehnsucht nach Tabak und Schnaps.«

Dabei bewiesen sie überall, auch in Frankreich, bei den Tauschobjekten Phantasie: »Um zu erreichen, daß Kameraden den Zug noch erwischen, galt der Tarif: Eine Zigarette gleich eine Minute Warten des Lokführers mit seinem Zug.«[43] Man (Mann!) wusste auch Familienmitglieder einzuspannen. Einem Norweger, der nach dem Abzug der Deutschen den Norden seines Landes bereiste, riefen Kinder auf der Straße nach: »Hast du einen Zigar für meinen Vater?«[44] Man trug ihm zu, dass bis zu 90 Prozent der Frauen im entsprechenden Alter Umgang mit Deutschen gehabt hätten, »es gab angeblich auch einige Fälle, wo Männer ihre Ehefrauen oder Töchter für Schnaps oder Tabak an die Deutschen ›verkauften‹«[45].

1943 kostete auf der nordnorwegischen Insel Karlsøy ein Kilo Fleisch 10 Kronen, eine Dose Zigarettentabak 25 Kronen, eine Flasche schlechter Staatsbranntwein 400 Kronen. Der hatte einen mörderischen Ruf: »Der hieß ›Norske Finsprit‹. Das war Staatsschnaps. Die haben alle gesagt, sauf

den nicht, der ist giftig. Aber der war nicht giftig, ich lebe ja
noch.« Dieser deutsche Flieger wusste nicht, dass »finsprit«
das norwegische Wort für Ethylalkohol ist. Die Bezeichnung
»norsk finsprit« war ein Witz.

Angesichts der Marktlage und der Preise war es vermutlich unvermeidlich, dass Alkoholika lebensgefährlich ge-
panscht wurden und es zu Methanolvergiftungen kam. Im
Juli 1943 wurde bei einem Volksfest auf Helgøy Methylalkohol ausgeschenkt, nachdem das Fass als Strandgut am
Ufer gefunden worden war. Fünfundsiebzig norwegische
Festteilnehmer erlitten schwere Schäden, sieben starben.
Solche »Unfälle« blieben nicht auf Norweger beschränkt,
und es handelte sich nicht immer um »Unfälle«. »Es häuften
sich Fälle, in denen Soldaten nach dem Genuss von Methylalkohol erblindeten oder sogar starben ... Mit dem Todesurteil gegen einen 36 Jahre alten Obersturmmann in Norwegen im Herbst 1942 sollte ein Exempel statuiert werden.
Der Kraftfahrer hatte einem Panzerabwehrzug eines Infan-
terieregiments fünf Liter Methylalkohol als angeblich
98-prozentigen Alkohol für die Herstellung von Likören
verkauft. Mehrere Soldaten erkrankten, zwei von ihnen
starben.«[46]

Natürlich gab es Schwarzmarktgeschäfte, bei denen nicht
nur die eine oder die andere, sondern beide Seiten kräftig
verdienten. Ein Soldat, der sich fließend auf Norwegisch
verständigen konnte, weil er vor dem Krieg in Schweden
gelebt hatte, betrieb lange einen ebenso erfolgreichen wie
lukrativen Handel mit Fuchspelzen und anderen Dingen,
die er Norwegern abkaufte. Anfang 1941 notierte er zufrie-
den: »Mein Hamstergeschäft blüht. Immer wieder bringe
ich ganze Ballen Silberfüchse, Handschuhe, Anoraks,
Strümpfe, Skistiefel und werde sie reißend los.« Kleidungs-

stücke wie die von ihm »organisierten« waren selbst mit Geld und Bezugsschein kaum zu bekommen, nur die als Geschenk so begehrten Felle waren bezugscheinfrei. Er kaufte sie bei den Züchtern, in seinen Tagebüchern nannte er die Lieferanten und seine Zwischenleute beim Namen, was zumindest leichtsinnig war, denn bezugscheinfrei heißt nicht steuerfrei. Wären die Hefte in falsche Hände geraten, er hätte nicht nur sich selbst, sondern auch seine Zulieferer wegen der Schiebereien in Gefahr gebracht.[47]

Während er so bei den Deutschen kassierte, verkaufte er zur gleichen Zeit an die Norweger Alkohol: »Da kommen sie, einer gibt dem anderen die Tür in die Hand. 7 Flaschen Schnaps à 25 Kronen, das ist nicht schlecht. Wally [ein Kamerad] verkauft noch einen Hochprozentigen zu 35 Kronen. Dann reiben wir uns die Hände. Wally lacht, daß es nur so scheppert. Brrrr, die Norweger müssen beschissen werden, wo es nur geht, und dann einen Tritt in den Arsch, sagt Wally.«

Aber auch die Deutschen mussten »beschissen werden«, wie Heinrich Böll im Mai 1942 über die Zivilbevölkerung in Frankreich berichtet: »Sehr freundlich und entgegenkommend sind sie alle hier, wenn sie uns auch schwer bescheißen mit ihren Preisen, und die Schnäpse sind auch sehr verdünnt und teuer...«[48]

Von ganz anderem Kaliber waren einige Betrügereien, die die französische Résistance plante und durchführte. Dies waren Akte des Widerstands – das zumindest wurde nach dem Krieg behauptet, auch wenn sie bisweilen ein wenig nach Jungenstreichen klingen. Eisenbahner ließen Waggons mit Weinen, die für Deutschland bestimmt waren, verschwinden, standen solche Waggons auf Bahnhöfen herum, wurden die Fässer nachts mit Schläuchen geleert. Pariser

Sommeliers etikettierten Flaschen junger Jahrgänge um, wälzten sie in Staub, den sie von Teppichreinigungsfirmen bekamen, und verkauften die so gealterten Flaschen als Raritäten an Deutsche.[49] Winzer füllten »zweitklassige Ware in die für Deutschland bestimmten Lieferungen: Die Etiketten ›Reserviert für die Wehrmacht‹ oder ›Wehrmacht-Marketenderware‹ verhießen nur selten Gutes.«[50] Es wird in der Geschichte des Zweiten Weltkriegs nicht viele Gelegenheiten gegeben haben, Widerstandshandlung und Geschäft so elegant zu verknüpfen.

Während die Volkswirtschaften der besetzten Länder Ausbeutungsobjekte waren und schwer geschädigt wurden, verdienten einzelne Sparten und Personen gut an den Deutschen, manche sanierten sich geradezu. »Renault etwa konnte durch das Motorisierungsprogramm der Wehrmacht seinen Umsatz zwischen 1940 und 1942 verfünffachen.«[51] Wie erwähnt, verdienten auch viele Zivilisten an den Besatzern, und es wird kaum erstaunen, dass es bei den Geschäften nicht bei »Strickwolle, Fleisch und Butter« blieb. Einige bereicherten sich im großen Stil, das ganz große Geld strichen beispielsweise Baufirmen ein, die für die Deutschen Baracken, Straßen, Flugplätze und so weiter bauten. Es ist kein Zufall, dass das norwegische Wort für Kriegsgewinnler wörtlich übersetzt »Barackenbarone« bedeutet. Und auch die Deutschen waren keine Chorknaben. Es wird an allen Stationierungsorten korrupte Soldaten, Offiziere und Zivilangestellte gegeben haben, die ihre Stellung zu ihrem persönlichen Vorteil und Gewinn nutzten und mit Kameraden, Kollegen und Einheimischen diesen und jenen »Materialschwund« organisierten.[52]

Wer bei den Deutschen arbeitete, konnte auch ohne deren

Wissen oder gar Zustimmung Lebensmittel und manches andere mitgehen lassen. Das kam den eigenen Finanzen und der eigenen Familie zugute, nicht wenige betrieben es auch als eine Art Sport: Wer konnte wovon wie viel herausschmuggeln? Nach Kriegsende wurden solche privaten Klauereien gelegentlich zu Widerstandstaten stilisiert und heroisiert, die von Anfang an nur einen Sinn gehabt hätten: die Besatzer zu schädigen. Einige, die während des Krieges von den Deutschen erwischt und wegen Diebstahls verurteilt wurden, verbüßten ihre Strafe im Polizeihäftlingslager Grini bei Oslo. Dort saßen auch jene Widerstandskämpfer ein, die nicht (oder noch nicht) nach Deutschland, Polen oder ins Elsass in die dortigen Umerziehungs- und Konzentrationslager gebracht worden waren. Als die Grini-Gefangenen im Mai 1945 freigelassen und von der Bevölkerung begeistert empfangen wurden, ließen sich auch die Diebe als Kämpfer gegen Nazi-Deutschland feiern.[53] Ein Norweger schrieb 1995 sogar, die ganze Bevölkerung habe in den Besatzungsjahren gelernt, unehrlich und diebisch zu sein.[54] Aber das ist sicher ebenso übertrieben wie Bölls Generalisierung, man werde als Soldat »diebisch und verlogen«.

Viele Zivilisten kamen durch die Besatzung zu bescheidenem Wohlstand, ohne dass sie gestohlen hätten, ohne dass sie schäbig oder unpatriotisch gehandelt, den Invasoren zugearbeitet oder gar mit ihnen kollaboriert hätten. Die Besatzer forderten, dass Fabrik- und Ladenbesitzer, Winzer, Bauern und Fischer ihre Waren ablieferten. Dafür wurden sie bezahlt, das machte das Geldverdienen geradezu unvermeidbar. Die norwegischen Fischer beispielsweise mussten ihren Fang an staatliche Stellen liefern, die bestimmten, wie viel davon im Lande bleiben und wieviel nach Deutschland geschickt werden würde. Sie durften an niemanden sonst verkaufen. Wer das nicht wollte, musste das Fischen aufgeben. Die Deutschen bezahlten gut, das ist wahr, und viele nahmen das Geld bereitwillig. Aber es gab keine Alternative, denn wer nicht an die Deutschen liefern und an ihnen verdienen wollte, musste selbst hungern und büßte obendrein seine Ausrüstung ein. Ein Norweger gab 1940 seine Bäckerei auf, weil er »verflucht sein wollte, wenn er für die Deutschen backt«. Diese führten die Bäckerei unter eigener Regie und zur Selbstversorgung weiter. Im Mai 1945 bekam der Bäcker seinen Laden zurück – und fluchte wieder: Nicht für die Deutschen zu backen sei die dümmste Entscheidung seines Lebens gewesen. Sein schärfster Konkurrent sei durch den Krieg steinreich geworden und habe ihm außerdem die Kunden abspenstig gemacht. Es werde ihn Monate, wenn nicht Jahre kosten, sie zurückzugewinnen.

Nur wenige verweigerten sich so konsequent wie er. Nach den mageren dreißiger Jahren waren viele für die neuen Verdienstmöglichkeiten dankbar, kaum einer fühlte sich deswegen als schlechter Patriot. Mit den Deutschen kam der wirtschaftliche Aufschwung, das machte die Unfreiheit etwas erträglicher.[55] Es gab zwar nicht viel zu kaufen, aber man konnte mit dem Geld bestehende Kredite für Haus und Boot abbezahlen. Unterlagen der Sparkassen beweisen, dass während des Krieges die Einzahlungen zu- und die Kredite abnahmen.

Auch »die Winzer im Bordelais konnten sich dank der starken Nachfrage der Besatzer ›entschulden‹«.[56] Im Sommer 1940 kam ein deutscher Hauptmann in Sondermission ins Bordelais. Er war im zivilen Leben Weinhändler und sollte die Weinlieferungen nach Deutschland sichern. Jahrzehnte später sagte sein Sohn, »als sein Vater nach Bordeaux kam, seien die Weinhändler und Winzer ›ihm quasi auf Knien entgegengerutscht‹. Schlechte Ernten und die Nachwirkungen der Weltwirtschaftskrise hatten der Branche so zugesetzt, dass manche Weinbauern bereits ihren Beruf aufgegeben und begonnen hatten, ihre Felder zu roden.« Und Lionel Chaudron, Winzer aus Vaudemanges südlich von Reims, meinte 2005 in einem *Spiegel*-Interview kühl, auch in der Champagne habe man sich gern mit ›den neuen Kunden in Uniform arrangiert.« »Alle großen Häuser hatten seit zehn Jahren kaum etwas verkauft. Heute sagen viele, sie seien zur Kooperation gezwungen worden, doch im Prinzip waren alle froh über das Besatzergeld. Am Ende des Krieges hatten wir mehr Geld als vorher.«[57]

Jährlich wurden etwa 320 Millionen Flaschen Wein und Champagner ins Deutsche Reich geschafft.[58] Die neuen und alten Spitzengewächse waren für Adolf Hitler bestimmt, obwohl der gar keinen Wein mochte. Aber bei diesen Kostbarkeiten ging es nicht um Genuss, sondern um Prestigegewinn. Den Franzosen wurde etwas geraubt, worauf sie als Nation besonders stolz waren. Die Luxusbeute wurde in einem Gewölbe im »Adlerhorst« an der Spitze des Obersalzbergs gelagert, dort fanden sich bei Kriegsende »eine halbe Million Flaschen der besten Weine aller Zeiten, Chateau Lafite und Mouton-Rothschild, Chateau Latour, Chateau d'Yquem und Romanée-Conti, alle sorgsam verpackt in Holzkisten oder aufgereiht in Regalen, die praktisch jeden Zentimeter des Gewölbes ausfüllten. In einer Ecke fanden sich seltene Portweine und Cognacs, darunter sogar viele aus dem 19. Jahrhundert.«[59]

Von bescheidenen Aufbesserungen des Familienspeiseplans bis zu Schiebereien, die den Grundstock zu einem großen

Vermögen legten, war also alles möglich. Es kam nur darauf an, was man anzubieten hatte, wie groß die kriminellen Energien und wie klein die Skrupel waren, mit denen man zu Werk gehen wollte. Von den ganz großen Betrügereien abgesehen, lag die Antwort auf die Frage, wo bei der Zivilbevölkerung die Grenze zwischen Lebenserhalt und Kollaboration, bei den Soldaten zwischen »Organisieren« und strafbarem Vergehen verlief, oft nur im ideologischen Auge des Betrachters.

V.
Private Beziehungen –
Der liebe Fritz

Wie die Grenze zwischen Lebenserhalt und Kollaboration, Organisieren und strafbarem Vergehen oft nur im ideologischen Auge des Betrachters lag, war auch das Maß der erlaubten Kontakte mit den Besatzern umstritten.

In Sparten wie der Gastronomie oder dem Einzelhandel konnte man ihnen nicht aus dem Weg gehen, denn deren Kundschaft bestand vielerorts bald überwiegend aus Soldaten. Daher stellten solche Betriebe gern hübsche junge Frauen an wie jene Norwegerin, die im Sommer 1940 in einem Pelzgeschäft auf Oslos elegantester Straße Karl-Johans-Gate als Verkäuferin anfing. »Die Deutschen hatten sehr großes Interesse an Pelzmänteln, mit der Zeit hatten wir fast nur noch deutsche Kundschaft, vor allem junge Männer. Sie haben viel gekauft, und das nach Hause geschickt. Mein Chef hat sich natürlich gefreut über die Deutschen, er hat gutes Geld verdient. Fast alle haben mit den Deutschen Geschäfte gemacht, das war eigentlich kein Problem, auch nicht, in einem solchen Geschäft angestellt zu sein. Aber privat war das natürlich etwas anderes. Privat sollte man mit ihnen nicht verkehren.« Selten ist das Private so eminent politisch wie in Kriegszeiten. Nicht nur, aber vor allem für junge Frauen.

Leider, *leider*, wie sie mehrfach betonte, habe es diese Arbeit mit sich gebracht, dass man immer deutschfreundlicher wurde. *Deutschfreundlich* zu sein kam damals einem Schimpfwort gleich. Und obwohl sie sich dagegen gewehrt habe, sei es gekommen, wie es wohl habe kommen müssen: Eines Tages habe sie dem Werben eines »Soldaten mit einem netten Lächeln« nicht länger widerstehen können. Denn sie war »verliebt. Verliebt und verloren«. Erst ging sie mit ihm aus, schließlich heirateten sie.

Von »anständigen« Frauen wurde selbstverständlich erwartet, dass sie sich von den Deutschen fernhielten, und die meisten taten das auch. Nur die Literatur wagt es, laut zu äußern, was in ihnen vorgegangen sein könnte: »Man spricht nicht genug von der Langeweile des Krieges. In dieser Langeweile sehen Frauen hinter geschlossenen Läden auf den Feind, wie er über den Platz geht. Hier beschränkt sich Abenteuer auf Patriotismus. Das andere Abenteuer gehört erwürgt. Trotzdem sieht man hin. Nichts ist zu machen gegen das Hinsehen.«[1] Das bereits auf Seite 107 erwähnte Foto aus dem norwegischen Ålesund zeigt auf frappierende Weise genau das: Soldaten, durchtrainiert, in Turnhemd und kurzen Hosen, marschieren durch eine Wohnstraße. Neben ihnen auf dem Bürgersteig springen zehn und mehr Kinder, Jungen und Mädchen, alle freudig erregt. Auf dem Bild sind einige Frauen zu sehen, auch sie schauen die Soldaten an. Aber jede von ihnen steht halb drinnen, halb draußen: am Fenster, auf dem Balkon, in der Haustür.

Diese Neugier der Frauen auf den »schönen fremden Mann« wurde ebenso skandalisiert wie tabuisiert. Wenn sie eine Beziehung mit einem Besatzungssoldaten eingingen, sich »mit denen einließen«, wie die verächtliche Rede bis zum heutigen Tag heißt, verrieten sie nach Meinung vieler

Patrioten mit ihrem Körper die Ehre der Nation, des Vaterlandes. So redete man damals, so meinte man es auch. Viele Landsleute werteten ihr Verhalten nicht nur während des Krieges, sondern auch später noch als Skandal, als Niedertracht. Nicht wenige »Verräterinnen« wurden geächtet, aus der ehrbaren Gesellschaft verstoßen, als Flittchen beschimpft, manche wurden tätlich angegriffen, verletzt, widerrechtlich interniert.

Wenn Zeitzeugen aus den ehemals deutsch besetzten Ländern über diese Frauen sprechen, sagen sie niemals, dass sie sich in die Soldaten verliebt hätten. Stattdessen ist viel von Vergnügungssucht, Sittenlosigkeit und Leichtfertigkeit die Rede und von Geschenken, mit denen die Soldaten die Frauen und Mädchen der besetzten Nationen betörten, blendeten, für sich einnahmen. Das klingt dann oft, als hätten sie sich für ein bisschen Luxus wahllos jedem Feind an den Hals geworfen – für jenes Paar Seidenstrümpfe beispielsweise, ohne die kaum eine Erzählung auskommt, und dem offenbar selbst die moralisch und patriotisch gefestigtsten Frauen nur mit Mühe widerstehen.

Kurz nach ihrer Goldenen Hochzeit erzählte mir eine Norwegerin, wie es mit ihr und ihrem Mann anfing:

»Kennengelernt? Ja, kennengelernt hat man sich so, daß man sich erst einmal gesehen hat, auf der Straße. Das war im Winter. Da habe ich ihn immer gesehen, er hatte mit Telefonleitungen zu tun und kletterte an den Telefonmasten hoch. Ich war sechzehn, er war neunzehn, wir waren ja junge Leute. Ich habe also diesen jungen Mann gesehen und gedacht, der sieht ganz nett aus. Aber gesprochen haben wir nicht, gar nicht. Nur Augenkontakt ab und zu. Bis zum Sommer, da sind wir Mädchen spazieren gegangen, und die sind hinterhergelaufen. So kam das, daß er einen angesprochen hat. Verstanden hat man ja nicht viel. Da wurde mit Händen und Füßen und Ohren alles versucht. Wir waren nicht irgendwie privat irgendwo, immer nur draußen im Freien. Das ging über ein Jahr, dann hat mein Bruder mich erwischt. Und der hat natürlich zu Hause gepetzt.

So kam raus, daß ich mit deutschen Soldaten zu tun hatte. Mein Bruder hat gesagt, die geht mit Deutschen. Ich habe es natürlich abgestritten, bis Weihnachten. Und dann hat meine Mutter gesagt, gut, dann bringe ihn mal mit, damit er nicht am Heiligen Abend alleine sitzt. Und so fing das an.«

Junge Menschen verknallen sich einfach ineinander – ohne materielle Interessen, unter ungünstigsten Umständen, gegen den Willen ihrer Umwelt. »Die Beziehungen zwischen deutschen Soldaten und französischen Mädchen sind überhaupt hier sehr zahlreich und oft ernst, es gibt sehr viele Mädchen, die regelmäßig Briefe aus Rußland bekommen.«[2]

Auch ohne große Liebe und Seidenstrümpfe konnten die Fremden den Frauen im ländlichen Europa, wo nie etwas los war und das Leben auf ewig festgelegt schien, mehr bieten als »nur« Geschenke: Feste. Abwechslung. Flirts. Das Gefühl, nicht Dienstmädchen oder Magd, sondern *Frau* zu sein. »Die Kriegszeit für uns war sehr schön, wir hatten eine schöne Zeit. Wunderbar«, sagte eine Norwegerin. »Wir hatten viel Geselligkeit, herrlich, kamen immer mit vielen zusammen, viele norwegische Frauen und deutsche Soldaten. Das war wunderbar, wunderbare Abende, sehr, sehr schön, muß ich sagen. Die waren so zuvorkommend, die Deutschen, ja wirklich, Anstand bis in die Fingerspitzen.« Die das sagte, hatte in mehrfacher Hinsicht Glück: So blieb ihr das Schicksal vieler Frauen erspart, die bei Kriegsende dem Zorn ihrer Landsleute ausgeliefert waren. Und der Deutsche, in den sie sich verliebt hatte, ließ sie mit dem gemeinsamen Kind nicht sitzen, sondern heiratete sie. Es wurde eine sehr lange und glückliche Ehe.

Liebesbeziehungen zwischen Feind und Feindin verstießen nicht nur gegen das Kriegsgebot der »kalten Schulter«. Sie waren auch deswegen anstößig, weil es Beziehungen zwischen Unverheirateten waren und somit ein Affront gegen alle Gebote religiöser Sittenstrenge. Es stand einer ledigen Frau nicht zu, sich mit Männern zu amüsieren, einer verheirateten schon gar nicht, es sei denn, ihr Mann war dabei. So entstand rasch das Klischee von leichtfertigen, gierigen und korrupten »Deutschenflittchen«, die die Hand aufhielten (und gefüllt bekamen), während die anderen Zivilisten, die wahren Patrioten, leer ausgingen. Diese Darstellung ist so falsch, dass man sie böswillig verzerrt nennen muss. Tatsächlich profitierten Kinder, Männer und Familien vom (zeitweiligen) Überfluss der Soldaten mindestens ebenso sehr wie die diffamierten Frauen, vermutlich erheblich mehr.

Schon die Kinder wussten, dass man mit den Soldaten nicht verkehren sollte. Doch die waren, zumindest zu Beginn der Besatzungszeit, als sie selbst noch gut versorgt waren, sehr großzügig. Ein Norweger erzählte, er und seine Freunde hätten als Kinder ja nicht viel gegen die Besatzer ausrichten können. Sie hätten aber, sobald sie Deutsche auf der Straße sahen, die Faust in der Hosentasche geballt und auch ein schlimmes Schimpfwort geflüstert. Trotz dieser antideutschen Bekundungen seien er und ein Schulfreund hin und wieder zur nahen Kaserne gegangen (die offenbar selbst für Kinder kein furchterregender Ort war): »Es war wohl nicht ganz in Ordnung, den Feind zu besuchen, aber die Soldaten waren zum Dienst in der Wehrmacht gezwungen worden. Die meisten waren nur sechs oder sieben Jahre älter als ich, sie hatten vermutlich keine großen Möglichkeiten, etwas an der Lage zu ändern, in die sie geraten waren. Sie empfanden es als Abwechslung, dass wir sie besuchten, und obwohl wir es auch spannend fanden, die Soldaten und ihre Waffen aus der Nähe zu sehen, war es doch ihre Bewirtung, die uns anzog. Wir bekamen nämlich Weißbrot mit Käse und Marmelade drauf!! Und zum Trinken gab es Milch. Es gab sogar gekaufte Süßigkeiten und Bonbons!«

Während er »die Deutschen« verfluchte, waren »die Soldaten« also kaum mehr als Jungs. Sie schenkten ihm (und anderen Kindern) Dinge, die es im norwegischen Alltag nicht mehr gab, möglicherweise für sie auch vor dem Krieg selten gegeben hatte: *gekaufte* Süßigkeiten. Aber noch fünfzig und mehr Jahre danach muss der damals Zehn- oder Zwölfjährige seine Neugier und seine Verführbarkeit angesichts solcher Kinderkostbarkeiten damit rechtfertigen, dass der Feindsoldat, genau betrachtet, im Grunde weder Feind noch Soldat war.

Die Landser hatten nicht nur Bonbons, Schokolade, Seidenstrümpfe und Dinge wie Nähzeug, Rasierklingen, Toilettenseife oder Briefpapier, die bald überall schwer oder gar nicht mehr zu bekommen waren. Zu ihrer Verpflegung gehörten Tabak und Alkohol, außerdem konnte jeder Soldat von beidem eine bestimmte Menge als sogenannte Marketender- oder Kantinenware hinzukaufen.[3] Wie erwähnt, war vor allem die männliche Zivilbevölkerung auf diese Sachen sehr erpicht.

Man könnte sagen, dass Alkohol und Zigaretten die Bonbons und Seidenstrümpfe der Männer waren. Niemand konnte die Soldaten daran hindern, ihre »Männerkostbarkeiten« gegen Eier, Fleisch und andere Dinge einzutauschen und sich damit Abwechslung in der Ernährung zu verschaffen[4], niemand konnte sie daran hindern, sie zu verschenken und die Zivilisten damit »anzufüttern«[5]: »Als die Norweger den Tabakmangel immer mehr zu spüren bekamen, hatten viele nichts dagegen, mit Blick auf eine Zigarette ein Gespräch anzufangen«[6], »allzu charmante und liebenswürdige [Franzosen] bringen es fertig, dich um eine Zigarette zu bitten«.[7]

Solche Kontakte ergaben sich am einfachsten zwischen etwa Gleichaltrigen, daher waren sie naheliegenderweise in einem Land wie Norwegen, wo die Männer da waren, häufiger als in einem Land wie Frankreich, wo sehr viele Männer als Kriegsgefangene oder Arbeiter in Deutschland außer Landes waren. Dennoch waren lockere, aber freundliche Beziehungen unter Männern im Krieg überall verbreiteter als Liebesbeziehungen zwischen Frauen und Soldaten, und sie waren auf jeden Fall erheblich verbreiteter, als es die (männliche) Bevölkerung der deutsch besetzten Länder nach dem Krieg einräumen mochte. Während nur jene Frauen von den Soldaten Geschenke erhielten, die mit ihnen eine (wie auch immer geartete) erotische Beziehung hatten, konnten Kinder, Männer und Familien unverfänglicher mit den Fremden ins Gespräch kommen, als es einer Frau allein möglich war, sie konnten solche Kontakte beiläufiger und ungezwungener weiterführen und dabei auch immer wieder einmal etwas abstauben. Einmal im Gespräch, entdeckten sie mitunter gemeinsame Interessen, tauschten sich über Waffen, Gerätschaften, Autos aus, fachsimpelten über Hausbau und Kälberaufzucht. Den Erzählungen nach zu urteilen, gab es durchaus viele einheimische Männer, die die stillschweigende Verhaltensregel verletzten, wonach es statthaft war, mit einem Besatzungssoldaten zu reden, eine Zigarette zu rauchen oder auch einmal einen zu trinken, nicht aber, sich ausschließlich privat und freundschaftlich mit ihnen zu treffen, denn viele Männer wanderten und liefen Ski zusammen, oder sie fuhren im Boot zum Angeln hinaus. Jagen gingen sie vermutlich nicht; Zivilisten durften selbstverständlich keine Waffen besitzen. Die äußerste »Verletzung« des patriotischen Verhaltenskodexes bestand darin, einen Deutschen zu sich nach Hause einzuladen, aber auch das geschah. Hie und da wurden Fußballspiele zwischen Deutschen und Norwegern ausgetragen. Aber es gab zwischen den Männern auch Streit und Schlägereien. Dabei soll es dem Vernehmen nach häufiger um Frauen als um Politik gegangen sein, oft spielte Alkohol eine Rolle.

Viele Soldaten suchten gezielt Anschluss an Familien und ein häusliches Leben. Das war ein Refugium vor dem Krieg, ein Ort, der alle Phantasien von dem glücklichen, ungestörten, dem *wahren* Leben nach dem Krieg belebte, wo sie dem Soldatenleben entkommen und sich ausruhen konnten, wie einer es ausdrückte. »Es ist doch das absolut schrecklichste in unserem Leben«, klagte Böll seiner Frau, »daß für gewöhnlich immer ganz dicht und widerlich eng nur Männer aufeinanderhocken.«[8] Wie er empfanden es viele als Erholung, ja Beglückung, Frauen in ihrer Nähe zu haben, nicht nur als erotisches und sexuelles Gegenüber, nicht nur als Köchin, Aufräumerin und Strumpfstopferin. Sie waren mit weiblichen Verwandten und Nachbarinnen aufgewachsen, es bedeutete ein Stück Heimat, Normalität, Frieden, sich mit einer Frau zu unterhalten oder ihr beim Hantieren in der Küche zuzuschauen. Solche vermeintlichen Kleinigkeiten machten einen großen Unterschied zu ihrem Leben in einer reinen Männergesellschaft aus, und das ließen sie sich gern ein paar Zigaretten oder etwas Schokolade kosten. Denn »wenn Männer zu lange unter sich sind, kann das nicht gut ausgehen. Es gibt viele Kämpfe, zu viel Wettbewerb, zu viel Machtgehabe, zu viel Testosteron.«[9]

So begannen Soldaten, die als Sieger und Herren gekommen waren, freundlich, geradezu bescheiden um die Gunst der Bevölkerung zu werben. In einem Bericht an die norwegische Exilregierung in London hieß es, die Soldaten hätten den Leuten einen Gefallen nach dem anderen getan, sich auf den Fußboden geworfen und mit den Kindern gespielt, sich mit der alten Großmutter unterhalten, Fotos ihrer eigenen Familie gezeigt, sie seien mit Lebensmitteln, Tabak und Schnaps gekommen. »Sie schmeichelten und kauften sich bei der Bevölkerung ein.«[10] Auf diese Weise entstanden echte Freundschaften – so viele, dass ein Bewohner der weit nördlich vor Hammerfest gelegenen Insel Sørøya in seinen Kriegserinnerungen anmerkte, er kenne nicht alle Freundschaften, aber wisse doch von so vielen, dass er sie nicht alle namentlich aufzählen könne. »Die aller-, allermeisten dieser Familien waren das, was man damals ›gute Norweger‹ nannte, ohne die geringste Neigung zur Nazi-Ideologie. Die Freundschaften basierten ausschließlich auf Mitmenschlichkeit und von norwegischer Seite auf Verständnis für diese Soldaten – die meisten waren junge Kerle –, die man in einen Krieg kommandiert hatte, den sie selbst wahrlich nicht haben wollten.«[11]

Je mehr ein Soldat in solche Familien hineingeriet, umso wahrscheinlicher war es, dass er die Lebenssituation und die Ansichten dieser Menschen zu verstehen begann. Die Soldaten lebten das Leben dieser Familien mit und versuchten auch zu helfen. Ein Bordfunker erzählte, dass er und seine Kameraden das Ehepaar durchgefüttert hätten, bei dem sie einquartiert waren: »Die Norweger haben gehungert zum Schluß im Krieg, das wußten wir auch. Die Eheleute, die mit uns wohnten, waren heilfroh, wenn sie mit uns futtern konnten. Das langte wirklich bei denen nicht.«

Alle Armeen der Welt versuchen, solche persönlichen Kontakte zu unterbinden oder zumindest zu reglementieren. Sie befürchten, dass diese Nähe einen Soldaten so sehr »aufweicht«, dass ihm das Feindbild abhanden kommen könnte, das er brauchte, um als Teil der Truppe zu funktionieren; dass seine neuen »Freunde« ihn ausspionieren könnten; dass er gar selbst auf den Gedanken kommt, militärische Geheimnisse zu verraten. Und es ist leicht vorstellbar, dass ein Soldat durch solche Freundschaften in einen Loyalitätskonflikt stürzen konnte: Im Schuppen gingen abends eigenartige Dinge vor – er würde doch wohl den Mund halten, um sie nicht zu gefährden? Sie hatten so wenig zu essen – konnte er nicht etwas »organisieren«?

Wenn es menschelt, geht das Feindbild verloren, und das, meint Horst-Eberhard Richter, sei für einen Soldaten unbedingt nötig, um mit sich selbst im Reinen zu bleiben.[12] In Norwegen aber fehlte dieses Feindbild[13], und auch bei den Franzosen war es mit dem Erbfeind nicht mehr weit her, seit Hitler nach 1933 begonnen hatte, von einer deutsch-französischen Versöhnung zu reden.[14]

Die Soldaten handelten durchaus mit Billigung der Wehrmacht, wenn sie versuchten, nicht als Repräsentanten einer feindlichen Besatzungsmacht aufzutreten. Ob allerdings Hitler und die Wehrmachtsführung wirklich wollten, dass ihre Soldaten alles taten, um für die Bevölkerung der besetzten Länder kein gesichtsloser Feind zu sein, sondern als Individuum, als *Mensch* erkannt zu werden, steht auf einem anderen Blatt. Aber die Sehnsucht, zumindest hin und wieder einmal nicht Soldat zu sein, war in vielen sehr stark. Böll fasste sie in die anrührenden Worte: »... civil sein, eine Persönlichkeit sein«.[15] Und er seufzte auch: »Ach, das ist doch kein Leben, immer als irgendeiner zwischen den grauen Röcken ohne jede freundliche Buntheit.«[16] Keinesfalls billigte die Wehrmacht, dass die Soldaten diesen grauen Rock gegen Zivilkleidung tauschten. Das wollten aber viele, denn Uniform und Stiefel waren nicht nur unbequem und derb, sie machten sie auch immer als Feind erkennbar. Viele liehen sich bei einheimischen Freunden (oder ihrer Freundin) Hemd, Hose und Jackett, um bei gemeinsamen Unternehmungen wie Tanzvergnügen oder Wanderungen nicht als Deutscher aufzufallen. Viele berichteten stolz, dass diese Tarnungen glückten, jedenfalls solange sie schwiegen. Felix Hartlaub hingegen, der 1940/41 im besetzten Paris Zivil tragen durfte und ausgezeichnet Französisch sprach, sah seine Wirkung ohne Illusionen: »Naiv war meine Vorstellung, hier als Einheimischer angesehen zu werden. Gang und Blick verraten einen sofort, all die Unausgegorenheit und Traurigkeit, die man mit sich herumschleppt. Wird man tatsächlich einen Augenblick lang übersehen, so gibt es im nächsten ein doppelt fühlbares Zurückzucken.«[17]

Die schärfsten (und scharfsichtigsten) Kritiker kamen aus den eigenen Reihen. Ein Deutscher blickte sich in einer Osloer Bahn um und konstatierte hämisch: »viele deutsche. deutsche in zivil, die sich einbilden, nicht als ausländer erkannt zu werden.«

Dieser Soldat, der vor dem Krieg in Schweden gelebt hatte und sich mühelos auf Norwegisch verständigen konnte, war sehr oft in Zivil unterwegs. Mehrfach notierte er mit triumphierendem Unterton in sein Tagebuch, man habe ihn für einen Norweger gehalten. Von all meinen Gesprächspartnern hasste es keiner so sehr wie er, in Norwegen Deutscher und Besatzer zu sein, er unterließ nichts, um sich davon zu distanzieren. (Als letzten und äußersten Schritt der Distanzierung desertierte er im Winter 1943/44 nach Schweden.) Wenn er in Uniform unterwegs war, hatte er eine eigene Methode, sich in Eisenbahnabteilen oder Cafés vom Gros der Landser abzugrenzen und zugleich Kontakte zu knüpfen: »Mein trick ist zugkräftig und immer der gleiche. ich setze mich hin, ziehe ein norwegisches buch aus der aktenmappe und fange an, zu lesen. nach einer weile lege ich das buch hin und gehe hinaus. bis ich wiederkomme, hat man den titel gelesen und sich gewundert. je nach gesellschaft lese ich weiter, ohne mich um jemand zu kümmern, oder halte das buch in der hand und sehe mich um. alles weitere kommt dann von selber.«

Zeitzeugen aus den deutsch besetzten Ländern erwähnen oft, dass »viele« Soldaten sich um private Kontakte bemüht hätten. Wie viele sind »viele«? Dazu kann es keine verlässlichen Zahlen, keine fundierten Schätzungen, nicht einmal halbwegs vertretbare Spekulationen geben. Angesichts der Millionen von Soldaten in Nord- und Westeuropa ist »viele« keinesfalls gleichbedeutend mit »die meisten«. Auch wenn jene, die nur mit ihren Kameraden Umgang hatten und ihre Unterkünfte nur selten und dann gemeinsam verließen, sehr wahrscheinlich in der Überzahl waren – in den Kriegserinnerungen der Zivilisten tauchen sie kaum auf, denn die sahen sie ja praktisch nicht. Sie bemerkten nur die Kontaktsuchenden.

Daher erinnern sie sich an Soldaten, die abends an Haustüren klopften und darum baten, etwas ausleihen zu dürfen. »Streichhölzer, zum Beispiel. Das machten sie nur, um mit der Zivilbevölkerung in Kontakt zu kommen. Darum schlossen wir schon früh Bekanntschaft mit ihnen.« Zwei Soldaten, die an einem Weihnachtsabend Streife gingen, monierten an einem Bauernhaus die (makellose) Verdunklung, nur um sich eine halbe Stunde lang mit an den Küchentisch setzen zu können. Dort holten sie die Fotos ihrer Familie in Deutschland hervor, deuteten auf ihr eigenes Kind und strichen dann, mit tränenfeuchten Augen, einem anwesenden Kind über den Kopf. »Es war, als wollten sie erklären, daß sie auch in eine Familie gehörten. Die meisten Soldaten wären ja lieber zu Hause gewesen.«[18] Es gibt zahllose Geschichten von Soldaten, die beim Anblick eines Kindes zu weinen begannen, viele enden mit einem verständnisvollen »Er hatte sicher auch ein Kind zu Hause«.[19] Solche Szenen brachten den deutschen Soldaten den halb mitfühlenden, halb ironisch gemeinten Beinamen »der liebe Fritz« ein. Übrigens bezeichneten auch die Franzosen die Deutschen abschätzig als »Fritz« (allerdings ohne »lieber«), was auch zu Fridolin, Frisé oder Frisou abgewandelt wurde.[20]

Zurück zur Zuneigung der Deutschen zu Kindern, die auch der Franzose Léon Werth bemerkte und kommentierte. Er fand sie aber »nicht ganz frei von propagandistischer und demonstrativer Absicht«. Ein Soldat, der ein Kind auf den Arm genommen hatte, legte »es wieder auf den Boden und sagte zu ihm: ›Siehst du … Deine Boches … Deine Barbaren…‹ Das war natürlich an uns gerichtet.«[21] Außerdem habe er nie erlebt, dass ein Deutscher die Zustimmung der Eltern eingeholt habe, bevor er ein Kind auf den Arm nahm. »Man hätte meinen können, das Kind gehöre ihnen aufgrund des Eroberungsrechts.«[22]

Ein Einwohner Jerseys vermerkte in seinem Tagebuch, viele Deutsche seien ganz offensichtlich einsam und von Heimweh geplagt, sie »hätten alles getan, nur damit jemand sie nach Hause zu einer Tasse Tee einlädt«.[23] Eine solche Einladung gehörte sich selbstverständlich nicht. Andererseits kam mit den Fremden eine andere, eine neue, eine unbekannte Welt, die den allermeisten Zivilisten bisher verschlossen gewesen war, von der sie vielleicht kaum etwas ahnten. Es ist heute kaum noch vorstellbar, wie ländlich, wie abgeschieden, wie von allem abgeschnitten Europas Dörfer während des Krieges waren. Was andernorts geschah, erfuhr man (wenn überhaupt) nur aus der Lokalzeitung und aus dem Radio. Alle kannten alle, man stand werktags auf und arbeitete, sonntags stand man auf und ging zur Kirche, abends ging man früh zu Bett. Art und Zahl der Vergnügungen orientierten sich am Kalender, man wusste Jahre zuvor, wann sie stattfinden, was passieren und wer da sein würde. Wie hätte man in dieser Abgeschlossenheit und Überschaubarkeit nicht wenigstens ein bisschen neugierig sein sollen auf eine andere Welt und andere Menschen?

Das Zusammentreffen von Fremden bot beiden, Zivilisten wie Soldaten, Chancen, Neues zu erfahren, Neues zu lernen, den eigenen Horizont zu erweitern. Aber während die Soldaten ihre neue Umgebung von Anfang an mit einem »touristischen Blick« betrachteten, während sie sofort begannen, von dem Neuen zu reden (und zu schwärmen), konnte sich bei den Zivilisten ein solches Interesse (wenn überhaupt!) erst einstellen, nachdem sich die erste Bedrohung, der erste Schock, die erste Wut über die Invasion der Deutschen gelegt hatten. Solche Gefühle sind mit Neugier unvereinbar, sie führen im Gegenteil zur Abschottung. Das begann sich erst zu ändern, als die völlig neue Situation, die durch die Invasion der Fremden entstanden war, besser einschätzbar wurde.

In dem Inseldorf Hasvik unweit von Hammerfest »entstanden mit den Monaten Freundschaften zwischen Soldaten und Familien im Ort. Die Sprache konnte ein Hindernis sein, aber man lernte auf beiden Seiten schnell. Für die Familien war es eine willkommene Abwechslung ihres Alltags, von einem freundlichen Ausländer Besuch zu bekommen, der von einer fremden Kultur geprägt war, Leute, die von ihrem Leben in Mitteleuropa erzählen konnten – von allem außer dem Krieg. Der war tabu! ... Bei solchen Gelegenheiten wurden viele Tassen Ersatzkaffee getrunken, teils aus den mageren Rationen der Familie, teils von den deutschen Gästen mitgebracht.« Ragnar Grant Stene, der das erzählte und der bei Kriegsbeginn fünf Jahre alt war, betonte auch, dass die Kinder schnell Deutsch lernten: »Ich glaube, die meisten meiner Freunde, auch die Mädchen, konnten nach kurzer Zeit praktisch fließend Deutsch.«

Heinrich Böll schildert die Begegnung mit einer französischen Bäuerin, auch bei ihr nahm er ein solches lebhaftes Interesse am Neuen und Fremden wahr, sie verbarg es aber hinter demonstrativem Desinteresse. Er kam in einen großen Bauernhof, er wollte, wie er schreibt, einen Wagen leihen. »In einer märchenhaft schönen großen Küche« traf er die »patronne« beim Kochen an:

> »Ich verhandelte mit ihr, während sie, anscheinend ohne sich gestört zu fühlen, weiter an ihren auf dem Feuer brutzelnden Töpfen hantierte. Ich habe überhaupt bei Bauern oft das Gefühl gehabt, daß sie Soldaten ganz gern in ihren Stuben haben, zumal wenn sie Französisch können. Bei manchen konnte ich

manchmal gar nicht wegkommen. Die hören von der großen bunten Welt, und ein Soldat ist doch immer eine zugleich interessante und bemitleidenswerte Persönlichkeit.«[24]

Wie Böll konnten sich auch andere Soldaten in der Landessprache verständlich machen; wie vielen das halbwegs befriedigend gelang, ist unmöglich zu sagen. Aus den Erzählungen der europäischen Zeitzeugen entsteht der Eindruck, als seien die Deutschen geradezu multilingual gewesen. Auch diese Erinnerungen könnten trügen. Jene, die sich um ihre Sprache bemühten, waren diejenigen, die sich am meisten für sie, die Zivilisten, interessierten, Kontakt zu ihnen suchten. Mit ihnen kamen sie am ehesten zusammen, über sie erfuhren sie am meisten.

Ein Soldat namens Hans, der 1940/41 etwa ein halbes Jahr lang im französischen Rouen stationiert war, lernte bei seiner Suche nach seltenen alten Büchern und Stichen einen französischen Antiquar kennen: »Er hat eine gründliche Kenntnis unserer Literatur, Kunst und Musik, aber noch eine ungleich erstaunlichere des Deutschen. Es ist gut, daß ich auf ihn stieß und nun die Ergebnisse von vier Monaten unter den Franzosen an diesem Steine wetzen kann. So manche Ein- und Ansicht konnte ich da in dreistündiger angeregter Unterhaltung (er spricht ein verblüffend schönes Deutsch) erproben.«[25] Diesen Antiquar besuchte er häufiger. »Er wird jedoch immer nur in Verbindung mit Kunst und Literatur genannt ... [Hans] erwähnt, daß er in seinem Hause auf Gleichgesinnte – Deutsche und Franzosen – traf, deren ›geistige und geistliche‹ Unterhaltungen ihn erfreuten.«[26] »Geistliche« Unterhaltung suchte offenbar auch ein Freund von Hans, der im Juli 1941 aus Paris an ihn schrieb:

»In Notre Dame am Sonntag war ein Amt des Cardinals Suhard. Das mittelalterliche Gepräge und Zeremoniell, das Halbdämmerige der Kathedrale, der Lichtschein und das moderne Volk in den bunten Gewändern, dann als Zuschauer deutsche Soldaten und das Klirren und Tapsen der Stiefel – das alles brachte einen eigentümlichen, spannungsreichen Zusammenklang.«[27] Er, ein gläubiger Katholik, bezeichnet die anwesenden Deutschen nicht als Gottesdienstbesucher, sondern als »Zuschauer«. Ob er sich selbst als solchen erlebte, bleibt offen. Auf einem Foto aus dem besetzten Paris verlassen nach einer Messe, wie die Bildunterschrift präzisiert, neben Franzosen auch viele uniformierte Deutsche die Kirche La Madeleine.[28] Böll, auch er ein strenggläubiger Katholik, ging in Frankreich offenbar nicht zur Messe, obwohl er das schmerzlich entbehrte. Dabei hätte er an den Orten, wo er stationiert war, französische Gottesdienste besuchen können, zumal er recht gut Französisch sprach. Diese Möglichkeit erwähnt er in seinen Briefen jedoch nicht.[29]

In den Erinnerungen von Kriegsteilnehmern ist häufiger von deutschen Soldaten die Rede, die einen Geistlichen oder einen Küster baten, in deren Kirche Orgel spielen zu dürfen. Wer zu demselben Gott betete, mag besonders in ländlichen Gegenden leicht zueinandergefunden haben, eine Garantie war der gleiche Glaube indes nicht. Als der deutsche Pfarrer Hennig in Norwegen einen »Amtsbruder« kennenlernte, war er enttäuscht. Er war »zurückhaltend, ich bin eben doch ein ›Landesfeind‹, wenigstens fühlte er sich sichtlich als Norweger, was man nur anerkennen kann, und doch dem Amtsbruder gegenüber von gemessener Höflichkeit. Das kirchliche Verbundenheitsgefühl hätte etwas stärker sein können.«[30]

176

Anders als bei den beiden Pastoren ergaben sich mit Zivilisten oft Gespräche, die die Politik nicht aussparten. In Frankreich habe man im Kameradenkreis über Gott und die Welt, niemals aber über Krieg und Besatzung diskutiert, während »bei jeder Unterhaltung mit einem Franzosen das Thema Krieg und Besatzung den Meinungsaustausch dominierten«.[31] (Ein deutlicher Unterschied also zu dem norwegischen Inseldorf, wo Kriegsthemen unter Zivilisten und Soldaten ja tabu waren.) Offen oder verdeckt drehte sich alles um die Gretchenfrage: Wie hältst du's mit Hitler? Solche Gespräche waren brisant. Es konnte sehr gefährlich werden, dem Falschen gegenüber das Falsche zu sagen.

Nationalsozialisten und Hitler-Begeisterte gleich welcher Nationalität werden ihre Meinungen unverhohlen geäußert und sich daher leicht gefunden haben. In Norwegen verkehrten die Mitglieder der nationalsozialistischen Partei *Nasjonal Samling* von Anfang an offen mit den Deutschen, viele arbeiteten für sie. Einer meiner deutschen Gesprächspartner besuchte einen Norwegischkurs, den die Wehrmacht anbot, der Lehrer war überzeugter Nationalsozialist wie er selbst: »Wir haben uns am ersten Abend angefreundet, die Freundschaft hat fünfzig Jahre gehalten, bis zu seinem Tod.«

Wer *gegen* das nationalsozialistische Regime und die Besatzungsmacht war, ob als Soldat oder als Zivilist, verschwieg das; angesichts der drohenden Strafen setzten kritische Äußerungen sehr viel Vertrautheit und Vertrauen voraus. Einer meiner Gesprächspartner bezeichnete in seinen Kriegserinnerungen jeden vertrauenswürdigen deutschen Soldaten, den er kennenlernte, immer gleichlautend als »einer von jenen Kameraden, *mit denen man offen reden konnte*«, und das schrieb er jedes Mal fett. Dafür hatte er triftige Gründe, er musste nämlich zweimal als Angeklagter vor einem Kriegsgericht erscheinen, weil ein Vorgesetzter ihn wegen »Zersetzung der Wehrkraft durch politische Äußerungen« angezeigt hatte.

Wie in totalitären Systemen üblich, musste also auch in den besetzten Ländern jeder jeden fürchten: die Deutschen ihre Kameraden und Vorgesetzten ebenso wie die Zivilbevölkerung; die Bevölkerung die eigenen Landsleute ebenso wie alle Besatzungsangehörigen. Umso verblüffender, dass ein norwegischer Kommunist, der während des Krieges wegen seiner politischen Überzeugung im Häftlingslager Grini einsaß, 1998 sagte, dass es unter den deutschen Soldaten »viele gute Menschen gab, die meisten Kommunisten«.[32] Es wäre interessant zu wissen, in welchem Rahmen sich diese Begegnungen ergeben hatten und wie die Gespräche verlaufen waren, dass er zu einer solchen Annahme kommen konnte. Wer so in aktiver Opposition zum NS-System stand wie er, musste sehr genau hinhören, hinsehen und unterscheiden lernen.

Auf der einen wie der anderen Seite waren die Netten nicht unbedingt die Vertrauenswürdigen. Auch nette Soldaten konnten Nazis sein, mancher nette Zivilist war Gestapo-Spitzel. Manches arglos wirkende Gespräch wurde angezettelt, um den Feind in Sicherheit zu wiegen und dann auszuhorchen, manchmal erfuhr auch jemand zufällig etwas, was er nicht für sich behalten konnte oder wollte. Wenn Zivilisten nach dem Krieg erzählten, dass sie von arglosen Soldaten etwas erfahren hatten, was sie dem Widerstand zuspielen konnten, schwang immer Stolz mit. Nie sprach einer von Loyalitätskonflikten, Gewissensbissen, Vertrauensmissbrauch. Die Weitergabe der Informationen machte ihn nicht zum Denunzianten, sondern zum Helden. Andererseits kann ich mich an keinen einzigen Soldaten erinnern, der erzählt hätte, dass er (oder ein Kamerad) Informationen an Vorgesetzte oder die Gestapo weitergegeben hätte, die ein argloser Zivilist ihm als (wenn man so will) »Privatmann« gegeben hatte. Es muss viele solcher Fälle gegeben haben, doch darüber wird offenbar geschwiegen. Meine Vermutung ist, dass jeder der ehemaligen Soldaten intuitiv spürte, dass ein Besiegter durch einen solchen Vertrauensbruch nicht zum Helden, sondern zum Denunzianten wird. Vermutlich hat es ähnliche Gründe, dass (zumindest mir) keine Erzählungen von ehemaligen Soldaten bekannt sind, in denen sie sich damit brüsten, ein schnödes privates Ziel erreicht zu haben, indem sie den Repräsentanten der Besatzungsmacht herauskehrten oder gar Drohung und Gewalt anwandten.

Vertrauen kann nur in engem und länger andauerndem Kontakt entstehen. Der wurde Wehrmachtssoldaten und einheimischer Bevölkerung in allen deutsch besetzten Ländern, auch in Osteuropa, aufgezwungen, da die Wehrmacht zu keinem Zeitpunkt, vor allem zu Kriegsbeginn nicht, genügend Unterkünfte für ihre Soldaten und Offiziere hatte, die deswegen bei Einheimischen einquartiert wurden. Manchmal blieben sie nur wenige Tage, oft lebten jedoch dieselben Menschen monatelang unter einem Dach zusammen. Auch wenn es manchmal so wenige Berührungspunkte gab, dass man nicht einmal die Namen der Einquartierten erfuhr, entstanden in solchen Situationen die engsten Alltagsbeziehungen zwischen Soldaten und Zivilisten. Man konnte sich auf Dauer nur schwer aus dem Weg gehen, man musste sich kennenlernen, man musste sich, ob man wollte oder nicht, mit diesen Fremden befassen. Und es galt in weitaus höherem Maße, was schon für die ersten Begegnungen in den Dörfern und Kleinstädten galt: Wenn der Feind zum Menschen wird, bleibt oft die patriotische Theorie davon unberührt, nicht aber die gelebte Praxis. Sympathien folgen nicht zwingend der politisch korrekten Linie.[33]

Oft entstanden so echte Gemeinschaften auf Zeit. Viele Deutsche berichteten – zunächst in Briefen, später in ihren Erinnerungen –, sie seien von ihren Quartiersfamilien geradezu verwöhnt worden. Die Beschreibungen gleichen sich frappierend, nicht nur in Nord- und Westeuropa, auch in Osteuropa begannen Quartiersleute, »sich gegenüber den oder dem beherbergten Soldaten elternhaft zu verhalten«.[34] Bereits im Oktober 1940 schrieb ein Sechsundzwanzigjähriger aus Norwegen: »Meine Quartierwirtin will mir ein echt norwegisches Julfest zeigen ... Sie haben mich wie einen Sohn aufgenommen. Die Leute sind wirklich nett.«[35] Auch Heinrich Böll berichtete im Mai 1942 aus Frankreich: »Die Leute sind sehr nett; morgens, bevor wir zum Dienst gehen, müssen wir jeder unbedingt eine Schale Kaffee annehmen, sonst ist die Alte tödlich beleidigt ... Sie brät uns Kartoffeln, kocht Eier und putzt morgens unsere Bude; und heute haben wir sogar von der Tochter unsere ganze Wäsche gewaschen bekommen.«[36] Ein Jahr später und an einem anderen Ort, aber immer noch in Frankreich, fand er es »so unsagbar schön – wohl das Schönste –, von der bezaubernden alten Madame Salles – dieser Hirtin par excellence – jeden zweiten Tag einen prächtigen Blumenstrauß in jedes Zimmer gebracht zu bekommen«[37].

Einer meiner Gesprächspartner erinnerte sich an die Ukraine, wo er »ein gutes viertel Jahr war. Wir haben immer Quartier genommen bei Privatleuten, haben da sehr viele Leute kennengelernt, Lehrer und Akademiker, feine Leute, sehr gastfreundliche Leute. Mütter haben wir gehabt, mit

Töchtern, die uns wie die Söhne behandelt haben, die uns zu essen gegeben, uns gefüttert haben, bis wir nicht mehr konnten.«

Und als Heinrich Böll und andere einquartierte Soldaten im Herbst 1943 aus Frankreich nach Russland verlegt werden sollten, kam seine »Wirtin« und hat »für uns alle ein ganzes Kilo Butter gebracht; ›pour le voyage‹, sagte sie sehr leise. Ist das nicht erstaunlich? Wir sind alle sehr gerührt und überrascht von diesem Abschieds-Gastgeschenk unserer Wirtin, und es wird für uns gewiß eine gute Erinnerung an Frankreich sein, dieses Kilo prachtvolle Butter auf dem Weg in den Osten!«[38]

Soldaten eines von Norwegen nach Finnland verlegten Bataillons erhielten Weihnachten 1941 Pakete von norwegischen Familien und Einladungen, im nächsten Urlaub auch »die alten norwegischen Freunde« zu besuchen. Im winterlichen Norwegen fanden einige Dörfler es so unerträglich, den verfrorenen jungen Soldaten bei ihren Skikursen zuzusehen, dass sie ihnen warme Wollhandschuhe schenkten. Und sie hatten auch wirklich Mitleid mit den jungen Soldaten auf Streife, »wie sie da so gingen und latschten und ihre Gewehre trugen, an warmen Sonnentagen oder bei Sturm und Regen in schwarzen Herbst- und Winternächten«.

Solche freiwilligen und großzügigen Freundlichkeiten gegenüber Feindsoldaten passen schlecht zu den gängigen Vorstellungen vom Zweiten Weltkrieg. Doch so wenig glaubhaft sie auf die Nachgeborenen wirken mögen: Dergleichen kam nicht nur vor, es war tatsächlich sehr verbreitet. Noch erstaunlicher ist, dass auffallend viele dieser fürsorglichen Familien einen Sohn hatten, der als Soldat gegen die Deutschen kämpfte oder sich in deutscher Kriegsgefangenschaft befand.[39] Bei Bölls Quartiersleuten waren sogar

»die beiden älteren Söhne in Gefangenschaft und auch der Schwiegersohn«.[40]

Eine geradezu wahnwitzige Freundschaftsgeschichte fand ich in einer der privaten Kriegserinnerungen, die mir überlassen wurden: Der fragliche Soldat hatte sich 1940 mit seinen Quartiersleuten und deren Tochter angefreundet. Im Herbst 1943, er war inzwischen in Belgien stationiert, konnte er die Familie besuchen. Beim Abschied gab ihm die Tochter als Geschenk für seine Frau »ein Paar Hausschuhe mit, die ihr Mann, der immer noch in deutscher Kriegsgefangenschaft festgehalten wurde, angefertigt und nach Hause geschickt hatte«.

Aus den »Zwangsgemeinschaften« der Einquartierungen konnten also Beziehungen zwischen Menschen entstehen, die so tief wurden, dass sie im Denken der Beteiligten die Kategorie »Feind« völlig löschten. Manche begannen, gemeinsam Dinge zu tun, die für beide Seiten gefährlich waren – Radiohören beispielsweise. Weil es der Besatzungsmacht nicht gelungen war, den BBC-Empfang durch Störsender zu verhindern, mussten die Norweger im Spätsommer 1941 alle privaten Radiogeräte abgeben.[41] Die Soldaten in ihren Unterkünften hatten Radios, Mitglieder der nationalsozialistischen Partei *Nasjonal Samling* durften ebenso ein Gerät besitzen wie privat einquartierte Wehrmachtsangehörige. Das »Abhören von Feindsendern« war allen verboten, Verstöße wurden im Deutschen Reich wie in allen deutsch besetzten Ländern »auf Befehl des Führers mit schweren Zuchthausstrafen geahndet«.[42] Viele Norweger hatten aber Geräte »beiseitegeschafft« und versteckten sie auf Dachböden, in Kellerräumen, Schuppen und Ställen, in Schränken, unter Bodendielen, hinter eigens hierfür eingezogenen Scheinwänden, in Bergwerksstollen, sogar unter einem Kirchenaltar. Der Sinn war selbstverständlich, den verbotenen Sender BBC zu hören, der allgemein »Radio London« genannt wurde und täglich in den Sprachen des besetzten Europas Nachrichten sendete. Auf diesem Weg wandten sich auch der norwegische König und die Exilregierung an die Norweger.

Manch enge »Hausgemeinschaft« fing an, gemeinsam BBC zu hören. Dazu scharten sich entweder die Einquartierten mit den Norwegern um ein illegales Radiogerät, oder die Quartiersleute fanden sich bei den Deutschen ein, wobei es vorkam, dass während der Sendung ein Deutscher vor der Tür »Schmiere« stand.

Nun sind echte Begegnungen zwischen Menschen so selten, dass man von Glück sagen kann, wenn sie nicht an der falschen Uniform scheitern. Ein hochdekorierter norwegischer Major erzählte (in fast fehlerfreiem Deutsch), dass er und seine Zelle einmal einen Sturmscharführer, einen SS-Unteroffizier, gefangengenommen hatten. Erschießen war, wie er sich ausdrückte, »unaktuell, laufen lassen konnte man ihn nicht, das war zu gefährlich. Er hat uns sein Ehrenwort gegeben, nicht zu fliehen.« Dergleichen war unter Offizieren gegnerischer Armeen gang und gäbe. Aber dann freundeten sich die beiden an. »Netter Junge, ich hätte ihn gern wiedergetroffen. Die ersten Jahre habe ich ihn wirklich fleißig gesucht, aber es gelang mir nicht, aus Norwegen heraus Spuren zu finden. Das war ein netter Bursche. Hoffentlich hat er überlebt.«[43]

Ein Offizier der Widerstandsbewegung und ein SS-Mann, zwei Männer also, die sich freiwillig, ohne Wehrpflicht, ihrer Seite verpflichtet hatten, erlaubten sich eine Pause vom Hass, waren nur noch Norweger und Deutsche. Möglich wurde dieser kleine, interpersonelle Waffenstillstand durch das »Ehrenwort als Offizier«. Aber diese ungewöhnliche Männerfreundschaft war (und ist bis heute) in Norwegen nur darum unangreifbar, weil die nationale Gesinnung des Majors über jeden Zweifel erhaben war: Er ist in Norwegen ein Kriegsheld. Ein anderer – oder gar eine Frau! – hätte sich eine solche Privatfreundschaft mit einem SS-Mann nicht erlauben dürfen – *vor allem* mit einem SS-Mann nicht. Denn so viele Ausnahmen der normale Zivilist für den normalen Wehrmachtssoldaten zu machen gewillt war und auch machte: Bei der SS hörte jedes Verständnis auf. SS-Männer waren wirklich *der Feind*. Mit denen wollte, sollte und durfte niemand etwas zu tun haben.

Auch allzu gute Beziehungen zu den normalen Besatzern konnten problematisch werden. Wer sich zu gut mit ihnen verstand, konnte in den Verdacht geraten, mit ihnen zu fraternisieren oder gar zu kollaborieren, das heißt, sie gezielt und gegen die Interessen des eigenen Volkes zu unterstützen. Das konnte die Landsleute misstrauisch machen: War er (oder sie) ein Spitzel oder ein Denunziant? Verriet er – gewollt, aus schierer Dummheit oder im Zustand der Volltrunkenheit – Dinge, die der Besatzungsmacht nutzen konnten? Schon ein wichtigtuerisches Herausposaunen von Gerüchten, die unter Einheimischen die Runde machten, konnte zur Denunziation geraten. Tauschte er gar mit dem Feind unter der Hand Informationen gegen Geld oder Waren? In den Ruf eines Kollaborateurs zu geraten konnte bedeuten, beim Kaufmann schnippisch behandelt, aber auch, von der Widerstandsbewegung liquidiert zu werden.

In allen Ländern wussten selbst Angehörige des Widerstands zwischen normalen Soldaten und »Nazis« zu unterscheiden. Der Norweger Ragnar Ulstein, Kriegshistoriker und selbst hoch dekorierter Widerstandskämpfer, sagte mir, er habe mit etwa 1400 norwegischen Widerstandskämpfern ausführliche Gespräche über den Krieg geführt, nicht einer habe sich abfällig über die normalen deutschen Soldaten geäußert.[44] Aber wie viel Kontakt zum Feind unter der Bevölkerung als normal, hinnehmbar oder als zu viel galt, konnte je nach Gegend stark variieren. Was auf dem flachen Land, wo alle täglichen Umgang mit den Besatzern hatten, als normal galt, wäre in einer Widerstandshochburg wie der Küstenstadt Ålesund vermutlich schon lange nicht mehr tolerierbar gewesen. Aus Angst vor ihren Landsleuten verheimlichten viele ihre Bekanntschaft mit Deutschen: »menschen und soldaten sehen aneinander vorbei, wenn sie sich im mondschein noch so gut kennen.« Das galt besonders für Liebespaare, denn der Ruf einer Frau, die mit einem Besatzer gesehen wurde, war rasch unwiderruflich ruiniert.

Der Vorwurf, sich unpatriotisch verhalten zu haben, war ein soziales Todesurteil, das man auch nach dem Krieg nicht los wurde. Da war nämlich praktisch niemand mehr mit einem Deutschen befreundet gewesen. Die, die in ihren privaten Memoiren oder auch im Gespräch mit mir oder anderen einräumten, einen oder mehrere Soldaten persönlich gekannt zu haben, begannen ihre Erzählung darüber grundsätzlich mit der Beteuerung, dass sie diesen Kontakt nicht gesucht hatten. Er sei unumgänglich gewesen, sie hätten ihm nicht ausweichen können: Man habe zusammen gearbeitet, er sei im Haus einquartiert gewesen, er sei gekommen, um Milch (oder Fuchspelze) zu kaufen. Der Kern aller Geschichten ist, dass man den uniformierten Repräsentanten der Besatzungsmacht strikt ablehnte, dem Menschen in der Uniform jedoch nicht widerstehen konnte, weil er ein Mensch war. Wer damals Kind war, führte immer Alter und Arglosigkeit ins Feld.

Alle Erzählungen trennen zwischen »den Deutschen«, also der Besatzungsmacht, die »anonyme und Distanz herstellende Repräsentation der Besatzer« einerseits, und »dem Deutschen«, also dem Einzelnen, den man persönlich kennengelernt hatte, andererseits. »Wenn aus dem anonymen Feind konkrete Personen werden, ist häufig zu hören, dass es sich bei den Wehrmachtssoldaten doch im Wesentlichen um ›ganz nette Jungs‹ gehandelt habe. Sie seien höflich und anständig und nicht zuletzt auch ziemlich gut aussehend und attraktiv gewesen.«[45]

Von da war es nur ein Schritt, den Menschen aus der diffamierenden Feinduniform zu schälen und für ihn eine – immer wohlbegründete – Ausnahme von der generellen Ablehnung der Besatzer zu machen. War aber die Eisfront einmal durchbrochen, konnten aus dieser einen Ausnahme leicht zwei, drei, viele werden. Genau das war es, was die Widerstandsbewegung mit ihren strengen Parolen vom »schweigenden Frankreich« oder der »kalten Schulter«, der Forderung nach Distanz, Schweigen und Brüskieren hatte verhindern wollen.

Dass viele damit in eine moralische Klemme geraten waren, zeigt sich nicht nur daran, dass sie bestreiten, die »kalte Schulter« gezielt missachtet zu haben. Das ist nur die eine Seite. Hinzu kommt die Beteuerung, man habe sehr darauf geachtet, ob jemand aus Überzeugung als Besatzungssoldat in Norwegen gewesen sei oder aus Zwang. Erstere waren Feinde und galten als Nazis und als Täter, Letztere sah man eher als Opfer des Krieges.[46] Solche Erklärungen gipfeln unweigerlich in folgendem Satz: »Ludwig (Heinz, Jürgen, Otto) war kein Nazi.«

»Ludwig ist kein Nazi« bedeutete: In Deutschland herrschte Wehrpflicht, er hatte gar keine Wahl. Nichts von all dem, was die verhassten Deutschen über uns gebracht haben, war seine Schuld. Er war ein anständiger Mensch. Das Trumpf-As, der vermeintlich letztgültige Beweise, warum dieser Feindsoldat keiner war, lautet: »Er war gegen Hitler gewesen, und als sie ihm draufgekommen sind, wurde er an die Ostfront versetzt. Zur Strafe.« Kein Wehrmachtssoldat musste gegen Hitler sein, um an die Front kommandiert zu werden, das wissen die Zeitzeugen selbstverständlich. Aber so grundsätzlich wollten sie gar nicht werden. Sie wollten nur sagen, dass die Freundschaft zu diesem Mann an ihrem Patriotismus nicht das Geringste geändert habe. Ludwig war kein Feind, er war (fast) ebenso sehr ein Opfer Hitlers und des nationalsozialistischen Deutschland wie man selbst.

»Schon bald zeigte sich, daß die meisten Deutschen Wehrpflichtige und Mitmenschen ohne aggressive Neigungen waren ... Wir Zivilisten bekamen den Eindruck, daß sie den Krieg (insgeheim und ohne es zu sagen) ebenso innig haßten wie wir.« Da trafen sich einfache Leute, die nur aufgrund unglücklicher Fügungen auf verschiedenen Seiten standen, weder der eine noch der andere habe etwas gegen »die da oben« ausrichten können, keiner von ihnen habe sich eine solche Situation herbeigewünscht. Und selbst wenn es zu der angeführten Hitler-Gegnerschaft nicht recht passte, wurde auch ins Feld geführt, dass die Soldaten im Grunde ebenso unpolitisch waren wie man selbst.

Natürlich bemerkten die Landser diese alltagspragmatische Trennung zwischen Armee und Soldat. Vor allem Deutsche, die während des Krieges auch in anderen Ländern stationiert gewesen waren, lobten später die Norweger dafür, ihren Hass gegen das Besatzungsregime nicht am Einzelnen ausgelassen zu haben: »Es spricht für den demokratischen

Sinn und die menschliche Objektivität der Norweger, daß sie ihre grundsätzliche Ablehnung des NS-Reiches nicht auf den deutschen Soldaten als Individuum übertrugen.«[47]

Die offenkundigen Rechtfertigungsnöte seitens der Zivilisten stehen in einem eklatanten Widerspruch zur anscheinend völlig problemfreien Sicht der ehemaligen Soldaten: Keiner von ihnen sprach *jemals* davon, dass ihre unsoldatischen – soll man sagen: privaten? – Beziehungen zu Zivilisten mit ihrer Rolle als Soldat unvereinbar gewesen seien, und sie rechtfertigten sie folglich auch nicht. Im Gegenteil. Stets erzählten sie mit vorbehaltloser Begeisterung von diesen Kontakten, man könnte sagen: Sie prahlten mit ihnen. Oft waren Stolz, ja Dankbarkeit darüber spürbar, dass sie so freundlich aufgenommen wurden. Im Norden und Westen dürften sie dies kaum als problematisch empfunden haben, schließlich hatte man ihnen die Verpflichtung einer Doppelrolle auferlegt. Sie sollten ebenso Krieger wie (quasi) Privatperson sein, lautete doch ihr Befehl für diese Länder sinngemäß: »Kämpfen Sie wie Helden, aber benehmen Sie sich wie Kavaliere!«[48] Ob sie wie Helden kämpften, ist hier nicht Thema. Berichte von beiden Seiten bestätigen, dass sich die meisten redlich mühten, gegenüber der Bevölkerung wie Kavaliere aufzutreten. Sei es, weil sie es selbst wollten, sei es, weil Androhungen von Strafen bis hin zur Exekution ihre Wirkung taten, jedenfalls verhielten sie sich in Nord- und Westeuropa der Zivilbevölkerung gegenüber tatsächlich überwiegend »höflich und korrekt«.

Aber es bereitete ihnen offenbar auch in Ost- und Südosteuropa nicht die geringsten Probleme, auf privat-versöhnliche Weise mit den feindlichen Zivilisten umzugehen. Sie taten, als gehe sie der Krieg nichts an. In ihren Briefen und Erzählungen aus dem Osten unterschieden sie auf eine Weise zwischen Kombattanten einerseits und Zivilisten andererseits, die den heutigen Betrachter stark befremdet. Es herrschte ein Ton, als habe es so etwas wie einen Vernichtungskrieg gegen die Zivilbevölkerung nie gegeben. Manche äußerten in Osteuropa Skrupel, weil Deutschland und die deutsche Wehrmacht diesen Menschen das Leben so schwer machten, ohne dass näher ausgeführt würde, wie dieses »Schwermachen« ausgesehen hätte. Aber nicht wenige ehemalige Soldaten sehen ihre persönlich erlebten Geschichten als legitime und endgültige Beweise gegen die Ergebnisse der historischen Forschung über die Verbrechen der Wehrmacht.

Tatsächlich passen solche Beziehungen zwischen Wehrmachtsangehörigen und Zivilbevölkerung nicht zu dem, was in den ehemals deutsch besetzten Ländern und in Deutschland über die Kriegsjahre gelehrt wird. Sie scheinen den Erkenntnissen über den Vernichtungskrieg zu widersprechen, aber selbstverständlich tun sie das nicht. Sie weisen allerdings auf systematische Lücken in der Wahrnehmung und Erforschung des Zweiten Weltkriegs hin. Die landläufige Auffassung vom Krieg kennt nur die Front und nicht die Etappe.[49] Aber auch in den befriedeten Gebieten herrschte Krieg. Es war nur ein völlig anderer Krieg als an der Front.

Wie die Norweger zwischen »den Deutschen« als Feind und »dem Deutschen« als netter Junge unterschieden, zogen und ziehen auch die Deutschen Trennlinien. Viele empfanden »Oslo« als feindselig und unangenehm, »die Norweger« aber waren jene netten Leute im übrigen Land, mit denen sie keine Probleme hatten. In Frankreich gab es diese Trennung auch, doch dort verlief sie interessanterweise umgekehrt. Die meisten Soldaten fühlten sich in Paris deutlich willkommener und wohler als auf dem Land. Diese Eindrücke sind indes vermutlich nicht repräsentativ, da die meisten Landser nicht in Paris stationiert waren, sondern als Touristen dorthin kamen und die Stadt mit ihren Bürgern entsprechend selektiv wahrnahmen. Der Schriftsteller Felix Hartlaub, der von Ende 1940 bis zum Sommer 1941 in Paris stationiert war, erlebte ein ganz anderes Paris. »Das altbekannte Stadtbild deckt eine völlig andere, neue, bedrückende Realität. Die Haltung der Bevölkerung unendlich klug und völlig eindeutig durch alle Schichten hindurch. Die Ablehnung, wenn man erst einmal hinter die betont bewahrten Formen sieht, noch viel schroffer als vorgestellt.«[50]

Von Anschlägen der Widerstandsbewegungen, Verhaftung von Untergrundkämpfern, Repressalien gegen die Zivilbevölkerung oder Einsätzen von Wehrmacht und SS gegen die Bevölkerung ist in den Briefen und Tagebüchern der Soldaten sehr selten die Rede, obwohl es das alles selbstverständlich auch in den Ländern Nord- und Westeuropas gab. Dass in den Briefen so wenig davon steht, heißt nicht, dass die Soldaten nichts davon wussten. Wer Feldpostbriefe liest, darf nicht vergessen, dass die Feldpostprüfstellen die Briefe stichprobenartig auf unerlaubte Äußerungen wie militärische Details oder Regimekritik kontrollierten. Andererseits scheint es so, als hätten die Soldaten über die Stimmung in der Bevölkerung und deren Hass auf die Besatzungsmacht viel mehr gewusst, als sie damals wissentlich schrieben und Jahrzehnte später bewusst erzählten.

Liest man die Texte aufmerksam, hört man bei den Erzählungen genauer hin, tun sich feine Risse auf, unter denen eine zweite »Wahrheit« aufscheint. Die Erzählenden nehmen implizit, mitunter sogar explizit, eine ähnliche Trennung unter den Besatzern vor wie die Zivilbevölkerung. Auch sie unterscheiden zwischen »den Deutschen« einerseits, und »dem Deutschen« andererseits, »der Deutsche« sind immer sie selbst, »die Deutschen« immer die anonyme Besatzungsmacht. Sie unterscheiden auch zwischen »den guten Deutschen« (sie selbst) und Kameraden, deren Betragen sie nicht billigen, weil es sie beispielsweise nicht interessiert, »daß sie dem Ansehen des Deutschtums schaden«. Eine Dissertation über den Alltag der Wehrmachtssoldaten in Nordnorwegen kam zu dem Ergebnis, dass ausnahmslos alle für die Arbeit befragten Österreicher – aufgrund von Österreichs »Anschluss« kämpften mehr als eine Million Österreicher in der Wehrmacht oder der SS – völlig überzeugt waren, »dass sie als Österreicher bei den Norwegern viel beliebter waren als ihre deutschen Kameraden«. Sie begründeten dies mit mentalen Ähnlichkeiten von Österreichern und Nordnorwegern, außerdem hätten die Norweger durchaus gewusst, dass die Österreicher ebenso ein Opfer Hitlers geworden seien wie sie selbst.[51] Die Befragung der norwegischen Zeitzeugen ergab allerdings, dass ihnen die nationale Zugehörigkeit der Soldaten völlig gleichgültig war. Ihre Sympathien und Antipathien orientierten sich ausschließlich am persönlichen Verhalten des Einzelnen.

Man bekommt oft den Eindruck, als wollte der Erzählende vor allem sagen, dass die Norweger (Franzosen, Dänen, Ukrainer und so weiter) *ihn* mochten, *ihn* persönlich, und das, *obwohl* er ein deutscher Soldat war; dass sie für ihn, *und nur für ihn*, eine Ausnahme machten, weil sie ihn als den anständigen Menschen erkannten, der er ja war (und ist). Selbst kleinste Gesten von Fremden genügten, um dieses Selbstbild zu bestätigen. So schrieb ein Deutscher, der

1944 zum ersten Mal in Oslo war, er habe überall bemerkt, dass »wir Deutsche hier unwillkommen waren«. Er habe aber in der Straßenbahn seine Fahrkarte bezahlt, obwohl der Schaffner das von ihm nicht verlangt hatte, als er später nach dem Weg fragte, gaben dieser und ein Mitfahrer ihm »bereitwillig Auskunft. Mein Bezahlen hatte ihnen wohl klar gemacht, dass ich kein Nazi und kein ›Besatzer‹ war.« Es gibt kaum ein besseres Leumundszeugnis für einen Soldaten als die Freundlichkeit fremder Zivilisten.

Sosehr man gern selbst »Musterknabe« sein wollte, sowenig mochten die meisten akzeptieren, dass die Deutschen als Deutsche *verhasst* waren. Die Tatsache, dass er in Südnorwegen »viermal erlebte, daß ein norwegischer Mann vor mir ausspuckte«, war für den gerade erwähnten Soldaten Anlass zu seitenlangen Grübeleien, warum »sehr viele Norweger, besonders im Süden, uns nicht mögen«. Er erwägt viele mögliche Gründe, darunter den, dass »zwischen Norwegern und Engländern der Blutsgleichklang größer sein« könnte. Was nur heißen kann: An uns liegt es nicht. Auch andere Soldaten, die das kühle Verhalten einiger Norweger erwähnten, versäumten selten, darauf hinzuweisen, dass man das nicht persönlich habe nehmen müssen. Die Norweger beispielsweise hätten offenbar gedacht, »die Deutschen sind zwar anständige Kerle, aber sie sollen heimgehen«. Diese Beobachtung ist, wie wir sahen, für den konkreten Fall vermutlich nicht falsch. Sie leugnet indes die Unrechtmäßigkeit der Besatzung.

Heinrich Böll, ein genauer und sensibler Beobachter, erkannte Unmutsbekundungen gegen die Besatzer selbst dann, wenn sie »liebenswürdig« und »bezaubernd« kaschiert daherkamen. »Man gewöhnt sich daran, dass die Handwerker einen mit den liebenswürdigsten Ausflüchten wochenlang hinhalten, daß das Telefonmädchen einen mit bezaubernden Worten dreimal falsch verbindet, daß das Licht am Tag mehrmals versagt.«[52] Nicht einmal sechs Monate später war er erheblich düsterer gestimmt: »Die Franzosen selbst betrachten uns entweder mit verstecktem Haß oder mit einer sehr sanften Art von freundlichem Mitleid, beides ist nicht sehr erhebend.«[53]

Hass und Mitleid. Dieses sukzessive Abrücken der Zivilisten von den Soldaten war womöglich auch eine Reaktion darauf, dass sich deren Ausstrahlung wandelte, denn die änderte sich im Laufe des Krieges sehr: Im Frühsommer 1940 waren die Deutschen Sieger gewesen, energievoll und zuversichtlich, ihre Uniformen und Stiefel neu, ihre Versorgung und Großzügigkeit faszinierend. Anfang 1943 schrieb Böll aus Frankreich von der »Trauer und Verlorenheit unserer Soldaten in ihren dicken grauen Uniformen«[54], die »wirklich nicht mehr wie Sieger, sondern wie verlassene Kinder herumlaufen; traurig sind sie alle, die Soldaten, und irgendwie heruntergekommen, auch ein bißchen kindlich, ungepflegt, wirklich, wie Kinder, die man allein gelassen hat«.[55]
Etwa um die Zeit, als das Kriegsglück Deutschland verließ und das besetzte Europa wieder Hoffnung zu fassen begann, war auch in den Kriegsbriefen der Soldaten und ihrer Angehörigen seltener vom baldigen Endsieg und häufiger von der Hoffnung auf baldigen Frieden die Rede. Man dürfe allerdings, schreibt der Historiker Klaus Latzel, aus dem Ruf nach Frieden nicht vorschnell bestimmte Einstellungen für oder gegen nationalsozialistische Ziele ableiten. Er signalisiere möglicherweise »nur das nahende Ende der psychischen und physischen Belastbarkeit«.[56]

Ermattung und Mutlosigkeit machten sich breit. Vierzig-
jährige Soldaten erfuhren, dass ihre achtzehnjährigen Söhne
gefallen waren, Familienväter verloren durch die Bomben-
angriffe Frau und Kinder, andere waren in Sorge, weil Angehörige ausgebombt waren. Wer keine schlechten Nachrichten aus der Heimat bekommen hatte, befürchtete sie. Die
strahlenden jungen Helden des Frühsommers 1940 wurden
an die Ostfront abkommandiert, statt ihrer kamen Soldaten, die entweder viel älter oder – noch etwas später – viel
jünger waren.

Viele der Neuen kamen direkt von der Ostfront, sie
waren und wirkten verzagter, grauer, angegriffener. Sie
waren »zur Erholung« in die Etappe Nord- und Westeuropas abkommandiert, und nicht alle verkrafteten es, zwischen
solch extremen Lebensbedingungen hin und her geschoben
zu werden. SS-Männer, aber auch Wehrmachtssoldaten, die
aus dem Osten kamen, waren dort derart verroht, dass sie
sich in den »zivilisierten« Militäralltag in West- und Nord-
europa nicht (mehr) einpassen konnten.

So berichten norwegische Zeitzeugen aus verschiedenen
Orten, dass unter den bei ihnen stationierten Deutschen
auch »normale Soldaten, Gefreite und Unteroffiziere« (das
heißt: keine SS-Leute) waren, die direkt von der Ostfront,
aus Griechenland oder Jugoslawien kamen. Sie waren
»Nervenwracks mit einem glühenden Hass auf Osteuropäer«, wie ein norwegischer Zeitzeuge schrieb, »Schläger
der schlimmsten Sorte«, meinte ein anderer, der an einem
anderen Ort die gleichen Erfahrungen gemacht hatte. »Was
es hier an Misshandlungen und Tötungen von serbischen
und russischen Kriegsgefangenen gab, ging allein auf ihr
Konto.«[57] Einer erinnerte sich, dass »jeweils zwei Soldaten
zu den Leuten in der Gegend gingen und sie warnten, daß

jetzt wieder Soldaten von der Ostfront zur Erholung kämen. Man dürfe sie keinesfalls provozieren, sie seien nervlich völlig zerrüttet. Bei der geringsten Provokation könne alles mögliche passieren.« Einmal passierte wirklich etwas, es ging aber zum Glück glimpflich ab: Drei Soldaten begegneten einem Bauern. Ohne jeden erkennbaren Anlass und ohne Vorwarnung warfen sie ihn in den Straßengraben, »weil er nicht weit genug am Straßenrand gegangen sei und somit keinen Respekt vor der Wehrmacht gezeigt habe«. Er musste zehn Liegestütze machen, dabei hielt einer ihm ein Bajonett an den Hals.[58] Wie viele solche tätlichen Übergriffe es auf die Zivilisten in Nord- und Westeuropa gegeben hat, ist schwer zu sagen. Es heißt immer, dass selbst geringfügig wirkende Überschreitungen und Vergehen schwer geahndet wurden, in Wahrheit hing dies oft von den Kameraden und Vorgesetzten ab. Niemand mochte einen Kameraden anzeigen, und Vorgesetzte entschieden oft danach, was opportun schien: »Die Veranlassung eines Kriegsgerichtsverfahrens, auch wegen des damit verbundenen Schreibkrams, blieb äußerst unbeliebt. Man versuchte, Vergehen möglichst unter der Hand zu regeln, beziehungsweise sogar zu vertuschen. Hierbei spielte die Art des Vergehens eine entscheidende Rolle.«[59]

Wenn man (was ich tue) davon ausgeht, dass ihre Kriegs- und Fronterlebnisse diese ehemalige Frontsoldaten so »nervös«, also brutal und verroht machten, stellen sich Fragen: Die Soldaten, die nur in den befriedeten Ländern stationiert waren, waren nicht nur kampfunerfahren, sondern auch, wenn man das tief gestörte Verhalten der »Schläger« bedenkt, für Kampfeinsätze offenbar zu vertrauensselig und unvorsichtig. Wie mag es jenen ergangen sein, die an die

Ostfront geschickt wurden? Ist das Schicksal der 25. Panzer-Division verallgemeinerbar, die von Norwegen an die Ost-front verlegt und dort ungewöhnlich schnell vernichtet wurde, weil die Soldaten keinerlei Übung im Feld hatten?[60] Waren sich jene, die in den Dörfern Flanderns, Jerseys und Jütlands ein beschauliches Etappenleben führen konnten und nicht im Osten kämpfen mussten, bewusst, dass ihnen diese rohe Härte erspart geblieben war, die Persönlichkeits-veränderungen, die Traumatisierungen – und das nur, weil sie Glück gehabt hatten? Begriffen sie, dass sie ihr reines Gewissen, niemals an Verbrechen teilgenommen zu haben, ausschließlich diesem willkürlichen, unerklärlichen »Glück« zu verdanken hatten?

Die »Nervenwracks« berichteten ihren Kameraden in den befriedeten Ländern ausführlich, was »im Osten los war«. Viele Hinweise hierzu finden sich in den Briefen und Tagebuchaufzeichnungen des Hamburger Pfarrers Johannes Martin Hennig. Wegen seiner sechs Kinder war der Zwei-undvierzigjährige erst 1944 auf einen relativ ungefährlichen Posten nach Nordnorwegen geschickt worden. Dort führte er Protokoll über nahezu alles, was er sah und hörte.[61] Mehrfach erwähnte er tief bestürzt, dass Kameraden, die im Osten gewesen waren, Ungeheuerliches berichteten. »Es gibt kein Verbrechen, das wir da nicht begangen haben«, detaillierter könne er wegen der Zensur nicht werden. »Ich kann nicht schreiben, was die Kameraden da erlebten. Je-denfalls sind sie ausnahmslos der Meinung, daß wir den Sieg nicht verdient haben.« Im Januar 1945 war er so auf-gebracht, dass er doch aufschrieb, was diese Kameraden über die bestialische Ermordung von Juden abseits der Ver-nichtungslager erzählten, diese Briefe schickte er aber nicht ab.[62] Ihm fiel übrigens auch auf, dass in diesen Berichten niemals von »Ermorden« die Rede sei: »Gemordet – das klingt so nach Bösem, also sagt man umgelegt oder liquidiert!«

Die in Norwegen Stationierten waren von der Wahrheit, was Wehrmacht und SS im Osten taten, also nicht so abgeschnitten, wie sie später oft behaupteten, denn Hennig ist keineswegs der Einzige, der von solchen Gesprächen berichtete. Ein anderer Soldat traf im April 1942 bei einer nächtlichen Bahnfahrt einen Norweger, der als Freiwilliger der Waffen-SS am Krieg gegen die Sowjetunion teilgenommen hatte. Er erzählte, was er dort erlebt hatte, der Deutsche gab das in seinem Tagebuch in direkter Rede wieder. Die sehr lange Passage beginnt mit den Sätzen: »Ich habe die deutschen immer für ein hochintelligentes volk gehalten. jetzt habe ich erkennen müssen, daß dies ein volk von barbaren ist. und dann die SS. das sind bestien, keine menschen.«

Unbestritten ist, dass sich die Zivilisten in ganz Europa stärker von den Deutschen distanzierten, je weiter der Krieg voranschritt. Deutschland siegte nicht mehr an allen Fronten, man musste mit Blindheit geschlagen sein, um nicht zu wissen, dass es unklug war, allzu offensichtlich auf der Seite des künftigen Verlierers zu stehen. Das war keineswegs nur billiger Opportunismus, es war auch gelebte Erfahrung. Europas Zivilbevölkerung hungerte, in allen Ländern streifte die Besatzungsmacht den (immer schon fadenscheinigen) Samthandschuh ab und regierte mit der Eisenfaust. Terror und Repressalien verschärften sich, der Hass auf das Regime wuchs. Und die Bevölkerung ersann neue Arten, diesen Hass zu äußern. Bereits im Januar 1943 berichtete Böll von einer »neuen Gemeinheit«, wie er es nannte, die ihn wie ein Keulenschlag traf. »Die Wirkung ist toll, die schreiben einfach

1918 an die Mauern, diese Kombination von Ziffern ohne jeden Kommentar, eine bedrückende kleine Zahl.«[63]

Es entsetzte ihn auch, als ihm nicht einmal vier Monate später ein »sechzehnjähriges Kind« unumwunden sagte, »daß die ganze Welt ›Deutschland‹ instinktiv haßt ... Sie macht gar keinen Hehl daraus, daß sie auch Deutschland hasse ... Ich war wirklich erschreckt von soviel naiver Voreingenommenheit, die uns mit völliger Selbstverständlichkeit für halbe Wilde und Barbaren hält; es hat mich sehr traurig gemacht, dieser sehr plötzliche und sehr tiefe Einblick in die wahre Meinung des französischen Volkes über uns, die dieses kleine Mädchen mir mit der Brutalität ihrer Jugend entgegenhält ... Ich glaube, es wird niemals auf der Welt ein Volk geben, das uns verstehen kann, außer uns selbst. Alle meine Argumente über unsere doch sogar von der Welt ›approbierte‹ Kultur, über den Bolschewismus, ach, alles prallte ab an einer fast paradiesischen Borniertheit, gegen die einfach nichts zu machen ist.«[64]

Betrunkene und Kinder sagen die Wahrheit, heißt es. Jean-Michel Cazes, einer der berühmtesten Winzer des Bordelais, erinnert sich an die Spiele seiner Kindheit, und die spiegeln die innere Dynamik dieser Abwendung von den Deutschen vielleicht präziser wider als manche wissenschaftliche Studie. »Im Herbst 1940«, so der damals achtjährige Cazes, »wollten nach den Sommerferien alle ›Deutsche‹ spielen. Die Deutschen kamen uns damals alle so stark und klug vor«. Zwei Jahre später, als die Besatzung auch im Alltagsleben der Franzosen deutliche Spuren hinterlassen hatte, änderte sich das. »Spätestens damals wollten alle in den Untergrund, sich der Résistance anschließen und gegen die Deutschen kämpfen. Das war so viel romantischer.« Als der Druck der Besatzungsarmee immer stärker wurde, wich die Romantik schließlich dem Realismus. »Wir beobachteten die Deutschen immer beim Marschieren, und da kamen sie uns nicht mehr nur einfach stark, sondern richtig furchteinflößend vor.« Und je mehr sich das Kriegsglück gegen die Deutschen wendete, desto mehr veränderten sich auch die Spiele der Kinder auf der Straße: »Irgendwann wollten wir dann alle nur noch Amerikaner sein«, erinnerte sich Cazes. Am Ende des Krieges hatten sich alle völlig umorientiert: Überall spielte man nun »Cowboy und Indianer«.[65]

Der belgische Schriftsteller Hugo Claus beschrieb diesen Wandel knapper und brutaler: »An der Schwelle zum Mann, also zur Feigheit, fing ich an, die Deutschen zu verachten, als sie zu verlieren begannen.« Solche Gefühle sind weder edel noch heldenmütig, aber sehr, sehr menschlich. Claus sagte auch: »Es gab während des Krieges eine Art Widerstand, aber ich glaube, der war minimal. Natürlich wurde er nach dem Krieg zu heroischen Proportionen aufgebläht, und dann entdeckten wir, daß jeder ein belgischer Patriot gewesen war.«[66]

»Fast zwei Stunden lang habe ich hier gesessen und mit der Maschine Liebesbriefe an französische Mädchen in dem Städtchen geschickt, wo wir zuletzt waren; die Landser sind so unendlich naiv, dass ich ihnen den Wunsch einfach nicht abschlagen konnte.«

Heinrich Böll, 29.11.1942

»Sobald du als Landser das Soldatenheim betrittst, bist du nicht mehr der rauhe Krieger … du bist ein ganz kleiner Junge geworden, der sich glücklich preist, wenn man ihn überhaupt ernst nimmt und der zum zweiten Mal glücklich ist, wenn jetzt eine auf ihn zutritt, mit ihm einige Worte wechselt, ihm Kaffee bringt und Kuchen. Der Himmel Deutschlands strahlt aus ihrem Blick … und du empfindest Demut und Dankbarkeit für diese Frauen, die es auf sich genommen haben, hierher zu kommen, um dir ein lebendiger und steter Gruß der Heimat zu sein.«

P.C. Ettighoffer

Zwischenbemerkung:
Soldaten sind Männer
(Die Sache mit dem Sex
und den Hormonen)

Die Sexualität war für Soldaten die »Frage Nummer eins«. Sie dachten an Frauen (manche an Männer) und redeten unentwegt darüber. Dennoch finden sich in den (erhaltenen) Feldpostbriefen und Tagebüchern selten explizit geäußerte sexuelle Wünsche und Phantasien. Darüber sprach (und schrieb) man, wenn überhaupt, verklausuliert. »Der gute Geschmack

200

verbietet, über Dinge zu berichten, die nur zwei angehen«, schrieb ein Zwanzigjähriger in sein Tagebuch; ein Jahr (und einige Frauen) später: »Und es geschieht das Unvermeidliche, das Allzumenschliche, das unsere Herzen so heftig pochen läßt.« Wer expliziter wurde, mag sich später entschieden haben, die Zeugnisse seines erotischen und sexuellen Begehrens zu vernichten.[1]

Aber es braucht nicht viel Phantasie, um sich vorzustellen, worum diese Gedanken kreisten. Manche malten ihre sexuellen Träume sogar auf die Wände der Bunker und Unterkünfte, hier und da sind sie noch erhalten: Pin-up-Girls unter Palmen, Landser, allein oder in Gruppen, die mit drallen Frauen spazieren gehen, tanzen, sie umarmen. Vermutlich gab es auch weniger jugendfreie Bilder, die übermalt – also auch zensiert – wurden.

Ob die Soldaten außer Träumen auch sexuelle Erlebnisse hatten und welche das waren, hing stark von ihrem Einsatzort ab. Denn während es in Paris und Oslo, in Städtchen und Marktflecken zumindest möglich war, eine Frau zu finden, lagen viele Soldaten – nicht nur die an der Front – weit von jeder Ansiedlung entfernt. Böll schrieb über einen seiner Stationierungsorte, dass er dort »von Frankreich und seinem Wesen« nichts spüre, »hier ist wirklich reiner Krieg, alles ist absolut und hart, ohne jedes Zugeständnis«.[2] In Nordnorwegen schrieb einer, es gebe im Umkreis von Stunden keine Frau, und fügt dann wie selbstverständlich an: »nur Lappenmädchen«. Die stellte die deutsche Rassenhierarchie als »rassisch minderwertige Frauen« auf eine Stufe mit »Straßendirnen, geistigen und körperlichen Krüppeln«[3], was Soldaten nicht im Geringsten davon abhielt, mit ihnen zu schlafen, sich in sie zu verlieben, sie heiraten zu wollen.

An anderen Orten gab es weit und breit wirklich keine Frau

und somit keine Möglichkeiten zum Geschlechtsverkehr (von homosexuellen Kontakten abgesehen). Es blieben Onanie und quälende Phantasien mit uneingestandenen, vermutlich angst-einflößenden homoerotischen Wünschen, und es blieben derbe Gespräche über Sexualität und Frauen, denen keiner entfliehen konnte.[4] »Es war ein großes Thema. Das waren auch die Träume, weil *das* so weit weg war, die Sexualität. Das war am weitesten weg. Essen und Trinken gab es zur Not immer noch, aber das gab es nicht. Die alten Säcke bei uns in der Kompanie haben nichts anderes erzählt als von ihren Wei-bern, was sie da erlebt haben, das war auch eine Belastung.« *Was* es gab, notierte ein Zweiundzwanzigjähriger in Russland: »Wir ließen eine gefangene Russin Nackttänze aufführen und bestrichen ihr die Brüste mit Stiefelfett, machten sie so betrun-ken wie wir selbst waren«[5]; an anderer Stelle vermerkte er bitter: »Unsere Ideale waren das Ich, Tabak, Essen, Schlaf und Frankreichs Dirnen.«[6]

»Frankreichs Dirnen« arbeiteten in Bordellen, die zur »se-xuellen Versorgung der Wehrmachtsangehörigen« eingerichtet worden waren.[7] Das erste entstand »bereits wenige Tage nach dem Überfall auf Polen«[8] im dortigen Operationsgebiet, spä-ter waren überall, »wo es deutsche Soldaten gab, sogar in Afrika«[9] Wehrmachtsbordelle, 1942 sollen es insgesamt über 500 gewesen sein.[10] Was dort geschah, bezeichnete Hitler verklemmt als »Lieben«: »Wenn der deutsche Mann als Soldat bereit sein soll, bedingungslos zu sterben, dann müsse er auch die Freiheit haben, bedingungslos zu lieben.«[11]

In Paris beispielsweise bekamen Soldaten und Offiziere Stadtpläne ausgehändigt, die Bordelle und Absteigen auswie-sen, »die für die deutschen Soldaten erlaubt waren, und auf dem hinteren Teil waren die verbotenen Bordelle aufgeführt«.[12] Etablissements für Offiziere waren komfortabler als die für Soldaten. Diese »vorzügliche Wehrmachtsbetreuung« wurde gern in Anspruch genommen, vor den Häusern bildeten sich immer lange Schlangen. Der Monatsbericht des Kommandanturarztes im französischen Angers vermerkt für den November 1940: »Die Bordelle wurden in 14 Tagen von 8984 Soldaten besucht, von denen 2467 den Geschlechtsverkehr ausübten.«[13] Ein anderer Arzt, der ebenfalls 1940 in Frankreich Geschlechtskrankheiten behandelte, schrieb viele Jahre später bitter: »Für die meisten jungen Kameraden waren es die letzten Mysterienspiele in Amors Diensten, wenige Monate später wurden sie zu Krüppeln geschossen oder in ein frühes Grab gebettet.«[14]

In diesen kontrollierten Einrichtungen sollten die Soldaten »ihr regelmäßiges Bedürfnis nach Ausübung des Geschlechtsverkehrs«[15] befriedigen (können). Hauptzweck der Bordelle war es, Vergewaltigungen und Homosexualität vorzubeugen sowie die Soldaten davon abzuhalten, mit den Zivilistinnen der besetzten Gebiete zu schlafen. Das war keineswegs deshalb unerwünscht, weil die Wehrmachtsführung dergleichen moralisch verwerflich gefunden hätte. Die unerfüllten sexuellen Bedürfnisse mehrerer Millionen Männer haben für jede Armee der Welt eine immense Sprengkraft, aus der »Eigenmächtigkeiten« resultieren können, die gravierende disziplinarische Probleme aufwerfen.

Ein weiterer wichtiger Grund für das Bordellwesen war das Bemühen, die Verbreitung von Geschlechtskrankheiten einzudämmen. Die in den Wehrmachtsbordellen beschäftigten Prostituierten wurden ständig ärztlich überwacht, die Soldaten mussten sich nach dem Geschlechtsverkehr einer sogenannten »Sanierung« unterziehen, eine »prophylaktische Behandlung des männlichen Geschlechtsteils mit chemischen Mitteln« durch die Sanitätsdienste der Wehrmacht.[16] Soldaten, die sich angesteckt hatten, ohne eine solche »Sanierung« vorweisen zu können, drohten mehrere Wochen verschärfter Arrest oder Urlaubssperre.

Nicht nur wurde vorgegeben, welche Frauen als Geschlechtspartnerinnen in Frage kamen, auch mögliche Informationsquellen über Sexualität wurden zensiert: Als ein Unteroffizier in einer Stube »ein Buch von Dr. Magnus Hirschfeld über das Sexualproblem im Kriege« fand, drohte eine »Strafsache wegen Wehrkraftzersetzung ... Hirschfelds Tendenzen und Folgerungen sind antimilitärischer Art«.[17]

Von »bedingungslosem Lieben« konnte angesichts all dieser Einschränkungen keine Rede sein, zumal es keine »flächendeckende« Versorgung mit Bordellen geben konnte. Das Problem der »Sexualnot« blieb also für die meisten bestehen, wie folgendes Zitat belegt. »irgend etwas muß geschehen, ich bin das mönchsleben so satt, 3 mädchen auf einmal wären mir auch recht. ganz egal, was es ist, fleisch will ich sehen.« Spätestens wenn sie Derartiges dachten, frequentierten die Soldaten auch »freiberufliche« Prostituierte und verbotene Puffs. Um einen solchen dürfte es sich bei »dem berüchtigten *Café Hemd hoch* in Maubeuge« gehandelt haben, an das sich ein damals Achtzehnjähriger noch Jahrzehnte später mit einer gewissen Atemlosigkeit erinnert.[18]

Atemlos wurden viele auch, wenn – was selten vorkam – eine deutsche Frau an ihrem Stationierungsort auftauchte. Das konnten Frauen aus dem »weiblichen Wehrmachtsgefolge« sein, die als Nachrichtenhelferinnen eingesetzt wurden, oder Rotkreuzschwestern, die nicht nur in den Lazaretten arbeiteten, sondern auch die Soldatenheime der Wehrmacht betreuten. Das waren Erholungsorte, eine Art Soldaten-Club, die bei allen sehr beliebt waren. In einer Lobeshymne auf die Frauen dort heißt es: »Für sie als Frauen [muss es] doch so herrlich sein, alle diese großen, starken Männer und rauhen Krieger so klein und so jungenhaft um sich zu sehen. Und ganz ohne Glanz und Glorie ... Du bist überhaupt wieder ein anderer Mensch, du bist ein ganz kleiner Junge geworden, der sich glücklich preist, wenn man ihn überhaupt ernst nimmt und der zum zweiten Mal glücklich ist, wenn jetzt eine deutsche Frau in Schwesterntracht auf ihn zutritt, mit ihm einige Worte wechselt, ihm Kaffee bringt und Kuchen. In jeder siehst du die Frau, die Mutter, die Braut. Sie sind für dich fleischgewordenes Heimweh.«[19]

Allem Geschwärme von Mutter und Heimweh zum Trotz wurden ausnahmslos alle deutschen Frauen so begehrt, dass sie sich »nur mit den höheren Rängen abgegeben haben, die konnten ja wählen. Bei denen konn'ste als Schütze Arsch nichts werden«. Das galt auch für deutsche Frauen, die mit der Wehrbetreuung umherreisten. Sie übernachteten angeblich grundsätzlich bei einem der höheren Offiziere, was ihnen bei den Landsern den Ruf eintrug, »lockere Frauen ohne jegliches Schamgefühl«[20] zu sein.

»Manche Frontunterhaltungstruppen verstanden sich – zur Freude vor allem der Offiziere – als reisendes Bordell; andere, die Varieté-Repertoire und Gepflogenheiten der Unterhaltungsbranche an die Front transferierten, erweckten kaum zu zügelnde Bedürfnisse der Soldaten.«[21] Nach solchen Veranstaltungen mit »geschlechtlichen mehr Ein- als Zweideutigkeiten ... entläßt man die so ›aufgemöbelten‹ Leute, was sollen sie dann anderes tun, als Mädel anzusprechen«. Manche ließen es nicht beim Ansprechen – sei es der einheimischen Frauen, sei es der reisenden Künstlerinnen – bewenden. Sie versuchten beispielsweise, nachts durch das Fenster der Deutschen einzusteigen oder gar die Tür einzutreten. Vielleicht hatten einige der als »locker« verfemten Frauen also nur die Erfahrung gemacht, dass es zu gefährlich war, ohne »Beschützer« in einem Lager unter Männern zu übernachten.[22]

Die Geistlichen ermahnten die Soldaten bei den Feldgottesdiensten zur Keuschheit (»Rein bleiben – der Mutter ins Auge sehen können«), als Oberbefehlshaber des Heeres forderte Walther von Brauchitsch von ihnen »auf geschlechtlichem Gebiet Selbstzucht«. Vor allem für den verheirateten Soldaten sei dieses Gebot eine Selbstverständlichkeit.[23] Das war es selbstverständlich nicht.

Keiner kann wissen, wie viele (trotz sich bietender Gelegenheiten) »Selbstzucht übten« und in so enger Verbindung zu Frau oder Freundin blieben, wie es unter diesen Umständen möglich war. Sie schrieben ihr jeden oder jeden zweiten Tag, machten sie zum monogamen Mittelpunkt ihres Denkens, Fühlens, Hoffens. Sie lebten kompromisslos treu und zölibatär: »Wenn sich nicht über allem als strahlende Gewissheit unsere Liebe erhöbe – die Hoffnung, dass wir in einer besseren Zukunft ein gemeinsames Leben führen –, dann wäre es gar oft zum Verzweifeln.«[24]

Wer von diesen Treuen noch ledig war, wollte das nicht bleiben. Ein junger Mann, der sich in der Heimat verliebt hatte, »überredete die Eltern der 19-jährigen Braut mit dem unschlagbaren Argument, als Verheirateter erhalte er erheblich höhere Bezüge, was auch der Familie seiner Verlobten nützte«.[25] Mancher umwarb die Geliebte noch etwas pragmatischer mit dem Hinweis, dass es kurzsichtig wäre, im Falle des Falles auf die Kriegerwitwenrente zu verzichten. An ihrem Liebesleben in der Etappe änderte die Heirat allerdings nichts: Anders als beispielsweise bei den amerikanischen Soldaten, die nach 1945 in Deutschland stationiert waren, durften die Ehefrauen der Wehrmachtssoldaten ihren Männern nicht ins Land ihrer Stationierung folgen.[26]

Andere beteuerten, dass ihnen die Bindungen in der Heimat und an die Heimat wichtiger seien als alles andere. Sie versicherten, dass man sich als Mann vor den »deutschen Mädeln« schämen müsse, »wenn wir uns hier im Ausland die Frauen aussuchen und mit nach Hause brächten«.[27] Doch die Treueschwüre, die sie ihrer Freundin, Verlobten oder Ehefrau in der Heimat gegeben haben und brieflich häufig erneuerten, waren mit der Realität ihres Soldatenlebens und ihrer Sehnsucht nach einer Frau nicht vereinbar. Poetisch beschrieb Böll seiner Frau, was er in einer französischen Bar beobachtete. An einem Tisch befand sich ein sehr hübsches junges Mädchen, an den anderen Tischen saßen Soldaten ganz allein und verfolgten »mit traurigen Augen alle Bewegungen des hübschen Mädchens«.[28] Doch anders als offenbar an diesem Ort, war vielerorts die Gelegenheit zum Seitensprung günstig. Und während viele nur »eine schnelle Nummer« wollten, wünschten sich andere eine Freundin, eine Gefährtin.

Es gab gute Gründe dafür, dass man von der »kopulationsfreundlichen Etappe« redete, nicht umsonst galten Geschlechtskrankheiten als »Etappenerscheinung«. In der Etappe Nord- und Westeuropas waren nämlich die Chancen einer sexuellen Begegnung mit Zivilistinnen nicht schlecht (wenn auch offenbar, will man dem Hamburger Pastor Johannes Martin Hennig im folgenden Zitat Glauben schenken, nicht so gut wie in Russland).

Viele suchten also an ihrem Standort eine Frau, und es kann keinen Zweifel daran geben, dass erheblich mehr Soldaten damit Erfolg hatten, als man das nach dem Krieg in Europa glauben oder wahrhaben mochte. Sie gingen kurz- oder längerfristige Beziehungen ein; Pfarrer Hennig schrieb 1944 aus Nordnorwegen, mehrere verheiratete Unteroffiziere hätten dort eine »Frau«. Die Männer seien seit drei oder vier Jahren von zu Hause fort, und wenn sie ganz selbstverständlich von »meiner Frau« sprächen, wisse er, Hennig, manchmal nicht, ob sie die in Norwegen oder die in Deutschland meinten. »Freilich, den Frauen in Deutschland wird die Frau hier oder in Russland – da hatten angeblich fast alle Männer eine, vom Hauptmann an bis zum Schützen, für Liebe, Essen und Wäschewaschen – verschwiegen.«[29]

Verurteilen mochte er diesen Ehebruch nicht: »Die Männer haben eine Frau, die Frauen einen Mann, die Männer werden versorgt, die Frauen bekommen satt zu essen, und etwaige Reparaturen an der Wohnung werden gemacht – es ist jedenfalls ein höher stehendes Verhältnis. Man muß auch die Lage der Männer sehen. Es ist anders als wenn sie, wie manche in Frankreich, von Hure zu Hure laufen.« Auch der Ehefrau in Deutschland sei gedient, schließlich gehe es ihrem Mann so viel besser als ohne norwegische »Frau«.

Umgekehrt wurde weniger liberal argumentiert. Dass die eigene Freundin, Verlobte oder Ehefrau die Härten ihres deutschen Kriegsalltags mit einem »Ehemann auf Zeit« abfedern könnte, gehörte zu den größten Ängsten der abwesenden Männer, die jedes Mal neu angefacht wurden, wenn einer einen Brief bekam, in dem seine Freundin, Verlobte oder gar Ehefrau mit ihm Schluss machte. Solche Ängste waren keineswegs aus der Luft gegriffen. Auch gebundene Männer berichteten, dass sie auf Heimaturlaub oder bei Schulungen im Reich »wieder verheiratete Weiber gehabt haben, von denen sie fast überrannt wurden … Jeder schwört auf seine Frau, aber die meisten, sieht es aus, sind eben doch untreu.« Angeblich neigte »ein großer Teil der Frauen und Mädchen« dazu, »sich geschlechtlich auszuleben«. Angesichts des zügellosen Sexuallebens der Soldaten stellten sich untreue Ehefrauen »mitunter auf den Standpunkt, daß das, was der Mann tut, auch ihnen gestattet sein müsse«.[30]

Viele junge Männer sammelten fern von zu Hause ihre ersten sexuellen Erfahrungen, nicht nur bei Prostituierten. Ein ehemaliger Soldat meinte abschätzig, er habe es nicht nötig gehabt, wie die anderen ins Bordell zu gehen, er habe eine feste Freundin gehabt. Er war zwanzig, als er von ihr »entjungfert« wurde, »das kam ganz von selber. Es wundert mich, daß sie mir nicht auf die Finger geklopft hat.« Als sie von ihm schwanger wurde, wollte er sie aber nicht heiraten. »Mir da oben noch eine Frau an den Hals hängen, ne, soweit kommt's noch.« Ein anderer hatte zwar erhebliche Skrupel, als seine verheiratete Freundin schwanger wurde und abtrieb, dachte aber an »Vater und Mutter«, an den Spruch »Irgendwann, irgendwo wartet ein Mädchen auf dich. Halte dich seiner wert!« und beantragte seine Versetzung in einen anderen Landesteil. Nachdem er im folgenden Jahr in Deutschland »das Mädchen« gefunden hatte, hatte er für die Norwegerinnen, die mit Deutschen befreundet waren, nur noch abschätzige Blicke: »Wer wird nach dem Krieg hier noch übrig bleiben, den ein ordentlicher Mann heiraten mag?«

Manche ältere Frau nutzte die Gunst der Stunde und verführte einen sexhungrigen und potenten Jüngling, was der später zum richtigen Mädchen Bekehrte seinerzeit durchaus zu schätzen wusste. Ihm gefiel an seiner verheirateten Freundin, dass man »mit einer reifen Frau … ruhig über alle an das Sexualleben angrenzenden medizinischen Fragen sprechen kann, und auch mancherlei wertvolle und für einen Mann wissenswerte Regungen der weiblichen Psyche werden dabei offenbar.« Von den jungen Frauen, die den Deutschen nicht widerstanden, werden viele gedacht haben wie eine Französin:

»Ob Deutscher oder Franzose, Freund oder Feind, zuerst ist er ein Mann, und ich bin eine Frau.«[31] Wohin die neuen Geschlechterverhältnisse führen würden, hatte Simone de Beauvoir bereits beim Einmarsch der Deutschen im Sommer 1940 gesehen: »Am Straßenrand plauderten [deutsche Soldaten] mit sehr hübschen Mädchen, und [ein Franzose] sagte: ›Dabei werden viele kleine Deutsche rauskommen‹ – diesen Satz habe ich an die zehnmal gehört, und nie enthielt er einen Tadel. ›Ja, die Natur‹, sagte der Mann, ›dazu braucht man nicht die gleiche Sprache zu sprechen.‹«[32] Hinzu kam natürlich, das Millionen französischer Männer als Kriegsgefangene und Zwangsarbeiter in Deutschland waren, aber manche Französinnen wollten ebenso wenig ohne Männer leben wie die Männer ohne Frauen.

Männermangel allein kann jedoch nicht der Grund für die Beziehungen zu den Feindsoldaten gewesen sein, denn obwohl in Norwegen nur wenige Männer das Land verlassen hatten, waren auch viele Norwegerinnen der Ansicht, dass der Deutsche zuerst ein Mann und sie zuerst eine Frau seien. Viele hätten vermutlich der lapidaren Erklärung der jungen Frau aus Marguerite Duras' *Hiroshima mon amour* zugestimmt: »Ich nahm diesen Feind da aus von den anderen. Er war meine erste Liebe.«[33]

Denn es ging nicht (immer) nur um Sex. Auch junge Männer erlebten die erste große Liebe, viele wollten ihre ausländische Freundin sogar heiraten, vor allem wenn ein Kind unterwegs war. Eine Heirat mit einer Ausländerin war einem Wehrmachtssoldaten aber nur in einigen wenigen, den Nationalsozialisten als »arisch« genehmen Ländern möglich.[34] Dass die meisten Frauen – ob mit oder ohne Kind – nach dem Krieg dennoch allein zurückblieben, hatte zahlreiche Gründe, sie reichten von unüberwindbaren Verboten, die eine Heirat unmöglich machten, über normale »Entliebung«, wie sie immer vorkommt, Schuftigkeit und Verrat seitens des Soldaten bis hin zu dessen Tod an der Front.

Historiker des Zweiten Weltkriegs behandeln den Themenkomplex »Soldaten und Sexualität« meist nur als den »durch männliche Gewalt geprägten Umgang mit dem anderen Geschlecht, also Vergewaltigung, Prostitution – kurz ›Eroberungen‹ der Eroberer, die lediglich als moralisch verwerfliche Begleiterscheinungen dieses verbrecherischen Krieges einzuordnen« sind.[35] Das gab es natürlich, ebenso wie es Zweckprostitution gab. Die alte Tauschformel »Sex gegen Brot« – oder auch Pelz, Champagner, Lebenslust – bleibt immer aktuell. Es gab sexuelle Beziehungen, die wenig mehr als Liederlichkeit, Ausbeutungsverhältnisse und Betrug waren, sei es an der ausländischen Freundin, sei es an der deutschen Partnerin, oft an beiden. Und auch so mancher ausländische Ehemann bekam Hörner aufgesetzt. Aber es gab auch zarte Flirts, Verliebtheiten und Liebe. Es gab sogar Liebe im Vernichtungskrieg, über die der Historiker Rolf-Dieter Müller sagt: »Kaum ein zweites Thema dürfte bis heute derartig verdrängt worden sein.«[36]

Nach mehr als sechzig deutschen Friedensjahren klingt es geradezu pathetisch, wenn man sagt: Für den Wehrmachtssoldaten zählte nur das Jetzt, in wenigen Stunden konnte er tot sein. Für den, der das damals erlebte, hatte das nichts Pathetisches. Vor einigen Jahren fragte ich einen Zweiundachtzigjährigen, der den Russland-Feldzug vom ersten bis zum letzten Tag mitgemacht hat, was für ihn damals das Schlimmste gewesen sei. Ohne zu zögern sagte er: »Der Gedanke, daß ich sterben könnte, ohne jemals mit einer Frau geschlafen zu haben.«

VI.
Patrioten und Denunzianten,
Anpasser und Widerstandskämpfer

Nach dem Krieg »entdeckten wir, daß jeder ein belgischer Patriot gewesen war, spottete der Schriftsteller Hugo Claus.[1] Aber schon in den allerletzten Monaten und Wochen des Krieges waren in allen deutsch besetzten Ländern, nicht nur in Belgien, die (wie man sie in Norwegen nennt) »Heiligen der Letzten Tage« in Aktion getreten. Der Wind hatte gedreht, und es gab nicht nur Kollaborateure aus Opportunismus, es gab nun auch Widerstandskämpfer aus Opportunismus. Je länger sich der Krieg hinzog und je deutlicher es wurde, dass die Deutschen letztlich den Krieg verlieren würden, umso wichtiger wurde es für alle, insbesondere aber für alle Amtsträger, im Rahmen ihrer Möglichkeiten ein doppeltes Spiel zu spielen: Während sie den Deutschen gegenüber Loyalität heuchelten, suchten und unterhielten sie insgeheim Kontakte zur Widerstandsbewegung. Viele taten dies aus tiefer patriotischer Überzeugung, allen aber dürfte klar gewesen sein, dass niemand das Kriegsende unbeschadet überleben würde, der sich nicht beizeiten nach beiden Seiten abgesichert hatte. Daher wollte jeder unbedingt noch etwas für die Widerstandsbewegung tun, und sei es nur, dass er mit einem geheimen Brief eine halbe Stunde über Land radelte.

Alle, die dies taten, werden Gründe für ihre Rettungs-
aktionen in eigener Sache gehabt haben. Während des Krieges jedenfalls war nicht immer offenkundig, dass »jeder
ein Patriot gewesen war«.

Im Gegenteil. In ihrem Pariser Hauptquartier in der Ave-
nue Foch leerte die Gestapo jeden Morgen einen übervollen
Kasten mit anonymen Briefen, in denen Franzosen einander
der Schwarzmarktschieberei oder der Zugehörigkeit zur
Résistance beschuldigten.[2] Ehemalige Postangestellte auf
den Kanalinseln erzählten nach dem Krieg, sie hätten Hunderte von Briefen an die Feldkommandantur zurückgehal-
ten, in denen Inselbewohner ihre Landsleute bezichtigten,
ein illegales Radio zu besitzen, verbotene Lebensmittelvor-
räte zu horten und so weiter.[3] Ebenfalls Jahrzehnte nach
dem Krieg nannte ein Deutscher, der als Offizier auf einer
norwegischen Insel stationiert gewesen war, einem dort Geborenen »Namen von Insulanern, die wir alle für ›gute Patrioten‹ gehalten hatten, und die in aller Stille Spitzel für die
Deutschen gewesen waren«. Der Insulaner kommentierte
seinen Bericht über dieses Gespräch mit den Worten, es habe
sein Bild vom Krieg und von seinen Mitbürgern auf immer
und unumkehrbar verändert.[4]

Wie immer und überall gab es Menschen, die denunzierten, weil sie von der Richtigkeit ihres Tuns weltanschaulich
überzeugt waren, andere wollten sich bloß wichtig machen
oder die ausgesetzte Belohnung kassieren. Die Mehrzahl der
anonymen Denunzianten aber arbeitete der feindlichen
Macht offenbar aus schlichter Niedertracht in die Hände.
Sie wollten Rache an Nachbarn oder Kollegen, mit denen
sie im Zwist lagen, an einem Ladenbesitzer, der zu hohe
Preise verlangte, an einer begehrten Frau, die einen anderen
vorgezogen hatte. Andere wieder denunzierten sozusagen

aus Versehen – aus Arglosigkeit, Unachtsamkeit oder schlicht aus Dummheit.

Man musste also aufpassen, was man sagte, wem man es sagte und wer möglicherweise mithörte; oft ging der Riss zwischen Widerstand und Kollaboration mitten durch eine Familie oder einen Freundeskreis. Ein unbedacht geäußerter Name konnte eine Tragödie auslösen, eine unbedachte Handlung eine Familie oder ein Dorf ins Unglück stürzen, denn obwohl die Deutschen in den befriedeten Ländern Nord- und Westeuropas eine völlig andere Besatzungsmacht waren als in Ost- und Südosteuropa, zeigten die Okkupanten Härte, wann immer sie ihnen wünschenswert schien.

Harte Urteile und die ständigen Androhungen von Repressalien wirkten auf die Bevölkerung über den konkreten Fall hinaus abschreckend und verunsichernd. Als im Kriegsverlauf auch in Norwegen der Widerstand spürbarer wurde, verließ sich die Besatzungsmacht zur Durchsetzung ihrer Maßnahmen immer stärker auf die Sicherheitspolizei, ein Organ der SS. »Jetzt spielte es auch keine Rolle mehr, daß die Norweger ›Germanen‹ waren. Viele bekamen dies in deutschen Konzentrationslagern oder in den ›Schutzhaftlagern‹ der Sicherheitspolizei in Norwegen zu spüren.«[5]

Schon Anfang 1941 sollte in Norwegen die wachsende Widerstandsbewegung durch die Drohung geschwächt werden, Angehörige und sogar Bekannte von Geflohenen und Untergetauchten als Geiseln zu nehmen. Die Umsetzung dieser Androhung führte zu einer Welle der Solidarisierung seitens der Bevölkerung. Einige tausend aufgebrachte Bürger säumten in der Hafenstadt Ålesund die Straßen, auf denen achtundvierzig Väter von Flüchtigen in Bussen zum Kai gebracht wurden. Sie sollten ein Jahr im Polizeihäftlingslager Grini bei Oslo interniert werden. Als das Schiff ablegte, stimmte die Menge die Nationalhymne an, was verboten war. Es war die größte antideutsche Demonstration während des Krieges, die für die Teilnehmer aber glimpflich ablief. Als die norwegische Polizei die Menschenmenge nicht auflösen konnte, feuerten deutsche Polizisten Warnschüsse ab und drängten die Demonstranten mit aufgepflanztem Bajonett zurück. Mehrere Demonstranten wurden verhaftet.

Die norwegischen Polizisten mussten nicht nur in diesem Fall bei der Umsetzung der deutschen Politik behilflich sein.[6] Und während manche als »gute Norweger« galten, obwohl sie denunzierten, wurde die patriotische Gesinnung aller Polizisten oft in Zweifel gezogen, obwohl manche dem Widerstand zuarbeiteten. Während sie wie Büttel der Okkupationsmacht wirkten, nutzten viele ihre Nähe zum Feind, um ihren Landsleuten zu helfen. Forderte beispielsweise der deutsche Sicherheitsdienst (SD) sie auf, eine Verhaftung vorzunehmen, fuhren zwei Beamte los, während ein dritter von der Wache aus den Betreffenden anrief und warnte.[7] Wer nach solch einem misslungenen Einsatz verdächtigt wurde, ein doppeltes Spiel zu spielen, musste »unschuldig, ahnungslos und unwissend tun. Mit Naivität kam man weit. Die Deutschen hatten kein allzu großes Vertrauen in die Intelligenz der norwegischen Polizei. Das war von Vorteil.«[8] Ein Widerstandskämpfer fand es »im Grunde völlig unverständlich«, wie bereitwillig selbst die Gestapo den norwegischen Polizisten vertraute:

»Das lag an Goebbels' Propaganda-Apparat, aus dem sie kamen. Danach waren die Norweger Freunde, Arier, sie waren ebenbürtig und obendrein Kollegen. Die Deutschen vertrauten diesen Polizisten. Und die sagten nie etwas Falsches, sondern hielten den Mund.

215

Die Deutschen deuteten das so, ja, ja, das sind anständige Kerle, auf die können wir uns verlassen. Darum sagten sie ihnen, wann sie eine Razzia durchführen würden. 1942/43 hörte das auf. Da hatte die Gestapo durchschaut, dass man sich auf die Polizei nicht immer verlassen konnte.«[9]

Nicht nur SD- und Gestapomänner hielten die Norweger für vertrauenswürdig. Auch die meisten deutschen Soldaten sahen in ihnen ehrbare Wikinger und aufrechte Naturmenschen, was vermutlich bedeutet: intellektuell nicht hoch entwickelt, etwas schlicht gestrickt. Solche herablassenden Vorstellungen waren (auch) die Folge des nationalsozialistischen Geschwafels von Herrenmenschen, germanischen Stämmen und »nordischer Schicksalsgemeinschaft«.[10] Was wie Vertrauen aussah, war also im Grunde nichts anderes als reinster Rassismus.

Man muss einräumen, dass die Norweger von diesem Rassismus profitierten. Generell tolerierten die Deutschen als Besatzungsmacht in Nord- und Westeuropa recht viel Widerspruch und zur Schau getragene Abneigung, bevor sie einschritten, bei Norwegern zeigten sie sich offenbar besonders langmütig: Ihnen ließen sie sogar mehr offen geäußerte Kritik und Alltagswiderständigkeiten durchgehen als den eigenen Staatsbürgern, denn Deutschen, ob in Uniform oder nicht, drohten für Aufsässigkeiten und defätistische Bemerkungen schwere Strafen.

Selbstverständlich war dieser Langmut kein Freibrief. Niemand konnte im konkreten Fall wissen, welche Folgen ein Aufbegehren haben würde. Daher muss ein Bauer aus dem Hallingdal mutig, ja tollkühn genannt werden, der mit einem Messer die Schnur der Fahnenstange auf seinem Hof

216

durchschnitt, als Deutsche im Mai 1940 darangingen, dort die Hakenkreuzfahne zu hissen. Obendrein begründete er diese Geste mit den Worten: »An dem Mast hier hängt nix als wie die norwegische Flagge, sonst säg ich ihn um.«[11] Die Deutschen fügten sich. Dass der Bauer seine Hitzigkeit nicht büßen musste, verdankte er der Besonnenheit des zuständigen Offiziers. Er hätte den Bauern verhaften können, wenn nicht Schlimmeres; aber in Norwegen konnten (und wollten) Offiziere es sich punktuell leisten, ihren Willen – den Willen der Besatzungsmacht – nicht durchzusetzen.

Der Fall des Hallingdal-Bauern war insofern außergewöhnlich, als er seinem Standpunkt mit einem Messer – also streng genommen einer Waffe – Nachdruck verlieh, aber in Norwegen kursieren zahllose ähnliche Geschichten. Es sind vor allem ältere Menschen, meist ältere Männer, die sich auflehnten, ohne belangt zu werden. Ein Norweger hat eine Erklärung, die gut in das »arische« Raster passt: Die Deutschen hätten seinen Großvater, der kein Blatt vor den Mund genommen habe, »auf eine ganz besondere Art und Weise als würdigen Gegner respektiert, als eine Art norwegischen Wikinger von echtem germanischem Blut, der es sich erlauben konnte, freimütig zu sprechen«.[12] Fraglich bleibt, ob Soldaten und Offiziere solche Reden bei einem jungen Mann geduldet hätten. Vielleicht geht es bei diesen Geschichten von Mut und Milde nur um die freundliche Herablassung, mit der ein junger Mächtiger einen greisen Ohnmächtigen gewähren lässt.

Die Wehrmacht verfolgte in allen besetzten Ländern minutiös die Stimmung in der Bevölkerung. In den Ländern des Westens stellte sich das Besatzungsregime oft taub und griff nicht ein, um die Bevölkerung nicht noch mehr gegen die Deutschen aufzubringen. Je ruhiger sich die Einheimischen verhielten, umso weniger Soldaten mussten dort für Ruhe und Ordnung sorgen. Sie wurden schließlich anderenorts gebraucht.

Das Leben in der Besatzungsgesellschaft war für Zivilisten voller Uneindeutigkeiten. Das Schwierigste im alltäglichen Umgang mit der Besatzungsmacht und den Besatzungssoldaten war vermutlich, niemals ganz sicher sein zu können, wie man sich verhalten sollte. Bei jeder Begegnung mit einem Soldaten mussten dieses konkrete Gegenüber, die Situation und die aktuellen Erfordernisse neu eingeschätzt werden – und zwar egal, ob dieser Mensch nun als Soldat oder als Privatperson auftrat. Was konnte ein Soldat, den man vom Sehen kannte und der immer gegrüßt hatte, von einem wollen, wenn man abends an ihm vorbeiradelte und er einen anhielt? War einem Soldaten zu trauen, der sehr vorteilhafte Schwarzmarktangebote machte? Wie weit musste man den Forderungen des deutschen Arbeitgebers nachgeben, um sich selbst nicht zu gefährden? Wo wurden Vorsicht und Pragmatismus zu Opportunismus, wo Opportunismus zu Kollaboration, wo Kollaboration zu Landesverrat?

Für »normale Bürger« der besetzten Länder lautete die zentrale Frage, wo die Grenze zwischen umsichtigem Handeln und Kollaboration verlief, wie weit Anpassung verweigert werden konnte, ohne sich zu gefährden, wie weit sie gehen durfte, wann sie (spätestens) verweigert werden musste. Man wollte überleben, man wollte in den eigenen Augen und den Augen derer, mit denen man zusammenlebte, ein anständiger Mensch bleiben. Das Wichtigste waren also Geschmeidigkeit und Anpassung. Anpassung ist ihrem Wesen nach dynamisch, undefiniert, unabgeschlossen und situationsbedingt.

218

Die meisten Zivilisten mussten und konnten also mit Uneindeutigkeiten und Grauschattierungen leben. Grauzonen sind ein vages »Dazwischen«: Einerseits sind sie unsicheres Terrain, andererseits gewähren sie einen gewissen Spielraum. »Gestreifte« nannte man in Norwegen jene, die ihr Heil allzu offensichtlich in dieser Uneindeutigkeit und im Opportunismus suchten.

Kollaborateure und Widerstandskämpfer hingegen lebten in den Extremen, im ideologischen Schwarz und Weiß. Dies war den Unversöhnlichen gemeinsam: Sie hatten eine Entscheidung getroffen, wo sie im Verhältnis zum Besatzer standen und wo sie künftig stehen, wer sie sein, mit wem sie es zu tun haben wollten – und mit wem nicht. Sie lavierten nicht von einer Situation zur nächsten, sie wählten nicht pragmatisch oder opportunistisch den (für sie selbst) sichersten Weg.

Der Kollaborateur machte gemeinsame Sache mit dem Besatzer, wobei er meist beteuerte, dies keineswegs aus Überzeugung zu tun, sondern aus Pflichtgefühl: Irgendjemand müsse beim Besatzer die Interessen der Zivilbevölkerung und des besetzten Landes wahren, »um Schlimmeres zu verhindern« – wozu übrigens auch »die Bolschewiken« zählten. Nicht der Widerstandskämpfer sei der wahre Patriot, sagt der Kollaborateur, sondern er. Mit dieser Auffassung stand er während der Besatzungszeit nicht ganz so allein da, wie es nach dem Krieg den Anschein haben sollte.

Zu Beginn der Besatzung im April 1940 wurde in Norwegen der völlige Kollaps des wirtschaftlichen und öffentlichen Lebens befürchtet. Die Spitzen von Politik, Wirtschaft und Verwaltung, so der norwegische Soziologe Dag Ellingsen, drängten darauf, »daß es auf die eine oder andere Weise *business as usual* geben müsse, da man sonst eine Krise der norwegischen Wirtschaft, der norwegischen Banken und so weiter riskiere. Das war die Parole von ganz oben, nicht Quisling, nein, das war lange bevor er überhaupt ins Bild kam. Die Botschaft lautete: Haltet die Räder am Laufen. Viele hörten das, und die hielten dann eben die Räder am Laufen.« Um – genau: Schlimmeres zu verhindern. Der Wunsch, die heimische Industrie und den Handel unter allen Umständen arbeits- und leistungsfähig zu erhalten, mochte den Interessen des besetzten Landes entsprechen, vor allem aber entsprach er denen der Besatzungsmacht. Ihr war an einem reibungslosen Funktionieren des Landes sehr gelegen.

Die Widerstandskämpfer hingegen wollten dem Feind größtmöglichen Schaden zufügen, ihn durch Sabotage und Attentate bekämpfen. Manchmal wurden Zivilisten mit hineingezogen, wie eine norwegische Bäuerin, die in ihrer Scheune Illegale entdeckte, die sich dort ohne ihr Wissen versteckt hielten. Das zwang sie, sich zwischen dem Verrat von Landsleuten und der Angst zu entscheiden, was mit ihr und ihrer Familie geschehen würde, falls die Deutschen die Partisanen entdeckten.[13] Es braucht wenig Phantasie, um sich vorzustellen, dass ihr Dilemma – einerseits den eigenen moralischen Ansprüchen zu genügen, andererseits sich und ihre Familie zu schützen – vielen Zivilisten und vermutlich auch vielen Soldaten aus weniger dramatischen Alltagssituationen vertraut war.

Die Widerstandskämpfer gerieten mit ihren Aktionen oft in Konflikt mit ihren Landsleuten, denn das Besatzungsregime ahndete Attentate und Sabotageaktionen immer mit harten Repressalien. Deren Art und Umfang variierte nicht nur von Land zu Land, sie veränderten sich auch im Laufe des Krieges, immer aber empörten die Übergriffe der Deutschen die Bevölkerung und sorgten für berechtigte Angst. Daher wurden solche Widerstandaktionen in den deutsch besetzten Ländern Nord- und Westeuropas »von der überwiegenden – antikommunistisch geprägten – Mehrheit der Bevölkerung aus politischen Gründen und vor allem wegen der folgenden Repressalien abgelehnt«.[14]

Die Widerstandsbewegungen bestanden lange aus wenig mehr als aus ein paar versprengten Grüppchen. In Frankreich beispielsweise wurde die Résistance bis 1944 von einer kleinen Minderheit getragen; hier hatten, wie der Journalist Max Hastings im britischen *Guardian* schrieb, Leute das Sagen, die die Mittelschicht als Unangepasste verachtete: »Lehrer und Gewerkschaftler (viele politisch links), junge Außenseiter, Kommunisten, Journalisten, Bauern, kurz gesagt: kleine Leute.« Die französischen Aristokraten hätten praktisch ausnahmslos mit den Deutschen kollaboriert, denn je mehr jemand besitze, umso weniger wolle er riskieren, es zu verlieren. Daher seien ihnen die Nazis erheblich lieber gewesen als die Kommunisten.[15]

Die Kommunisten waren selbstverständlich entschiedene Gegner der Nationalsozialisten – und das nicht nur, weil sie von ihnen auf den Tod verfolgt wurden. Zu ihrer Verzweiflung waren ihnen jedoch aufgrund des deutsch-sowjetischen Nichtangriffspakts – dem sogenannten Hitler-Stalin-Pakt – zunächst die Hände gebunden. Erst als Hitler den Pakt brach, indem er der Sowjetunion am 22. Juni 1941 den Krieg erklärte, konnten die Kommunisten den aktiven Kampf beginnen. Sie waren kühne Partisanen und lange die Einzigen, die gezielte Sabotageaktionen durchführten.

Auch andere befanden sich schon früh in Opposition zu den Invasoren. Zu ihnen gehörten Sozialisten wie die junge Rut Brandt, die ehrlich und unsentimental genug war, ihren frühen Beitritt zur Arbeiterjugend nicht im Nachhinein zu verklären: »Ich kam zur Arbeiterbewegung, als ich 15 oder 16 Jahre alt war, nicht aus Überzeugung oder weil ich besonders früh politisch bewusst war. Es war beinahe selbstverständlich. Ich war jung, und in einer Kleinstadt gibt es nicht so viel, bei dem man jung sein kann. In Hamar gab es die Abstinenzler-Bewegung, die Sportvereine und die Parteien. Mutter war Sozialistin ..., das gibt dem Leben gewisse Anhaltspunkte. Also ging ich mit zu einem Treffen der Arbeiterjugend und trat schon das nächste Mal bei.«[16] Deren Kampf gegen den Faschismus, gegen Mussolini, Hitler und Franco, führte sie gradlinig in die illegale Arbeit. Als ihre Gruppe 1942 aufflog, konnte sie nach Schweden entkommen.[17]

Wie sie flohen Tausende im Laufe des Krieges außer Landes oder lebten im eigenen Land in der Illegalität. Doch entgegen manchen Klischees vom Widerstand als strengem Entweder-oder »verschwanden« nur wenige Aktive völlig. Die meisten blieben, wo sie waren, und führten ihr Leben als Fischer, Hausfrauen, Handwerker und Arbeiter scheinbar unverändert weiter. Das war eine gute Tarnung, sie mussten sich und ihre Familien ernähren, und sie mussten bedenken, dass das Besatzungsregime ihre Angehörigen zur Verantwortung ziehen, als Geiseln internieren, ihnen vielleicht das Haus über dem Kopf anzünden würde, wenn ihre Rolle als Widerstandskämpfer bekannt wurde. Außerdem konnten die Illegalen in den Wäldern, Bergen oder Städten nur existieren und weiterkämpfen, wenn »Legale« sie mit Lebensmitteln, Kleidung, Unterkunft, Fahrgelegenheiten usw. unterstützten.

Neben dem geheimen Widerstand gab es in Norwegen offene Aktionen gegen das Besatzungsregime und die Regierung unter Vidkun Quisling, den die allermeisten Norweger für einen Verräter hielten. Ganze Berufsgruppen verweigerten sich in spektakulären Schritten der politischen Gleichschaltung. Im Frühling 1942 legten alle norwegischen Bischöfe und 90 Prozent der Pfarrer ihr Amt nieder. Ebenfalls 1942 weigerte sich fast die gesamte Lehrerschaft, einer gleichgeschalteten Lehrerorganisation beizutreten und ihre Schüler nach nationalsozialistischen Prinzipien zu unterrichten.[18] Im November 1943 wurden 1200 Studenten und dreißig Lehrkräfte der Universität Oslo als potenzielle Widerständler verhaftet, die Universität, damals die einzige Norwegens, blieb bis Kriegsende geschlossen. Etwa 700 Verhaftete wurden »zur Umerziehung« in ein SS-Lager im elsässischen Sennheim deportiert, andere mussten in Norwegen Zwangsarbeit leisten.[19]

Wer solchen kirchlichen oder politischen Gemeinschaften angehörte, hatte ein klares weltanschauliches Gerüst und war in Strukturen eingebunden, in denen er oder sie einen Platz im gemeinsamen Kampf hatten. Neben der inneren Überzeugung mag gelegentlich auch Gruppenzwang dazu beigetragen haben, sich im Rahmen der eigenen Möglichkeiten und Talente an kleineren oder größeren Aktionen zu beteiligen.

Das waren selten Anschläge oder Sabotageakte, es ging eher darum, die Logistik des Widerstands zu organisieren, Untergetauchten zu helfen, illegale Zeitungen zu schreiben und zu verteilen. Sie brachten jene Nachrichten, die die gleichgeschaltete und streng zensierte Presse unterdrücken wollte. Eine wichtige Informationsquelle der »Zeitungen«, die meist aus ein oder zwei eng betippten, auf schlechtem Papier hektographierten DIN-A4-Seiten bestanden, war vor allem der streng verbotene »Feindsender« BBC. Aber sie warnten auch vor Spitzeln und Kollaborateuren, manche veröffentlichten die Namen und Adressen von Frauen, die einen deutschen Freund hatten. Hin und wieder wurden die Leser explizit aufgefordert, »diesen Damen zu zeigen, was wir von ihnen halten«.[20]

Viele Bürger und Bürgerinnen gaben ihre unpolitische Haltung aber erst auf, als es ihnen persönlich an den Kragen ging. Erst im dritten Kriegsjahr entstand ein verbreiteter, nennen wir es: sekundärer Widerstand, der nicht primär ideologisch, sondern durch konkrete Vorkommnisse und Zwangsmaßnahmen begründet war. Viele junge Franzosen wehrten sich, als die deutschen Machthaber 1942 entschieden, »die französischen Arbeitskräfte in großem Stil der deutschen Rüstungsindustrie dienstbar zu machen ... Erst jetzt, im Widerstand gegen den ›Service de Travail Obligatoire‹ (STO), gewann die Résistance Popularität und bedeutenden Zulauf Zehntausender junger Männer, die, anstatt sich zur Arbeit zu melden, in den *Maquis* flüchteten.«[21]

Das entwickelte eine eigene Dynamik. Zehntausende Männer, alle zwischen neunzehn und einundzwanzig Jahre alt[22], die von heute auf morgen in der Illegalität leben, werden nicht lange untätig geblieben sein. Sie gehörten nicht zur offiziellen Résistance, verstanden sich aber als Widerstandsgruppen und wollten etwas tun. So schlug der Zwang, mit dem das Regime die Zivilbevölkerung im Allgemeinen und die jungen Männer im Besonderen hatte gefügig machen wollen, in Form zunehmender Sabotageakte und Anschläge auf die Besatzer zurück. 1943 mehrten sich Anschläge auf Urlauberzüge mit Soldaten, »weshalb sich vorn und hinten im Zug jeweils zehn Franzosen als Geiseln aufhielten. Sie sollten im Falle eines Attentates sofort erschossen werden!«[23]

224

Ohne Kausalitäten konstruieren zu wollen, wo es ohne weitergehende Forschung nicht mehr als Gleichzeitigkeiten gibt, ist doch auffallend, dass ab Ende 1942 in Frankreich offenbar die Meuchelmorde an Soldaten zunahmen. Solche Bedrohungen waren in Norwegen zu keinem Zeitpunkt ein Problem, weil die dortige Widerstandsbewegung nicht gegen einzelne Soldaten vorging, in Frankreich aber durften sie deswegen nicht mehr allein und unbewaffnet ausgehen. Auch diese Befehle konnten jedoch nicht verhindern, dass jemand auf dem Bahnhof von Nancy im Gedränge eines ankommenden Zuges einem offenbar zufällig ausgewählten Soldaten ein Stilett in die Schlagader stach.[24]

De Gaulle hatte bereits Ende 1941 »von London aus im Rundfunk seine Landsleute dazu aufgefordert, weitere Anschläge zu unterlassen«[25], da die Deutschen Vergeltung übten, indem sie Hunderte von Geiseln erschossen.[26] Daher lehnte auch die große Mehrheit der Franzosen Widerstandsaktivitäten ab. Die meisten blieben zwar passiv, ließen aber die Soldaten nicht im Zweifel darüber, dass sie sie als Besatzer ablehnten. Ende 1942 klagte Heinrich Böll: »Oft komme ich mir ja auch einsam und verloren vor, wenn ich hier so über die Straße gehe und die teils feindlichen, teils höhnischen, mindestens aber gleichgültigen Gesichter der Leute sehe; sie alle gönnen uns nur einen verlorenen Krieg.«[27]

Während Tausende und Abertausende Franzosen nach Deutschland geschickt wurden (oder geschickt werden sollten), um dort als Arbeiter jene deutschen Männer zu ersetzen, die als Soldaten beispielsweise in Frankreich stationiert waren, blieben die Norweger im Land, doch auch sie sollten deutsche Soldaten ersetzen. In Norwegen gab es seit Kriegsbeginn einen immensen, nicht zu befriedigenden Bedarf an Arbeitskräften, ausgelöst »durch ein gigantonomisches, im

Frühjahr 1940 begonnenes Programm der Wehrmacht, das ohne Rücksicht auf die Ressourcen des Landes die militärische und die Verkehrsinfrastruktur ausbauen wollte. Ging es anfangs um die Schaffung der Voraussetzungen für Offensiven gegen Großbritannien und die Sowjetunion, so verlagerte sich der Schwerpunkt in der Folge auf den Ausbau der ›Festung Norwegen‹ gegen die erwartete alliierte Invasion.«[28] Der dadurch ausgelöste unstillbare »Hunger der Wehrmacht nach Arbeitskräften trieb die seltsamsten Blüten, warben sich doch deutsche Dienststellen die raren Arbeiter gegenseitig ab.«[29] Seltsame Blüten auch darum, weil Soldaten bei den Bauern als Erntehilfe einspringen mussten, während die einheimischen Landarbeiter auf den Wehrmachtsbaustellen ihr Geld verdienten.

Trotz zum Teil außerordentlich hoher Löhne waren nicht genügend Leute zu bekommen, daher wurden ab 1943 auch in Norwegen junge Menschen für »Aufgaben von besonderer Bedeutung« zum Arbeitseinsatz ausgeschrieben. Ein willkommener Nebeneffekt sollte die Kontrolle von Jugendlichen sein, die für Unruhe im besetzten Land sorgen könnten. Nach dem neuen Gesetz musste »jeder Norweger, wenn seine gegenwärtige Tätigkeit nicht als kriegswichtig angesehen wurde, jede ihm zugewiesene Arbeit, egal in welcher Gegend des Landes, übernehmen, ganz gleich, welcher Berufsgruppe er angehörte«.[30] »Kriegswichtig« war alles, was mit der Lebensmittelversorgung zu tun hatte: Stellen auf einem Bauernhof, einem Fischereischiff, in einer Fischfabrik und dergleichen. In vielen Familien wurden junge Menschen augenblicklich zu unentbehrlichen Helfern auf dem Bauernhof von Eltern, Onkeln und Großeltern, zumal es für das Geld, das sie anderswo verdient hätten, fast nichts zu kaufen gab.

Wer sich keine »kriegswichtige Tätigkeit« beschaffen konnte, ließ sich lieber freiwillig auf einer der zahllosen Wehrmachtsbaustellen anstellen, als sich zu schlechteren Bedingungen irgendwohin, meist in den äußersten Norden des Landes schicken zu lassen. Die erfassten Männer wurden auf Baustellen, die Frauen in die Küchen der deutschen Lager geschickt (wo sie meist Kartoffel schälten, was ihnen den Namen *Schälmädchen* eintrug).

Wie in Frankreich spielte auch in Norwegen das Arbeitseinsatzgesetz der Widerstandsbewegung in die Hände. Die Erhebungen wurden von den beteiligten norwegischen Stellen so massiv sabotiert, dass man statt der erhofften Zehntausende nur einiger Hundert Leute habhaft werden konnten.[31] Als im Mai 1944 die Jahrgänge 1921 bis 1923 zum Arbeitseinsatz ausgeschrieben wurden, entzogen sich, wie zwei Jahre zuvor in Frankreich, vor allem junge Männer dem Einsatz durch Flucht.[32] »Zeitweise lebten mehrere tausend junge Männer in den Wäldern Telemarks und nahe der schwedischen Grenze«, allein in den Wäldern um Oslo sollen 6500 Meldepflichtige untergetaucht sein.[33] Im Herbst 1944 forderte die norwegische Quisling-Regierung in Zeitungsartikeln die jungen Männer auf, »nun ihr Indianerleben im Wald« aufzugeben, ihnen wurde freies Geleit zugesichert und gewährt. Die meisten kehrten nach kurzer Zeit wieder an ihre Arbeitsplätze zurück, aber einige blieben »im Wald« und schlossen sich den Widerstandstruppen an.[34]

Viele waren schon früher nach Schweden geflohen, aber nicht, weil sie zu diesem Zeitpunkt bereits im Widerstand aktiv gewesen wären. Sie wollten nur auf gar keinen Fall für die Deutschen arbeiten. Über sie fällte eine Norwegerin 1998 ein vernichtendes Urteil: Diese Männer seien abgehauen, sie hätten sich der neuen Situation entzogen und

Heim und Familie im Stich gelassen. Sie lebten im bequemen Schweden und hätten von den Schwierigkeiten des Besatzungsalltags keine Ahnung. Frauen und Kinder hingegen mussten bleiben, Frauen, die keine Kinder hatten, seien gezwungen gewesen, für die Deutschen zu arbeiten. Nach der Kapitulation seien diese Männer zurückgekommen und hätten »eine fürchterliche Abrechnung mit denen gehalten, die hier überlebt hatten«. Sie nahmen das Recht für sich in Anspruch, »über Vorkommnisse zu richten, deren Hintergrund sie nicht kannten«.[35]

Die furchtbarste Seite dieses unstillbaren Hungers der Wehrmacht nach Arbeitskräften war das Schicksal der polnischen, serbischen und russischen Kriegsgefangenen, die nicht nur in Norwegen unter buchstäblich mörderischen Bedingungen arbeiten und in Lagern leben mussten, die wahre Todeslager waren. In Nordnorwegen wurden die völlig ausgemergelten, nur mit Lumpen bekleideten Männer gezwungen, bei Temperaturen von minus 20 Grad viele Kilometer zu den Baustellen und zurück zu laufen. »Es war der Anblick dieser Kriegsgefangenen, der die Bevölkerung daran erinnerte, daß hier ein Krieg im Gange war.«[36]

Die norwegischen Zivilisten versuchten immer wieder, für die Hungernden Lebensmittel zu schmuggeln, was strengstens verboten war. Die meisten deutschen Wachen schauten in die andere Richtung, wenn sich die Gefangenen nach Karotten bückten, die ein Wagen auf dem Weg »verloren« hatte, nach Fischköpfen griffen, die in einer Tonne schwammen, oder, wie in der folgenden Geschichte, rohen, gesalzenen oder getrockneten Fisch aufhoben, den Bewohner eines norwegischen Küstenortes an den Weg legten, auf dem die Gefangenen, von vier Soldaten begleitet, zur Arbeit gehen mussten. Auch hier ließen die »guten« Wachen die Gefangenen gewähren, wenn diese »den Fisch aufhoben und unter ihren Lumpen versteckten. An diesem Tag aber war einer der Wachen alles andere als ›gut‹. Als einer der Gefangenen sich nach einem Trockenfisch bückte, stürzte er zu ihm hin und stach ihm das Bajonett tief ins Gesäß. Ich stand in direkter Nähe und höre noch heute das Geräusch von Stahl in ausgezehrtem Fleisch. Ein weiterer Hieb, nun in den Rücken, und der Gefangene war tot.«[37] An anderer Stelle erwähnte dieser Zeitzeuge, er habe als Kind gesehen, dass andere Soldaten »unter größter Gefahr« Schnee räumenden Gefangenen, die sie bewachen mussten, Brot zugesteckt hätten.

Besonders hoch war die Todesrate unter den jugoslawischen Partisanen, die in Norwegen Zwangsarbeit leisten mussten: Von den 2600 Gefangenen überlebten nur etwa 960. »Geschont werden sollten nur die arbeitsfähigen Kräfte, die anderen wurden von der SS ermordet.«[38] Neben den serbischen und russischen Kriegsgefangenen mussten auch deutsche Strafgefangene in Nordnorwegen körperliche Schwerstarbeit leisten, auch sie wurden auf den Tod geschunden.[39]

Für die weit über 100000 Männer, die in Norwegen Sklavenarbeit leisteten, haben sich in Deutschland, aber auch in Norwegen bislang nur wenige interessiert.[40] Erheblich mehr Aufmerksamkeit wurde jenen 9000 Norwegern zuteil, die in deutsche Gefängnisse oder Konzentrationslager verschleppt wurden, weil sie politische Gefangene, Kriegsgefangene oder Juden waren. 1400 von ihnen kamen in den Lagern um, die Hälfte von ihnen waren Juden.

Die jüdische Minderheit in Norwegen zählte bei Kriegsbeginn etwa 2100 Menschen. Mit tatkräftiger Hilfe vieler nichtjüdischer Norweger konnten die meisten nach Schweden fliehen und entgingen so der Verschleppung in die Vernichtungslager. 771 Juden wurden, ebenfalls mit tatkräftiger Hilfe vieler nichtjüdischer Norweger, im Herbst 1942 nach Auschwitz deportiert. Nur 34 überlebten den Krieg.[41]

Das nahezu völlige Desinteresse am Schicksal ihrer jüdischen Mitbürger gehört zu den dunklen Seiten der norwegischen Widerstandsbewegung, die jahrzehntelange Blindheit für die Ermordung der Juden sowie der Unwille norwegischer Historiker, sich der Mitschuld nichtjüdischer Norweger zu stellen, zu den Tiefpunkten der Nachkriegsgeschichte des Landes. Das gilt allerdings nicht nur für Norwegen. Kein europäisches Land, das im Zweiten Weltkrieg von den Deutschen besetzt gewesen war, ging vor den achtziger oder neunziger Jahren des 20. Jahrhunderts ernsthaft daran, die eigene Mitwirkung bei der Ausplünderung, Verschleppung und Ermordung seiner Juden zu erforschen. Auch dem gerühmten Widerstandskämpfer de Gaulle wird vorgeworfen, »daß er nie auch nur eine Geste gemacht habe, ›um den Platz der Juden im französischen Martyrium anzuerkennen‹«.[42]

Es gab durchaus Soldaten, die sich bei jeder sich bietenden Gelegenheit auf die Seite der Bevölkerung stellten, ohne dass man sie deswegen dem Widerstand zurechnen könnte. Ein ehemaliger Soldat berichtete, er sei im sommerlichen Frankreich Streife gefahren und in einem Dorf zu einem unverdunkelten Haus gekommen, aus dessen weit geöffneten Fenstern »das bekannte Bumm-Bumm-Bumm der BBC erscholl«. Er habe für seine drei anwesenden Kameraden auf Deutsch »ein großes Geschrei im Stil der Zeit« gemacht, den Franzosen habe er im Hinausgehen auf Französisch zugerufen, sie sollten künftig Fenster und Türen verschließen, wenn sie BBC hörten.

Aber es gab auch Wehrmachtsangehörige, die aus dem Unrecht, das sie sahen und erlebten, radikale Konsequenzen zogen: Sie suchten Anschluss an die Widerstandsbewegungen des Landes, in dem sie stationiert waren. Wie viele das waren, wird sich aus naheliegenden Gründen niemals klären lassen. Bekannt ist, dass in Frankreich etwa 800 Wehrmachtssoldaten »in sogenannten ›Wehrmachtgruppen‹ die Résistance mit Waffen und Informationen versorgten, Sabotageakte verübten und Anti-Kriegs-Propaganda verbreiteten … Entscheidend für die ›Umpolung‹ der Loyalitäten dieser Soldaten waren neben Schlüsselerlebnissen mit nationalsozialistischer Gewalt auch die Kontakte zur Zivilbevölkerung.«[43] Der Offizier Theodor Steltzer, der zum Generalstab des Oberbefehlshabers Norwegen in Oslo gehörte, unterhielt enge Beziehungen zum norwegischen Widerstand, er gab alle Informationen weiter und warnte beispielsweise vor bevorstehenden Verhaftungen von Lehrern, Juden und Studenten.[44]

Über solche Verhaftungen und Repressalien gegen die Zivilbevölkerung verlor übrigens keiner meiner deutschen Zeitzeugen eine Silbe. Einer vermerkte allerdings 1941 in seinem Tagebuch, im westnorwegischen Bergen seien Leute »geschnappt worden, die nach England wollten, Sprengstoff sollen sie geklaut haben, viele wurden festgenommen«. Als ihm wenige Wochen später ein norwegischer Freund, Nationalsozialist wie er selbst, erzählte, »daß wieder eine Reihe Leute aus seiner Nachbarschaft nach England getürmt« sei, kommentierte er das mit: »Unerfreulich zu hören, denn es weist auf eine Lücke im Wachnetz hin.«[45]

Ein anderer meiner ehemals in Norwegen stationierten

Gesprächspartner hatte bereits Verbindung zur lokalen Widerstandsbewegung, als er im Februar 1943 bei einem Heimaturlaub einen Freund traf, der als Ingenieur in Peenemünde an der Entwicklung der Flugbombe V1, Hitlers »Wunderwaffe«, mitwirkte. Diesen Mann quälte das Gewissen, er berichtete seinem in Norwegen stationierten Freund von seiner Arbeit, weil dieser nach eigenen Angaben »indirekt Kontakt zu London« hatte. Wie dem Ingenieur versprochen, gab mein Gesprächspartner alles, was er erfahren hatte, an Leute vom norwegischen Widerstand weiter[46], er selbst desertierte im Dezember desselben Jahres nach Schweden.[47]

Letztlich waren zum Glück nur wenige Zivilisten von den Repressalien und Verhaftungen der Besatzer direkt betroffen. Die katastrophale wirtschaftliche Entwicklung aber traf alle. Nach dem Überfall der Deutschen war Norwegen von einem Tag auf den anderen von der Versorgung mit lebenswichtigen Gütern wie Kohle und Nahrungsmitteln abgeschnitten.[48] Daraus ergab sich eine außerordentlich schwierige Versorgungslage, die jeder täglich spürte. Waren im April 1940 nur Mehl, Zucker und Kaffee rationiert, gab es ab 1942 ohne Karten nicht einmal mehr Eier, Kartoffeln oder Gemüse, im November 1943 wurde sogar Fisch rationiert. Neue Kleidung und Schuhe waren fast nicht zu bekommen, nicht nur, weil Material knapp war, sondern weil die einheimischen Fabriken für die Wehrmacht arbeiten mussten. Als die beispielsweise im Herbst 1940 50 000 Paar Skischuhe in Auftrag gab, blieben für die Produktion anderer Schuhe keine Kapazitäten mehr.

Grund für den früh einsetzenden Lebensmittelmangel waren zum einen die gekappten Nachschubwege, aber auch

die Tatsache, dass in keinem anderen Land das Zahlenver-
hältnis zwischen Bevölkerung und Besatzern so ungünstig
war. Auf gut drei Millionen Norweger kamen durchschnitt-
lich 300 000 Deutsche; gegen Ende der Okkupation, als die
Versorgungslage am bittersten war, stieg ihre Zahl sogar auf
354 000. Hinzu kamen etwa 125 000 Kriegsgefangene und
Zivilarbeiter. Jeder dieser Männer, allen voran natürlich die
Soldaten, musste »untergebracht und verpflegt, im Winter
auch zusätzlich mit Decken, Zeltbahnen und Schuhwerk
ausgerüstet werden, hinzu kamen Zehntausende Pferde. Für
diese enorme Streitmacht mußten befestigte Stellungen,
Bunker, Straßen, Brücken, Eisenbahnen, Hafenanlagen und
Flugplätze gebaut werden.«[49] Die Norweger sollten sogar
Soldaten in anderen Ländern ausrüsten: Als sich der Russland-Feldzug hinzog, sah sich die Wehrmacht zu dem blamablen Schritt gezwungen, die Zivilbevölkerung zur Ab-
gabe von Wolldecken, Gummistiefeln, Zelten, Rucksäcken,
Anoraks und ähnlicher Ausrüstung zu zwingen.[50]

»Norwegen hatte unter allen okkupierten Staaten pro
Kopf den höchsten Beitrag zu den Besatzungskosten zu er-
bringen – die Wehrmachtsausgaben betrugen 1940/41 das
Vierfache des norwegischen Staatshaushalts von 1938/39.
Dennoch stand die Wirtschaft bei Kriegsende besser da als
andere Ökonomien unter deutscher Herrschaft.«[51] Manche
norwegische Firmen hatten eben, allen Widrigkeiten zum
Trotz, die Räder am Laufen gehalten.

VII.
Das Ende der Besatzungsgesellschaft

Manche norwegische Firmen hatten, allen Widrigkeiten zum Trotz, die Räder am Laufen gehalten, und das hatte auch das deutsche Militär in Norwegen getan. Es simulierte in einem solchen Maße »Normalität«, dass die Soldaten noch Ende April 1945 zu Schulungskursen geschickt wurden, die einer der Geschulten, der bereits erwähnte Pfarrer Hennig, bissig als »Mischung von Gangsterausbildung und nationalsozialistischer Indoktrination« bezeichnete. »Wir lernten – wohl im Hinblick auf eine etwaige Räumung Norwegens – Sabotageakte, etwa, wie man eine Hausklinke so mit Sprengstoff verbindet, daß das Haus in die Luft fliegt, wenn jemand die Türklinke herunterdrückt.«

Das Kriegsende in Norwegen sollte allerdings erheblich friedlicher verlaufen, als es dieses Schulungsszenario vorsah, und auch mit erheblich geringerem Einsatz von militärischer Gewalt, als es 1944 in Frankreich der Fall gewesen war. Nach der Landung der Alliierten am 6. Juni 1944 kämpften die Deutschen dort gegen die englischen und amerikanischen Truppen, am 10. Juni verübte eine SS-Panzerdivision in Oradour-sur-Glane ein Massaker, bei dem 642 Menschen ermordet wurden. Hitler befahl mehrfach, Paris »bis zur letzten Patrone zu verteidigen und anschließend zu zerstören«, was der Stadtkommandant, General von Choltitz,

234

nicht tat. Er kapitulierte am 25. August. Dennoch verlief die Befreiung von Paris chaotisch und blutig.

Zuvor hatten die Kommunisten in Paris zum Aufstand aufgerufen, am 18. August kam es zum Generalstreik. »Nicht an allen Stellen ist der Aufstand sichtbar«, schrieb Jean-Paul Sartre am 22. August. In diesem Text mit dem Titel »Ein Spaziergänger im aufständischen Paris« zeichnet er die Schlacht um Paris in präzisen, kleinen Beobachtungen, die Szenen verknüpfen auf schockierende Weise Brutalität und Beiläufigkeiten: »An den Seineufern baden Männer und Frauen oder lassen sich im Badeanzug von der Sonne bräunen. Doch die Schlacht ist überall gegenwärtig. ... Ich habe gesehen, wie die Deutschen in dichter Formation auf den Boulevard einbogen und den Gehsteig mit ihren Maschinengewehren bestrichen.«[1] Er sah auch Soldaten »mit Augen, die von Erschöpfung und Angst geweitet sind, bereit, die Menge mit Maschinengewehren zu beschießen«, was sie auch taten. Er sah, wie Männer der Forces Françaises de l'Intérieur (bewaffnete Kräfte des französischen Widerstandes im Inneren des Landes) deutsche Soldaten erschossen, die auf der Ladefläche eines Lastwagens durch die Stadt fuhren.

Während die Menschen in einem Taumel der Begeisterung bereits den Einzug der ersten Amerikaner feierten, lieferten sich in anderen Stadtteilen »deutsche Soldaten noch erbitterte Rückzugsgefechte mit der Résistance und alliierten Einheiten«.[2] Am 26. August zog General Charles de Gaulle in Paris ein, jubelnd begrüßt von den Einwohnern. In diesen Jubel mischte sich sofort Gewalt gegen jene, die man für Kollaborateure hielt. In den folgenden Wochen und Monaten wurden in ganz Frankreich weit über 10 000 Frauen (und einige Männer) als Zeichen ihrer Kollaboration geschoren. Eine solche Szene, die sich in den Befreiungstagen in Paris abspielte, schilderte Jean-Paul Sartre unter der Überschrift »Was man nicht tun darf«:

> Zum unteren Ende des Boulevard Saint-Michel hin bin ich dem traurigen Zuge begegnet. Die Frau war etwa fünfzig Jahre alt, man hatte sie nicht völlig kahl geschoren. Ein paar Haarsträhnen hingen ihr um das geschwollene Gesicht; sie trug keine Schuhe: das eine Bein bedeckte ein Strumpf, das andere war nackt. Sie lief langsam, schüttelte den Kopf von rechts nach links und wiederholte sehr leise: ›Nein, nein, nein!‹ Um sie herum sangen einige hübsche junge Frauen und lachten sehr laut; doch mir schien, daß die Gesichter der Männer, die sie umherführten, ohne Fröhlichkeit waren; eine Art schamhafter Erschöpfung lastete auf ihnen. War das Opfer schuldig? War sie schuldiger als diejenigen, die sie schmähten? Wäre sie eine Verbrecherin gewesen – dieser mittelalterliche Sadismus hätte darum nicht weniger Abscheu verdient.[3]

Doch dies war nur der Anfang: Bei den spontanen Abrechnungen im Zuge der Befreiung, der sogenannten »épuration sauvage«, wurden 7500 bis 10 000 Menschen umgebracht und zahllose andere misshandelt.[4]

Ein Offizier schickte mir seine Fotos vom Frühjahr und Sommer 1944 in Nordnorwegen mit der Bemerkung, wenn man bedenke, was »im Sommer 1944 auf den verschiedenen Kriegsschauplätzen geschah, dann sind diese friedlichen, harmlosen Bilder schon peinlich«. Und ganz ehrlich fügte er hinzu: »Ich fühlte mich wohl und nahm nichts anderes wahr.« Aber die norwegische Besatzungsgesellschaft blieb von der totalen Niederlage der Deutschen, die sich an allen Fronten abzeichnete, natürlich nicht unberührt. In einer Operation mit dem zynischen Namen *Nordlicht* räumte die Wehrmacht ab Oktober 1944 die nördlichsten norwegischen Provinzen Finnmark und Nord-Troms. In diesen dünn besiedelten Gebieten hatte es viele private Kontakte zwischen den Soldaten und der Bevölkerung gegeben; nun ordneten die Deutschen die Zwangsevakuierung aller Bewohner an. Der Zeitzeuge, der von den vielen Freundschaften auf seiner Heimatinsel Sørøya berichtet hatte, beendete seine Kriegserinnerungen mit den bitteren Sätzen: »Zum Schluss erlebten wir doch noch die Brutalität der Deutschen, als sie uns alle Häuser über dem Kopf anzündeten und uns mit allem, was wir mitnehmen konnten, nach Süden evakuierten.«[5] »Wir« – das waren 40 000 Menschen, manche Quellen sprechen von 50 000, das Gebiet, das die Deutschen in Schutt und Asche legten, war nahezu doppelt so groß wie Belgien. Konkret bedeutet dieses »in Schutt und Asche«, dass die Wehrmacht bei ihrem Rückzug unter anderem 12 000 Wohngebäude zerstörten, davon 6000 Bauernhöfe, 150 Schulen, 500 größere und kleinere Industriebetriebe, 22 000 Telegrafenmasten, 350 Brücken, 20 Kirchen, 118 Elektrizitätswerke, 350 Motorboote, 200 Fischerboote und mehrere tausend Ruderboote.[6] Die völlige Vernichtung jeglicher Infrastruktur sollte die vorrückende Rote Armee aufhalten, vor der die Wehrmacht floh (ein Flieger schrieb nach Hause, man habe »den Russen Platz gemacht«).

Dieses von der Roten Armee eroberte Gebiet ausgenommen, war Norwegen eines der wenigen besetzten Länder, die bis zur deutschen Kapitulation von deutschen Truppen gehalten wurden.[7] Einerseits desertierten zwar in der Aussichtslosigkeit der letzten Kriegswochen ganze Schiffsbesatzungen gemeinsam aus norwegischen Gewässern in das neutrale Schweden[8], das Leben der im Land stationierten Soldaten aber blieb von den dramatischen und brutalen Vorgängen im übrigen Europa so unberührt, dass sie von den Ereignissen, die sich ab Ende April zu überschlagen begannen, förmlich überrumpelt wurden. Nur drei Tage nach Beginn der erwähnten »Gangsterausbildung« wurde bekannt, dass Hitler »gefallen« sei. Da war »im Moment jeder darüber etwas froh«, notierte Pastor Hennig. Diese Meinung musste er allerdings rasch revidieren, als ihm auffiel, dass vor allem die Jüngeren stöhnten, ächzten, schwer atmeten. »Ein Mann, der die Feldzüge in Frankreich und Rußland mitgemacht hatte und vielfach ausgezeichnet war, weinte. Einer lief umher und schrie: ›Der Führer ist tot, ich will auch nicht mehr leben, ich erschieße mich.‹ Der Feldwebel nahm ihm vorsichtshalber die Pistole ab.«[9] Ein Soldat wandte sich verzweifelt an einen Geistlichen, weil er wie alle Wehrmachtsangehörigen den Eid abgelegt hatte, »dass ich dem Führer des Großdeutschen Reiches und obersten Befehlshaber der deutschen Wehrmacht Adolf Hitler unbedingten Gehorsam leisten werde«. Ihn bedrückte die Frage, »ob er noch an den Führer gebunden sei, weil niemand ihn ausdrücklich vom Eid entbunden hatte«. Er erhielt die pragmatische Antwort, dass man einem Toten keinen Gehorsam mehr leisten könne. Keinem aber, »nicht einmal den härteren Knaben von der Waffen-SS, erst recht keinem der Offiziere entfuhr (gegen die bessere Absicht) unversehens jenes ›Heil Hitler!‹, das nach zwölf Jahren zur Volksgewohnheit geworden zu sein schien«.[10]

Im November 1944 schrieb ein Vater an seinen in Norwegen stationierten Sohn, nun werde es »langsam Zeit für Hitlers geheime Wunderwaffe«.[11] Doch mit der totalen Niederlage schien keiner der in Norwegen Stationierten wirklich gerechnet zu haben. Keiner? Glaubten sie wirklich daran, dass »der entscheidende Einsatz neuer Waffen in kurzer Zeit die entscheidende Wende dieses Krieges«, herbeiführen werde, selbst wenn »wir an drei Fronten gegen Massen von Menschen und Kriegsmaterial ankämpfen müssen?«[12]

Hatten sie aus der Räumung Nordnorwegens keine Schlüsse gezogen? Wie hatten sie die Kapitulation der 6. Armee in Stalingrad im Januar und Februar 1943 interpretiert, wie die alliierte Invasion Siziliens im Juli 1943, die Landung der Alliierten in der Normandie im Juni 1944, die Befreiung von Paris im August 1944, die Befreiung Frankreichs im folgenden November, die Nachrichten von dem »Frontbegradigung« genannten Rückzug der Wehrmacht im Osten, dem Vormarsch der Alliierten auf deutsche Städte (Aachen war schon Ende Oktober 1944 von den Amerikanern besetzt worden)? Wussten sie nicht, dass die Rote Armee in Berlin stand und die Stadt am 2. Mai kapituliert hatte? Wussten sie nichts von der Situation »da unten«, weil sie »da oben« auf einer Insel der Seligen und Ahnungslosen gestrandet waren? Wie effektiv konnten die zensierten Medien die wahre Lage verschleiert haben, wie entschieden hatten sich die Deutschen geweigert, sie wahrzunehmen, weil sie die sich anbahnende Erniedrigung, als Verlierer dazustehen, nicht ertragen konnten? Wie blind hatte sie ihr Stoßgebet »Gott helfe uns, dass unser Kampf nach so vielen Opfern nicht vergeblich war!« gemacht? Glaubten sie wirklich, dass »nach einem Fall Deutschlands Norwegen zur Festung Europa ausgerufen werden würde und dass sich hier die Naziführung versammeln und uns weiterkämpfen lassen würde in der Hoffnung, daß sich Russen und Amerikaner verfeinden würden«?

Jedenfalls geschah nichts dergleichen. Das Oberkommando der Wehrmacht in Norwegen kapitulierte einfach, die Kapitulation trat um null Uhr in der Nacht vom 8. auf den 9.5.1945 in Kraft.[13] Am 11. Mai wurde die Festung Akershus übergeben, wo während des Krieges auch Norweger gefangen gehalten und hingerichtet worden waren. Die Handelnden bei dieser Zeremonie waren Major Nichterlein, natürlich in Uniform, und der Offizier der Heimattruppen Terje Rollem, der Kniebundhosen und Norwegerstrümpfe trug. Ein Foto dieser Übergabe wurde für die Norweger zum Symbol des Sieges der einfachen, patriotischen Jungs über die starren Militärs und Herrenmenschen, der Kleinen über die Großen, der Davids über Goliath.[14]

Die Soldaten mochten nicht mit der bedingungslosen Kapitulation gerechnet haben, aber sie waren kriegsmüde und nahmen die Niederlage ohne Aufbegehren hin. Einer meiner Gesprächspartner betonte mehrfach, wie froh er gewesen sei, dass der Krieg vorbei war. Aber wie die meisten Deutschen empfand er die Kapitulation als Schmach. Als ich ihn und seine norwegische Ehefrau fragte, wie sie die Nachricht der Kapitulation erlebt hatten, antworteten sie gleichzeitig. Er sagte mit bebender Stimme: »Es war schrecklich. Daß wir verloren hatten, war ganz schrecklich.« Sie sagte lachend: »Tüchtig gefeiert haben wir.« Sie hatten im Sommer 1945 geheiratet, da kannten sie sich schon fünf Jahre. Doch in diesem Punkt waren ihre Erinnerungen nicht zusammengewachsen. Das Paar dachte noch 2005 wie Europa im Mai 1945: »Geschrei und Jubel in der Welt, welchen Sender man auch einstellt. Nur Deutschland weint.«

So spektakulär und stolz die Deutschen im April 1940

als Sieger in Norwegen eingefallen waren, so leise und kleinmütig verschwanden sie fünf Jahre später von der Bildfläche. Die Wehrmacht erfüllte die Auflagen der Alliierten, alle Angehörigen der Besatzungsmacht wurden in Lager interniert, wo sie sich selbst entwaffnen und auch verwalten mussten. Die Norweger und die Alliierten hatten dafür einfach nicht genügend Leute.

Oft standen nur zwei oder drei Norweger am Lagertor Wache, meist junge Männer aus der Gegend, die sich von Zivilisten nur durch eine Armbinde und eine Waffe unterschieden. Es gibt buchstäblich keinen einzigen Deutschen, der in einem dieser Lager interniert war, der sich in den Gesprächen nicht beiläufig oder ausführlich über diese Adhoc-Polizisten mokiert hätte: Mit ein, zwei Handgriffen habe man ihre Waffen unbrauchbar gemacht, ohne dass sie es gemerkt hätten. Sie seien verkleidete Bauernbuben gewesen, »die eine unordentliche Armbinde mit der Landesfarbe über dem Räuberzivil tragen«. (Das zumindest änderte sich offenbar rasch, denn sie bekamen »Schuhe, Strümpfe und Mäntel von uns auf Anforderung und nähten auf den Ärmel des deutschen Anoraks ein *Norge*«.) Sie sehen wie Verbrechertypen aus, notierte selbst Pfarrer Hennig in seinem Tagebuch: »Sie haben einen absolut unmilitärischen Benimm, ihr Wachestehen ist ein Witz, sie lümmeln sich hin … Ein Norweger kann gar nicht Soldat in unserem Sinn sein, dazu ist er zu sehr Individualist.«

An einem solchen Mangel an soldatischer Zucht können die Norweger bis heute nichts Ehrenrühriges finden. Einer der Männer, die damals Wachdienst hatten, erzählte ein halbes Jahrhundert später sehr amüsiert, er habe einmal fünfzig Deutsche beim Holzhacken bewachen sollen, sei aber, das Gewehr über der Schulter, eingeschlafen.[15]

Bevor sie in die Lager – Reservationen genannt – umzogen, räumten die Deutschen ihre Baracken und Unterkünfte. Dabei schlug offenbar die Stimmung erneut um, das jedenfalls berichtete Hennig. Hitlerbilder wurden aus dem Rahmen genommen und »auf den Schreibstubensachenscheiterhaufen geworfen. Dort werden sie mit den Propagandaschriften aus der Bücherei verbrannt. Jubel.« Worüber die Soldaten jubelten, erläuterte er ebenso wenig wie die Gründe für ihr Weinen wenige Tage zuvor. Solche Stimmungsumschwünge mögen heute erklärungsbedürftig wirken, damals waren sie offenbar allen Beteiligten verständlich.

Bei diesem gigantischen Aus- und Aufräumen »erbten« die Norweger. Die Soldaten verschenkten vieles, so kam der Sohn einer Familie, zu der einer der Soldaten viel Kontakt gehabt hatte, mit drei Koffern und »holt unter anderem fünf große Pakete Seifenpulver, zehn Stück beste Kernseife, eine Zahnbürste, einen Halspelz, den bekommt die Mutter, Bleistifte für jeden«. Pfarrer Hennig klagte in seinem Tagebuch wiederholt, es sei »ein Jammer, was die Feinde alles bekommen«. Alles, was die Besatzungsmacht in fünf Kriegsjahren nach Norwegen transportiert habe, müsse zurückbleiben, während es die Deutschen in der Heimat so bitter bräuchten.

Zurück blieben nicht nur »Decken, Zeltbahnen und Schuhwerk«, mit denen die Soldaten ausgerüstet worden waren, sondern auch Baumaterial, Maschinen und Handwerkszeug, der Nagel in der Barackenwand ebenso wie die Baracke[16], Möbel, komplette Büroausstattungen, Magazine voller Bettlaken, Geschirr, Handtücher, Unterwäsche. Alles fiel an den norwegischen Staat. Noch in den sechziger Jahren des 20. Jahrhunderts wurden an norwegische Rekruten

Unterhosen und Decken aus deutschen Wehrmachtsbeständen ausgegeben, auf denen das Hakenkreuz prangte.

Auch für die Bevölkerung blieb viel übrig. Ausrüstungsgegenstände wurden versteigert, und was die Leute nicht geschenkt bekamen oder ersteigerten, nahmen sie sich. Das geschah sicher auch in dem (berechtigten) Gefühl, auf diese Weise wenigstens einiges von dem zurückzubekommen, was die Deutschen in den Jahren zuvor dem Land und seinen Bürgern abgepresst hatten. Nachdem die Deutschen die Baracken verlassen hatten, wurden diese aufgebrochen und nach und nach geplündert, »die Diebe waren normale Leute aus der Gegend«.[17] Es wird sich gelohnt haben, auch wenn sich natürlich nicht sagen lässt, was und wie viel in diesem ersten Friedenssommer auf diese Weise den Besitzer wechselte oder unter der Hand verschoben wurde.

Eine Ahnung geben die munteren und von keinerlei Unrechtsbewusstsein getrübten Erzählungen eines Offiziers, der einer Fernmeldeeinheit angehörte. Diese Einheit musste nach der Kapitulation rund um Oslo Kabel abbauen, die »wurden an die Norweger verscheuert, Lkw-weise. Am Holmenkollen haben wir die Laster hingestellt, gingen weg, dann kamen Norweger, die luden ab und bezahlten uns. Die Kabel gingen angeblich nach Schweden als Leitungen für Neubauten. Die Norweger habe ich nie gesehen, die haben sich nie blicken lassen bei uns. Wir hatten einen Verbindungsmann, der hat das Geld gebracht. Ich weiß noch, daß wir für die Trommel 50 Kronen bekommen haben.« Das war viel: Ein Arbeiter verdiente etwas über zwei Kronen die Stunde.

Die letzte Beförderung dieses Soldaten (zum Oberleutnant d. R.) trägt das Datum 1. Juni 45. Kein Wunder, dass er, der sich mit Charme und Chuzpe durch die Kriegs- und

Nachkriegszeit schlawinert hatte, die Niederlage nicht besonders tragisch nahm. »Wir waren ja so jung, wir haben uns keine Gedanken darüber gemacht, was nun passiert ist. Wir waren eine ziemlich sorglose Gesellschaft.« Damit spricht er stellvertretend für jene, die nicht einmal den Versuch gemacht haben, so zu tun, als habe dieser Krieg und ihr Soldatsein einen anderen Sinn gehabt als den, dass sie ihrem Wehrdienst nicht hatten entgehen können.

Er und seine Kameraden/Kumpane waren mit Sicherheit nicht die Einzigen, die einen schwunghaften Schwarzmarkthandel mit deutschem Material betrieben und den Erlös einstrichen. Es muss norwegische »Geschäftspartner« gegeben haben, Zivilisten wie Militärangehörige. Ein deutscher Major, der für alle Nachrichtengeräte zuständig war, die in einem Lager bei Oslo zusammengezogen wurden, machte »mit Norwegern und Engländern Deals. Alles wurde nach England verscheuert. Als es aufflog, verschwanden die deutschen und norwegischen Offiziere. Der Major wurde nach Hause geschickt, was ihm weh tat, weil er im Lager ein Gschpusi mit einer deutschen Nachrichtenführerin hatte. Da war er traurig, daß er so bald nach Hause mußte.«[18]

Der Offizier, der diese Geschichten erzählte, war der, der die Kabel verschoben hatte. Auch er hatte 1945 ein »Gspusi« – eine norwegische Verlobte, die bald nach der Kapitulation wegen ihrer Beziehung zu ihm, einem Deutschen, in ein großes Internierungslager in Oslo gebracht wurde. Aber der Deutsche kannte einen norwegischen Leutnant, und der wollte so gern ein Radio haben (vielleicht für seine Verlobte, wer weiß). Wenige Tage später war die Verlobte des Deutschen wieder auf freiem Fuß.

Anfang Januar 1945 hatte ein Flieger aus Norwegen begeistert an seine Eltern geschrieben, er und seine Kameraden feierten »Bohnenkaffeekränzchen mit Schlagsahne und dazu Gebäck und so viel Schlagsahne, dass wir sie mit dem Löffel essen konnten!«[19] Man fragt sich, wie die Eltern das im Januar 1945 (!) aufnahmen. Große Teile Europas hungerten, die meisten Europäer hatten seit Jahren weder Bohnenkaffee noch Schlagsahne gesehen. Flieger bekamen zwar den ganzen Krieg über Sonderverpflegung, aber mit dem Kriegsende brach über alle deutschen Soldaten in Norwegen eine wahre Nahrungsschwemme herein. Es gab so viel zu essen, dass »einige Kameraden schon richtige Bäuchlein mit sich tragen«. Das lag nicht nur daran, dass es ständig Pferdebraten gab, weil Zehntausende Wehrmachtspferde geschlachtet werden mussten. Die eigentliche Ursache für den plötzlichen Überfluss war, dass die Lebensmittellager der Wehrmacht aufgelöst wurden. Einer meiner Gesprächspartner, ein Pilot, erinnerte sich 2001: »Die hatten da oben 400 000 Mann, und für die waren Lebensmittel gehortet worden, massenweise, für mehrere Jahre. Deshalb haben sie uns das Zeug nach der Kapitulation nachgeschmissen. Wir wußten gar nicht, was wir essen sollten. Butter, Eier, Büchsenfleisch, Liköre, Schnäpse, Sekte, das haben sie uns alles vor die Nase gestellt. Wir haben so viel Eier gegessen, daß wir gelben Stuhlgang hatten. Es gab auch Cognacs, Hennessy, Martell, und Champagner, es war alles da. Butter faßweise.«

Fünf Jahre lang hatte die Wehrmacht rastlos gebaut, um das unwegsame Land für das Militär zu erschließen. Die Straßen, Brücken, Eisenbahnlinien, Hafenanlagen und Flugplätze kamen der Infrastruktur des Landes noch jahrzehntelang zugute. Manches wussten die Bewohner auch einfallsreich umzuwidmen. So wurde im norwegischen

Namsos eine riesige Kaverne, die die Deutschen als Munitionslager in das Feld gesprengt hatten, in ein »natürliches« Hallenbad umgebaut. Die befestigten Stellungen und die Bunker des Atlantikwalls, der sich von den Pyrenäen bis ans Nordkap zog, waren allerdings weitgehend nutzlos und sollten sich überdies als unzerstörbar erweisen. Sie säumen bis heute Europas Westküste wie Grabsteine eines deutschen Traums.

Während mehrere meiner deutschen Zeitzeugen von Geschenken, Schwarzmarktgeschäften und anderen Arten der Eigentumsübertragung sprachen, erwähnte keiner der ausländischen Zeitzeugen solche materiellen Aspekte des Kriegsendes. Ihre Erzählungen vom Tag der Kapitulation und den folgenden Wochen handeln von Freude: Freude über die wiedergewonnene Freiheit, Freude über das Ende der Angst, über die ersehnte Rückkehr der Gefangenen aus den Häftlingslagern im Land und den deutschen Konzentrationslagern: »Das alles war so wunderbar, man kann es mit Worten gar nicht beschreiben.«

Wie Frankreich 1944 verfiel das befreite Europa am 8. Mai 1945 in einen Sieges- und Glücksrausch. Die Menschen umarmten sich, tanzten, zerstörten die Insignien der deutschen Macht. Man wollte nicht allein sein, alle stürmten auf die Straßen, und es drängte die Menschen auch ansonsten zueinander. »Es heißt, dass am Tag der Befreiung von Paris im Jahre 1944 alle, die irgendeinen Partner fanden, Liebe gemacht haben.«[20] Es gibt keinen Grund, warum das nur im Sommer 1944 in Paris so gewesen sein soll, selbst wenn sich die veröffentlichten Erinnerungen der Zivilisten darüber ausschweigen.[21]

In Oslo hängte ein Buchhändler ein Schild mit der Aufschrift »Wegen Freude geschlossen« an die Ladentür. Wie er, werden sich an diesem Tag viele spontan freigenommen haben. Andere sahen zwar die historische Bedeutung des Tages, ließen sich aber nicht aus dem Gleis bringen: »8. Mai. Heute herrscht in Åndalsnes und im ganzen Land großer Jubel. Es gibt viele Flaggen, Hurra und Geschrei. Das ist der größte Tag der Weltgeschichte, der Frieden ist gesichert. Ich habe nicht gefeiert, den ganzen Tag Kartoffeln gesetzt. Großacker ist fertig.« (Dieser Bauer aus dem Romsdal hatte auch zu Kriegsbeginn am 8. April 1940 Kartoffeln gesetzt.)

Wie in Frankreich schlug allerdings vielerorts der begeisterte Patriotismus in grimmig-rächenden Nationalismus um, aber im Unterschied zu Frankreich gab es bei der Befreiung Norwegens keine blutigen »Tage der langen Messer«. Aber jeder wurde einsortiert, nun gab es keine Grauzonen mehr, sondern nur noch Weiß und Schwarz – man war für die Besatzer gewesen oder gegen sie. Die Geschichten, die jetzt erzählt wurden, waren schlichte Geschichten von Gut und Böse, sie handelten von einer Welt ohne Brüche, Ambivalenzen, Zögern, Gewolltem und Versäumtem. Man war rasch dabei, Landsleute als Landesverräter abzustempeln, sie als solche zu verurteilen, mit Geldbußen zu belegen und/oder einzusperren. Niemand mochte hören, was sie zu ihrer Verteidigung zu sagen hatten. 1945 nicht, bis zum heutigen Tage nicht.

Der »Friedenssommer« verlief nahezu ohne Übergriffe und Straßenjustiz. Die Einzigen, die zu Opfern von Straßenjustiz wurden, waren auch in Norwegen Frauen, die eine Beziehung mit einem oder mehreren deutschen Soldaten gehabt hatten (oder denen das unterstellt wurde). Viele Landsleute hatten während der Besatzungszeit Anstoß am Verhalten dieser »Deutschenmädchen« genommen, mancher hatte jahrelang über sie und andere missliebige Mitbürger Schwarze Listen geführt, die nun zum Einsatz kamen. Vielerorts ließen nicht nur »normale« Bürger ihrer Wut gegen »diese Flittchen« freien Lauf, sondern auch Angehörige der bewaffneten Widerstandsbewegung und Polizeikräfte, die in der Phase des Übergangs die Staatsmacht darstellten, sowie Männer, die im Ausland gelebt hatten und nun zurückgekommen waren. Wie in allen befreiten Ländern, wurden die Frauen auch in Norwegen öffentlich gedemütigt, man verhöhnte und bespuckte sie, kündigte ihnen Arbeitsstellen und Wohnungen. Einige wurden öffentlich geschoren, doch das geschah erheblich seltener als in Frankreich. Die Gewalttaten wurden weder von der Polizei verfolgt noch vor ordentlichen Gerichten verhandelt.[22] Im Gegenteil: In Norwegen wurden Tausende Frauen verhaftet und wochen-, mitunter monatelang interniert, ohne dass es dafür eine gesetzliche Grundlage gegeben hätte.

Manche Patrioten ergriffen jede Gelegenheit, um ihre Vaterlandsliebe zu demonstrieren. 1995 erzählte ein Norweger begeistert, als König Haakon VII. im Juni 1945 aus dem englischen Exil heimkehrte, sei er in Oslo gewesen, da habe ein Jubel ohnegleichen geherrscht. Mitten im Erzählfluss erwähnte er eine, wie er es nannte, »kleine Kuriosität«: Jemand habe angefangen, einem »kleinen Jungen, der mit norwegischer Flagge am Straßenrand stand, die Kleider vom Leib zu reißen, ohne dass die Lehrer dazwischengingen. Vermutlich hatten die Eltern der Quisling-Partei angehört.«

Solche erniedrigenden Ausbrüche des Volkszorns gegen Wehrlose sind umso erstaunlicher, als deutsche Wehrmachtsangehörige oder Landsleute, die mit der Besatzungsmacht gute Geschäfte gemacht hatten, kaum tätlich angegriffen oder verhaftet wurden. Die Frage, wer als Wirtschaftskolla-

248

borateur zu gelten habe, wurde allerdings einige Zeit hitzig diskutiert.

Ein Unternehmer hatte für die Deutschen Flughäfen, Bunker und Straßen gebaut? Was hätte er tun sollen, er trug Verantwortung für seine Arbeiter, es gab keine anderen Auftraggeber, er musste sich dem Druck der Deutschen beugen. Er hatte mit deutschen Offizieren rauschende Feste gefeiert? Ja, schon, aber nur wegen des Geschäfts (man hatte, wie gesagt, Verantwortung für seine Leute). Außerdem waren das im Grunde wirklich nette Männer, kaum ein Nazi dabei. Und so weiter ... »Die Wirtschaft ist oftmals viel unbefangener als andere Teile einer Gesellschaft, wenn es darum geht, auf das günstigste Angebot zu reagieren«, meinte Willy Brandt pragmatisch mit Blick auf die deutsch-norwegischen Wirtschaftsbeziehungen, wobei er allerdings nicht an die zwischen 1940 und 1945, sondern an die ab 1945 dachte.[23]

Man hatte als Bauarbeiter für die Deutschen gearbeitet? Zum einen waren die meisten nicht bei den Besatzern direkt angestellt, sondern bei einem norwegischen Unternehmen. Aber davon abgesehen: Was hätte ein Arbeiter tun sollen, er musste doch Geld verdienen. Die norwegischen Gewerkschaften schmetterten 1945 den Vorwurf, ihre Mitglieder hätten ohne jede Gewissensbisse den Nazis geholfen und daran auch noch glänzend verdient, mit dem ideologiegestählten Hinweis ab, die Arbeiterschaft sei immer und überall gezwungen, ihre Arbeitskraft an den Feind – nämlich den Unternehmer – zu verkaufen. Könnte man das als *sekundäre* Kollaboration bezeichnen, eine Art der Zuarbeit, für die der Zuarbeiter im Grunde keine Verantwortung trägt und für die er nicht zur Verantwortung gezogen werden darf? Wann wird Opportunismus zu aktiver Unterstützung, wann Unterstützung zu Kollaboration?

Ausnahmslos alle, die nach dem Krieg beschuldigt wurden, ideologisch, politisch, administrativ oder wirtschaftlich kollaboriert zu haben, beteuerten, dass sie nur Schaden vom Land abwenden und »Schlimmeres verhindern« wollten.[24] War das glaubwürdig? Da die Beweise der patriotischen Gesinnung und der Ablehnung des Besatzungsregimes auch (oft sogar nur) in eher dezenten Alltagsgesten wie der sprichwörtlichen »kalten Schulter« bestanden, konnte praktisch jeder mit einer Begebenheit aus der Besatzungszeit aufwarten, bei der er (oder sie) sich widerständig verhalten hatte. Aber wo bereits ein verweigerter Gruß oder ein paar entwendete Kartoffeln zum Beweis des praktizierten Widerstands werden, zerfasert der Begriff zur völligen Bedeutungslosigkeit. »Dass in früher Nachkriegszeit mit den Entnazifizierungsinstanzen vielfach eine ›Mitläuferfabrik‹ entstanden war, ist bekannt; aber darüber darf nicht vergessen werden, dass es auch eine ›Widerstandskämpferfabrik‹ gegeben hatte.«[25]

Männer wie Frauen hatten für die Besatzungsmacht gearbeitet, nicht alle waren dazu gezwungen worden, aber wie immer wirkte sich auch hier ein historisches Ereignis auf das Leben von Frauen anders aus als auf das von Männern. Während niemand die etwa 150 000 norwegischen Arbeiter, die auf deutschen Baustellen beschäftigt gewesen waren, beschimpfte, wurden die Frauen weniger nachsichtig behandelt. Es hatte ihrem Ruf schon während des Krieges geschadet, dass sie für die Deutschen arbeiteten (den Ruf der Männer hatte das nicht angekratzt). Nach der Befreiung wurden einige von ihnen auch noch wegen dieser Arbeit vor Gericht gestellt. Ein Mädchen, das bei Kriegsausbruch 13 Jahre alt gewesen war und als Kellnerin für deutsche Soldaten gearbeitet hatte, wurde zu einer sechzigtägigen Gefängnisstrafe wegen Kollaboration verurteilt. Der größte Bauunternehmer der Region, der in den Kriegsjahren einen Umsatz von 30 Millionen Kronen erzielt hatte, erhielt die gleiche Strafe.[26]

In jedem Land entschieden die Sieger, welches Verhalten sie als Kollaboration zu beurteilen gedachten, in Norwegen ging man pragmatisch vor. Es wurde »kein einziger Arbeiter oder Wirtschaftsfunktionär, der bei den Bauprojekten der Wehrmacht tätig war, in irgendeiner Form bestraft«[27], da man, so eine offizielle Begründung, »nicht einen großen Teil des norwegischen Volkes auf die Anklagebank setzen« konnte und da es »kaum eine Firma in Norwegen gegeben haben dürfte, die nicht mit deutschen Dienststellen Geschäfte gemacht hat«.[28] Am Ende wurden nur ein paar Kriegsgewinnler, die allzu unverschämt abgesahnt hatten, juristisch verfolgt. Zynisch gesagt verhielt es sich mit dieser juristischen Aufarbeitung in Norwegen folgendermaßen: Bauunternehmer und Arbeiter wurden nicht bestraft, weil sie für die Nachkriegsgesellschaft und die Prosperität des Landes dringend gebraucht wurden. Die jungen Frauen waren dafür entbehrlich.[29]

Zu der Besatzungsgesellschaft, die sich aufzulösen begann, gehörten die Kriegsgefangenen. In den vier Jahren seit dem Überfall auf die Sowjetunion waren etwa 100 000 Russen, Polen und Jugoslawen nach Norwegen gebracht worden,[30] knapp 20 000 – auch dies sind nur Schätzungen – starben auf den Wehrmachtsbaustellen durch Fronarbeit, Hungerrationen und Misshandlungen. Im Mai 1945 lebten in den deutschen Lagern noch 78 200 Gefangene. Sie wurden freigelassen, mancherorts sofort, an anderen Orten erst Wochen nach der Kapitulation, weil die Norweger »keine Mannschaften zur Überwachung der weiteren Entwicklung nach dem Öffnen der Tore hatten«. »Weitere Entwicklung« war der Euphemismus für die Vermutung, dass die Zwangsarbeiter in die nahen Wehrmachtslager ziehen und dort mit ihren Peinigern abrechnen könnten. Auch die Deutschen befürchteten die Rache der Freigelassenen. Pfarrer Hennig beispielsweise begrüßte es, dass im Juni 1945 ein Stacheldrahtzaun um das Internierungslager gezogen wurde, in dem er sich aufhielt. Der Zaun sollte sicherstellen, dass die Deutschen im Lager blieben, die aber sahen seinen Sinn in etwas ganz anderem: »Wir haben unsere Einzäunung auch mehr als Erleichterung empfunden denn als Einengung, weil wir uns nun die umherziehenden Russen vom Leib halten können.«

Über das Verhältnis zwischen der norwegischen Bevölkerung und den Freigelassenen gibt es völlig widersprüchliche Berichte. Hennig notierte am 20. Mai, die Polizei verlange, »daß die Russen unbewacht bleiben sollen. Wenn man ihnen dann sagt, daß sie dann auch auf ihr Vieh und auf ihre Töchter aufpassen müssen, haben sie Angst und sind froh, daß wir die Russen weiter im Lager behalten.« Das war den Norwegern insofern recht, als die Osteuropäer dann weiterhin von den Deutschen mit Lebensmitteln versorgt werden mussten.

Norwegische Zeitzeugen hingegen berichten ausschließlich von freundschaftlichen, bewegenden Begegnungen: Sie brachten den Russen, Jugoslawen und Polen, die halb verhungert und ausgemergelt waren, Essen und auch Kleidung. Mancherorts luden sie sie ein, am Festumzug zum norwegischen Nationalfeiertag am 17. Mai teilzunehmen.[31] In einem Ort an der norwegischen Westküste ging das nicht ohne Nickeligkeiten, vielleicht sollte man doch sagen, nicht ohne *Herzlosigkeit und Dünkel* ab, als jemand allen Ernstes meinte, die befreiten Gefangenen sollten nicht mitgehen dürfen, weil sie nur Lumpen trugen. Alle anderen Organisatoren wiesen das empört zurück.[32]

»Dann war der Krieg aus.« Das klingt, als sei blitzartig alles auseinandersortiert, jeder an seinem Ausgangsort, der *Status quo ante* wieder hergestellt gewesen. Das war keinesfalls so. Wie bei einem Kinderspiel, bei dem alle Beteiligten auf Klatschen mitten in der Bewegung innehalten müssen, hielt ganz Europa im Moment der Kapitulation inne. Alle erstarrten an ihrem Ort – aber da, wo sie standen, gehörten viele nicht (mehr) hin. Und so zogen erneut Pfeilbündel über Europas Landkarte. Natürlich waren seit 1939 unentwegt Pfeile in Bewegung gewesen: Vorrückende und zurückweichende Armeen, Juden, Kriegsgefangene, Verfemte und Todgeweihte, die verschleppt wurden, Widerstandskämpfer und Verfolgte, die flohen, Vertriebene, die aus ihrer Heimat verjagt worden waren. Millionen dieser Menschen erlebten die Kapitulation nicht mehr, Millionen andere waren im Mai 1945 buchstäblich »displaced«. Wer überlebte, hatte oft einen weiten Weg vor sich, um wieder nach Hause zu kommen – wenn es überhaupt einen Weg zurück gab.

Die Zwangsarbeiter wurden im Laufe des Sommers von den Alliierten in ihre Heimatländer zurückgeführt, wo sie ein ungewisses Schicksal erwartete.[33] Die größte Gruppe aber, die wieder nach Hause zurückmusste, waren »die Deutschen«, Millionen von Männern (und einige Frauen), die sich als Wehrmachtsangehörige, Wehrmachtsgefolge oder Zivilpersonen außerhalb der Grenzen des (nun wieder erheblich geschrumpften) Deutschen Reichs aufhielten. Dass auch sie bei Kriegsende irgendwo »gestrandet« waren, wird selten bedacht.

253

In vielen deutschen Familien wird bis heute stolz von Angehörigen erzählt, die im Sommer 1945 in wochen- und monatelangen Fußmärschen aus Italien oder Dänemark nach Hause liefen. Während die Soldaten auf dem europäischen Festland nach Hause laufen konnten (und einige dies auch taten), stellten die knapp 400 000 Mann in Norwegen ein Problem besonderer Art dar: Sie mussten per Schiff außer Landes gebracht werden, und diese immense logistische Aufgabe ließ sich nicht binnen weniger Tage oder Wochen bewerkstelligen. So entstand für die Internierten eine leere, undefinierte Zeit, in der sie weder Soldaten noch Zivilisten waren. Aber sie verstanden offenbar, sich einzurichten. Ein Marinesoldat berichtete, als er und seine Kameraden in eine ehemalige Kaserne interniert wurden, hätten sie binnen weniger Tage die Stallungen in Wohnräume und die Reithalle in einen Saal für Filmvorführungen, Theater- und Varietévorstellungen und für Konzerte der deutschen Marinekapelle umgebaut. Ein Artikel in einer norwegischen Lokalzeitung vermittelt ein bizarres Bild davon, was sich im August 1945 in dem Marktflecken Gol abspielte:

»Gol ist wie ein deutscher Freistaat. Die Soldaten gehen in kurzen Hosen durch Gol, dabei pfeifen und summen sie ihre Marschlieder. Sie haben Kino- und Theatervorstellungen, und sie haben auch noch ihre ›Deutschenflittchen‹. Es ist verstörend, so viele kräftige Männer zu sehen, die sich den ganzen Tag nur sonnen. Die müssen was arbeiten. Vor allem müssen sie so schnell wie möglich außer Landes geschickt werden. Es macht uns wütend, deutsche Soldaten zu sehen.«[34]

Die großen Transporte waren gegen Jahresende abgeschlossen, die letzten Deutschen verließen das Land aber erst 1947, weil die Norweger einige Soldaten im Land behielten. Sie mussten die Minen räumen, die die Wehrmacht gelegt hatte.[35] Für sie wurden die ersten Nachkriegsmonate zur gefährlichsten Phase ihrer Soldatenzeit, viele wurden getötet oder verletzt.

Wer so lange in Norwegen bleiben musste und die Minenräumungen heil überstand, hatte es nicht unbedingt schlechter getroffen als jene, die früher nach Deutschland zurückdurften. Als sie deutschen Boden betraten, wähnten sie sich nur wenige Tage oder Wochen von ihren Familien entfernt. Doch in den Häfen wurden sie von den Alliierten in Empfang genommen, die viele entlassene Soldaten in Gefangenenlager schickten. Die letzten der zwölf Millionen deutschen Kriegsgefangenen kamen erst zehn Jahre später nach Hause.

Wer gleich nach Hause weiterfahren durfte, erkannte sein Land und seine Stadt manchmal nicht wieder. Was immer sie über die Zerstörung der Städte gehört haben mochten, es muss unmöglich gewesen sein, sie sich vorzustellen. Die Bilder, die heute alle zum Stichwort »deutsche Städte 1945« abrufbereit im Kopf haben, waren damals noch nicht so bekannt. Erst der Augenschein machte das Gehörte wahr. Die Heimkehrer mussten sich in ihrer neuen alten Welt wieder einfinden; über die hinter ihnen liegenden Jahre, den vielleicht wichtigsten Teil ihres Lebens, wollten viele nicht mehr sprechen. »Nur wer die Schule des Mars durchlaufen hat, kann uns wirklich verstehen«, schrieb einer pathetisch in sein Tagebuch. Man fragt sich, ob er und die Millionen, die dachten wie er, dennoch versuchten, sich ihren Ehefrauen und Kindern verständlich zu machen.

Nicht wenige Soldaten wären gern in Norwegen geblieben. Das Reichsarchiv in Oslo verwahrt Gesuche an die norwegische Regierung und sogar an den König; begründet wurden die Bitten mit einer norwegischen Verlobten, manchmal mit einem Kind, mit der Liebe zum Land, damit, dass man in Deutschland keine Verwandten mehr habe oder nicht in die alte Heimat zurückkehren könne. Manche führten das Stellenangebot einer norwegischen Firma an.

Aber Norwegen entschied sich grundsätzlich gegen das sogenannte *Wernher-von-Braun-Modell*, mit dem sich Amerika, England, Frankreich und Russland das Know-how deutscher Spezialisten sicherten.[36] Soweit bekannt, wurde keinem dieser Gesuche auf Bleibe entsprochen. Das Land blieb zunächst für Deutsche geschlossen, als sie wieder einreisen durften, wurden Visa und Aufenthaltsgenehmigungen äußerst restriktiv vergeben. Zunächst aber mussten ausnahmslos alle Wehrmachtsangehörigen das Land verlassen, und mit ihnen auch alle Norwegerinnen, die durch Eheschließung deutsche Staatsbürgerinnen geworden waren.[37] Viele Paare heirateten im Lauf dieses Sommers. Nur so konnten sie zusammenbleiben, manche hatten jahrelang vergeblich auf eine Heiratsgenehmigung gewartet.

Frauen, die ihren deutschen Freund nicht heiraten konnten oder wollten, packten auf der Flucht vor ihren Nachbarn die Koffer und zogen an einen Ort, wo man nichts über sie und ihre »Schande« wusste. Die meisten aber blieben, wo sie waren, ertrugen die Verachtung, heirateten einen Landsmann und führten ein normales, vor allem aber möglichst unauffälliges Leben – soweit das möglich war, wo doch alle wussten, »was sie für eine waren«. In besonderem Maße galt das für jene, die von einem Deutschen ein Kind bekommen hatten. Die meisten dieser Mütter gaben sich große Mühe, ihr Kind liebend großzuziehen und vor den Angriffen und Beschimpfungen jener zu schützen, die es leiden ließen, weil es die falschen Eltern hatte.[38]

Das Kriegsende war keine Stunde null, weder in Deutschland noch in einem der befreiten Länder. Aber es setzte überall alchemistische Vorgänge in Gang, die Menschen, Handlungen und Absichten zu etwas machten, was sie vorher nicht gewesen waren. Verliebte Frauen wurden zu Landesverräterinnen, Soldaten zu Gefangenen, Gefangene zu freien Menschen. »Deutsche Mitläufer und Mittäter oder ausländische Kollaborateure verwandelten sich in Angehörige des Widerstands.«[39] Die Stunde null, die keine war, hat in den Nachkriegsmythen aller Nationen ihren Platz.

VIII.
... dann kommt die Moral
(Nachkrieg)

Die Stunde null hat in den Nachkriegsmythen aller Nationen ihren Platz[1], denn Mythen schieben ins Rampenlicht, was gezeigt und was gesehen werden *soll*. Im Fall der Geschichtsmythen um den Zweiten Weltkrieg waren das nicht nur in Deutschland an allererster Stelle die Legenden von Schlussstrich und Neubeginn, Schuld und Sühne. Nicht umsonst trägt das große Aufräumen, das es nach der deutschen Kapitulation 1944 beziehungsweise 1945 in jedem Land gab, den verräterischen Namen »Säuberung«. Kontinuitäten wurden geleugnet, Peinliches und Belastendes unterdrückt, der Sprachgebrauch den neuen Gegebenheiten und dem veränderten Denken angepasst.

In Deutschland wandelte sich bald nach 1945 die unerträglich schmachvolle »bedingungslose Kapitulation« zum »Zusammenbruch«. Das erwies sich als außerordentlich praktisches Wort. Es ist vage und kommt ohne Ursache und ohne Handelnde aus, so sah man in den Jahren nach dem »Zusammenbruch« auch das Dritte Reich gern (als Akteure blieben nur »die Herren Hitler und Himmler«, die das Volk betrogen und in den Untergang gerissen hatten). Ähnlich sprachkosmetisch verhält es sich mit der Gedenktagsfloskel von den »Verbrechen, die im Namen des deutschen Volkes begangen wurden«. Auch sie lässt offen, wer sie denn nun begangen hat – im Namen des Volkes.

Differenziertheit ist die Sache von Mythen nicht. Sie leben von holzschnittartiger Eindeutigkeit – es gibt Gute, es gibt Böse, und beide sind klar voneinander unterschieden. Jeder ist entweder das eine oder das andere, niemand kann ein bisschen gut oder ein bisschen böse sein. 1945 galten die von deutscher Besatzung befreiten Nationen Europas ausnahmslos als »die Guten«[2], Deutschland war, mit sehr gutem Grund, »das Böse« schlechthin. Die Deutschen galten als ein Volk von Mördern, alle hatten Hitler begeistert unterstützt, ausnahmslos alle waren Nazis. Allerdings berichteten ausländische Journalisten, die 1944/45 mit den alliierten Soldaten nach Deutschland kamen, dass es völlig unmöglich war, im Land auch nur einen einzigen Nazi zu finden. »Niemand ist ein Nazi. Niemand ist je einer gewesen«, schrieb die amerikanische Reporterin Martha Gellhorn im April 1945.

1963, nach achtzehn Jahren des Verschweigens, Vertuschens und Beschönigens, setzte mit dem Frankfurter Auschwitz-Prozess eine schrittweise Enthüllung der Verbrechen ein, die Deutsche in ganz Europa begangen hatten. Da begann Gellhorns verächtliche Feststellung »Ein ganzes Volk, das sich vor der Verantwortung drückt, ist kein erbaulicher Anblick« seine Berechtigung zu verlieren.[3] Der Prozess markierte das Ende des Schweigens.[4]

Seither hat sich die Bundesrepublik – wenn auch mitunter widerwillig und stockend – äußerst kritisch mit der eigenen Geschichte auseinandergesetzt. Alle Regierungen des Landes haben die historische Schuld der Deutschen anerkannt, Verantwortung übernommen, die Opfer um Entschuldigung gebeten. Nichts wird seitdem beschönigt, nichts mehr vertuscht, die Aufarbeitung der nationalsozialistischen Verbrechen kann man durchaus beispielhaft nennen.

Vierzig Jahre nach dem Frankfurter Prozess wurde es möglich, dass sich die Deutschen nicht nur privat und im Familienkreis mit dem Leid befassen konnten, das sie mit dem Dritten Reich über sich selbst gebracht hatten. Hierin liegt nämlich der entscheidende, der unverwischbare Unterschied zu den Millionen Menschen, die zu Opfern des Dritten Reiches wurden: Diese hatten ihr Leid nicht, wie die Deutschen, selbst über sich gebracht. »Die Deutschen waren eben nicht in gleicher Weise Opfer wie die von den Deutschen unterworfenen Nachbarn oder die zu politischen Feinden deklarierten Bürger oder gar die zur Vernichtung freigegebenen Völker. Die Opfer, die die Deutschen im Zweiten Weltkrieg brachten, waren vorerst aktive Opfer, erbracht für das Vaterland, und nicht passiv erlittene Opfer, wie Deutschland sie den anderen auferlegte oder zumutete.«[5]

Dann erschien 2002 ein Buch mit dem harmlosen Titel »Opa ist kein Nazi«. Darin stellte der Sozialpsychologe Harald Welzer seine Erkenntnisse aus Gesprächen vor, die er mit deutschen Familien geführt hatte. Sein Interesse galt der Art, wie geschichtliche Fakten und Erfahrungen innerhalb einer Familie vermittelt werden, als Forschungsgegenstand bot sich in Deutschland das Dritte Reich an. Welzers schockierendes Ergebnis war, dass die mustergültige deutsche Vergangenheitsbewältigung nie im Selbstbild der deutschen Familien angekommen ist. Die Befragten waren zwar über die Verbrechen des Dritten Reiches (mehr oder weniger) informiert, auf sich selbst aber bezogen sie das alles nicht. Die Kriegsteilnehmer in der eigenen Familie – Eltern oder Großeltern, also Vater, Mutter, Großmutter oder eben »Opa« – waren für ihre Kinder und Enkel keineswegs Nazi-Täter, sondern Opfer oder gar Helden des Dritten Reichs. »Die Juden« mögen in den Medienberichten die Hauptrolle spielen, in der emotionalen Wahrheit der Deutschen spielen sie eine Nebenrolle. Die vermutlich hanebüchenste Ehrenrettung des Buches gilt einem Großonkel, der in der Gestapo war. Es habe ja »Widerstandsgeschichten bis in die Gestapo« hinein gegeben, meinte sein Großneffe, und wenn man sich in Diktaturen bewege, sei es eben mitunter nötig, »so Doppelstrategien zu fahren«. Er sagt also allen Ernstes, dass der Verwandte Widerstand leistete, *indem* er Gestapo-Beamter wurde.[6]

Im Theater des Familiengedächtnisses treten »die Nazis« als die Bösen, »die Deutschen« als die verführten Guten auf. Das Stück steht seit Mai 1945 unverändert auf dem Spielplan. Zu Selbstgefälligkeit besteht folglich kein Grund. Was sagte Martha Gellhorn 1945? »Niemand ist ein Nazi. Niemand ist je einer gewesen.«

»Die Geschichte der europäischen Widerstandsbewegungen ist zu großen Teilen Mythologie«, lautete das vernichtende Urteil des britischen Historikers Eric Hobsbawm.[7] Denn auch die ehemals deutsch besetzten Länder Nord- und Westeuropas haben ein festes Repertoire an »Kriegsstücken«, die auf immer gleiche Weise inszeniert werden. Standardhandlung, Standardbesetzung und Standardtext bekamen sie 1945, und sie weisen länderübergreifend verblüffende Ähnlichkeiten auf. Die Basiserzählung handelt von einem Volk im Widerstand, das vom ersten bis zum letzten Tag des Krieges tapfer und solidarisch dem übermächtigen Besatzer die Stirn bot, das ihm moralisch überlegen war und aus dieser Zeit der Prüfungen gestärkt und gereinigt hervorging. In der Rolle der Schurken treten, neben den Deutschen, vor allem jene Landsleute auf, die mit diesen kollaborierten, nicht als Kriegsgewinnler, sondern als Mitglieder von Nazi-Parteien wie der niederländischen Nationaal-Socialistische Beweging oder der norwegischen Nasjonal Samling.[8]

Lange galten Frauen, die einen deutschen Geliebten gehabt hatten, als Kollaborateure und Landesverräter. Auch ihre Kinder wurden verfemt, auch ihnen wurde das Stigma angehängt, »nicht zu uns zu gehören«. Die Frauen wurden, um im Bild zu bleiben, nach einigen Jahren stillschweigend aus dem Stück herausgeschrieben, allerdings nicht, weil man bedauert hätte, wie man mit ihnen umgegangen war. Im Denken der Kriegsgeneration blieben sie Flittchen und Kollaborateure, aber es entsprach immer weniger dem Zeitgeist, verliebte Zwanzigjährige als verachtenswerte Landesverräterinnen zu brandmarken.

In Norwegen haben es die Kinder deutscher Soldaten nach zwanzig Jahren Aufklärungsarbeit geschafft, ihre Landsleute zu dem Zugeständnis zu zwingen, dass sie, die Kinder, die unschuldigen Opfer eines brutalen, selbstgerechten Staates geworden waren – und dieser Staat war nicht Deutschland, sondern Norwegen. Sie waren mit ihren beharrlichen Anklagen tatsächlich die Ersten, denen es gelang, dem glänzenden Bild der heroischen Nation tiefe Kratzer zuzufügen.

Inzwischen haben allerorten die Besatzungsmythen Kratzer bekommen. Das wird durch die Tatsache erleichtert, dass die Kriegsgeneration abgetreten ist. 1944/45 besetzten die Veteranen der Widerstandsbewegung die Schlüsselpositionen in Medien und Politik; vor allem Journalisten, Politiker und Historiker hatten jahrzehntelang zur Zementierung der Mythen beigetragen und andere Stimmen unterdrückt. Alle wollten sich vom Dritten Reich distanzieren, jeder wollte, wenn nicht als Held, so wenigstens als Opfer der Nationalsozialisten dastehen.

Es war im Interesse aller, umgehend alle Anschuldigungen aus der Welt zu schaffen, die eine ganze Nation unter Kollaborationsverdacht stellten. Nur drei Beispiele: Die französische Nachkriegsregierung stritt jede Kontinuität mit derjenigen von 1940 ab, die mit den Deutschen Frieden geschlossen hatte.[9] Österreich erklärte sich 1945 zum ersten Opfer des nationalsozialistischen Deutschland. Und Finnland, das auf einem ebenso schmalen wie komplizierten Pfad zwischen Waffenbruderschaft mit den Deutschen und Separatfrieden mit der Sowjetunion balanciert war, führte zur eigenen Verteidigung gar eine »Treibholztheorie« ins Feld, »derzufolge Finnland wie ein Stück Treibholz im reißenden Strom von der Politik der Großmächte mitgerissen worden sei«.[10]

Mythen leben von dem, was in dunklen Ecken sein Dasein fristet, was verschwiegen und vertuscht wird, was man nicht sieht, keiner sehen soll (und will). Nicht nur in Deutschland, auch in den ehemals deutsch besetzten Ländern begann ab dem Ende der sechziger Jahre eine neue Generation, in einige dieser Ecken zu leuchten. Dabei entpuppte sich manches, was man jahrzehntelang für wahr hatte halten wollen, als kollektive Lebenslüge. Erste Zweifel an den Mythen erbrachten Forschungen zum Verhalten von Bevölkerung und Administration der besetzten Länder bei der Verhaftung und Ermordung ihrer jüdischen Landsleute; es gab Studien zur Kollaboration in Wirtschaft und Administration, zur Rechtmäßigkeit von Aktionen des Widerstands oder der Säuberungen.

Inzwischen ist der selbstkritische Blick auf die eigene Geschichte durchaus üblich. Aber die Ersten, die es wagten, von der offiziellen Geschichtsversion abzuweichen, und die tabuisierte Fakten, *Menscheln* und *Mauscheln*, aufdeckten, hatten es schwer: Marcel Ophüls' vierstündiger Dokumentarfilm Le *Chagrin et la Pitié (Der Kummer und das Mitleid)* über die Besetzung Frankreichs, 1969 im Auftrag des französischen Fernsehens gedreht, verschwand ungesendet im Archiv der Fernsehanstalt, weil er zu rabiat am Mythos der Résistance kratzte. Er wurde ab 1971 auf Festivals gezeigt und 1972 für einen Oscar nominiert, das französische Fernsehen sendete ihn jedoch erst 1981. Und als die Engländerin Madeleine Bunting ein Buch über die deutsche Besetzung der Kanalinseln schrieb und diese als »model occupation« – als Bilderbuchbesetzung – bezeichnete, wurde sie von Landsleuten, vor allem von Insulanern, massiv angegriffen. Sie hatte wenig von Widerstand, dafür umso mehr von dem geteilten Alltag und den recht guten Beziehungen zwischen Insulanern und Besatzungssoldaten berichtet. Bedroht wurden auch Anette Warring, als sie ihre Untersuchung *Tyskerpiger* veröffentlichte, die die brutale Behandlung von Deutschenmädchen in Dänemark anprangerte, und Nanda van der Zee, die in ihrem Buch *Um Schlimmeres zu verhindern* … nachwies, dass die Kollaboration in den Niederlanden viel verbreiteter war als bisher behauptet.

Doch die Mythen leben nicht nur weiter, sie werden auch weiter poliert. Im Frühjahr 2008 lief in Dänemark der teuerste dänische Film aller Zeiten an und wurde sofort zu einem großen Erfolg: Er handelt von zwei Legenden des Widerstands gegen die Deutschen – Bent Faurschou-Hviid und Jørgen Haagen Schmith, genannt »Flamme & Citron« (so auch der dänische Filmtitel, auf Deutsch heißt er »Tage des Zorns«). Bemerkenswerterweise wirft dieser Film ein durchaus kritisches Licht auf einige wichtige Akteure der dänischen Widerstandsbewegung, die Flamme und Citron übergeordnet waren. Gerade als dieser Film in Dänemark in die Kinos kam, begannen in Norwegen die Dreharbeiten zum teuersten norwegischen Film aller Zeiten. Auch er handelt von einer legendären Gestalt des Widerstands gegen die Deutschen: Max Manus (so auch der Titel des Films). Anders als Flamme & Citron, führt dieser Film die in Norwegen tradierten Heldenmythen ungebrochen weiter. [11]

Ebenfalls im Frühjahr 2008 eröffnete in Paris eine Ausstellung mit 270 bislang unbekannten Aufnahmen des Fotografen André Zucca. Sie sind zwischen 1940 und 1944 im besetzten Paris entstanden, aber von den »schwarzen Jahren«, den »années noires«, ist sehr wenig zu sehen. Sie zeigen alltägliche Straßenszenen; Not und Unterdrückung, Hunger, Schlangestehen und Angst kommen nicht vor. Vielmehr sieht man Pariser, die scheinbar unbeschwert ihrem täglichen Leben nachgehen, Boulevards entlangspazieren, in Cafés sitzen. Offenbar wurde nicht diese vermeintliche Normalität als unanständig empfunden, sondern deren Abbildung. Jedenfalls löste die Ausstellung einen Proteststurm aus und wurde sofort zum Politikum. Der Kulturdezernent erwog die Schließung und zog die Plakatierung für die Ausstellung zurück, die Ausstellungsmacher benannten sie von *Les Parisiens sous l'occupation* (Die Pariser unter der Besatzung) in *Des Parisiens sous l'occupation* um. *Pariser unter der Besatzung*, nicht alle also, ein paar nur, vielleicht gar nicht viele. Die Internetseite des Bürgermeisters bezeichnete die Aufnahmen vage als »une certaine vision de la vie quotidienne de certains Parisiens«, eine bestimmte Sicht des Alltagslebens bestimmter Pariser.[12]

Die Ausstellungsmacher hatten versäumt, darauf hinzuweisen, dass Zucca auch im Auftrag der Nationalsozialisten für deren Okkupationszeitschrift *Signal* fotografiert hatte. Die ausgestellten Bilder waren aber keine Propagandafotos, er hatte sie privat geknipst, als Flaneur mit der Kamera. Wichtiger jedoch war, dass viele die Bilder diffamierend fanden. Dieses Paris sieht zu idyllisch aus, die Pariser wirken keineswegs, als schleppten sie sich rund um die Uhr durch einen Alptraum, es fehlt die Düsternis.[13] Diesen »Mangel« hatte Jean-Paul Sartre schon im November 1944 spöttisch kommentiert: »Bei ihrer Ankunft in Paris waren viele Engländer und Amerikaner überrascht darüber, uns nicht so mager vorzufinden, wie sie gedacht hatten. Sie sahen elegante Kleider ... selten begegneten sie jener Blässe des Gesichts, jenem physiologischen Elend, die gemeinhin für Entkräftung sprechen ... ich fürchte, sie nahmen es uns ein wenig übel, dass wir nicht ganz dem pathetischen Bild entsprachen, das sie sich vorher von uns gemacht hatten.«[14]

Und die Menschen, die der Krieg zusammengeführt hatte? Es blieben Freundschaften zwischen deutschen Soldaten und ausländischen Zivilisten, die der Ungunst der Kriegszeiten ebenso trotzten wie der der Nachkriegsjahre. Familien, die keineswegs der Kollaboration verdächtigt werden können, schickten Pakete an ihre deutschen Bekannten aus Besatzungstagen, um ihnen in den schweren Nachkriegsjahren zu helfen. Deutsche fuhren an den Ort ihrer Stationierung zurück und wurden dort von Bekannten und Freunden herzlich empfangen. Manche Beziehungen, die seinerzeit zwischen Feinden entstanden waren, wurden zu Familienfreundschaften und werden von den Kindern und Enkeln fortgeführt.

Das ist die eine Seite. Die kleine Seite, sozusagen. Die

andere, die größere Seite, ist weniger idyllisch. Mussten während des Krieges die meisten Zivilisten auf dem schmalen Grat zwischen (über-)lebensnotwendigem Arrangieren und Kollaboration balancieren, wurden nach der Befreiung die Grenzverläufe zwischen akzeptablem und verwerflichem Verhalten scharf und eindeutig definiert. Jeder musste sich und seine Kriegsvergangenheit nach diesen Kriterien bewerten und bewerten lassen. Die »Säuberungen«, die ab Mai 1945 (beziehungsweise ab August 1944 in Frankreich) entlang dieser Kriterien stattfanden, verliefen in den Städten meist gnadenloser als auf dem Land, wer auf der falschen Seite landete, bekam dies oftmals ein Leben lang zu spüren. In kleinen Gemeinden habe man vor dem Krieg friedlich zusammengelebt, meinte ein Norweger vor wenigen Jahren, und man habe gewusst, dass man auch nach dem Krieg wieder eine gemeinsame Ebene werde finden müssen. Aus diesem Grund seien beispielsweise in seinem Heimatdorf keine »Balkanzustände« entstanden. »Aber alle in meinem Alter wissen noch ganz genau, wer im Krieg auf welcher Seite stand.«

Alle wussten das. Den Männern und Frauen, die sich politisch auf die Seite des Feindes gestellt hatten, wurde niemals vergeben, selbst dann nicht, wenn ihr Vergehen in nichts anderem bestand als in der Mitgliedschaft in einer legalen Partei: Wer in Norwegen, Dänemark oder den Niederlanden den Nationalsozialisten angehört hatte, konnte zeit seines Lebens nicht mit einer völligen Rehabilitierung rechnen. Wer für sich in Anspruch nahm, von Hitlers wahren Absichten und von den Verhältnissen in Deutschland nichts gewusst zu haben, die Konsequenzen des eigenen Tuns nicht überblickt zu haben, fand keine geneigten Zuhörer. Wer sich, wie Finnland es tat, damit herauszureden versuchte, »von der Politik der Großmächte mitgerissen worden« zu sein, durfte auf wenig Verständnis rechnen. Was für ein heikles, tabuisiertes Thema das damalige Verhalten einiger war, wie tief die Gräben zwischen »Patrioten« und »Verrätern« selbst Jahrzehnte nach Kriegsende noch sein können, war und ist in Deutschland kaum vorstellbar.

Wer in ländlichen Regionen gelebt hatte, wo viele Soldaten stationiert gewesen waren, wusste, wie der Besatzungsalltag gewesen war, wie man nebeneinander und auch zusammen gelebt hatte, wie es zu Kontakten gekommen war, warum sie oft nicht nur ohne Hass, sondern sogar freundlich verliefen. Dieses Wissen wurde zur stillschweigenden Übereinkunft zwischen jenen, die dabei gewesen waren, und zumindest in den ersten Nachkriegsjahrzehnten wurde es selten nach außen getragen.

Eine der Folgen dieses kollektiven Beschweigens der nun als unpassend empfundenen Vergangenheit war, dass Dorfbewohner um die Frauen, die mit einem (oder mehreren) Soldaten zusammen gewesen waren, selbst dann eine Art Schutzmauer des Schweigens bildeten, wenn sie sie bei Kriegsende der »horizontalen Kollaboration« bezichtigt hatten.

Die deutsche Publizistin Dorothee Schmitz-Köster legte dem norwegischen Historiker Kåre Olav Solhjell Bilder aus dem Fotoalbum ihres Vaters vor. Sie waren in der Region aufgenommen, wo Solhjell lebt, und zeigen Frauen und junge Mädchen beim Skilaufen, Sonnen und so weiter mit deutschen Soldaten. Es sind großartige Fotos und großartige Zeitdokumente, aber dass Schmitz-Köster einige dieser Bilder in einem Buch abdrucken wollte, traf bei dem Norweger auf vorsichtig formulierte Ablehnung. Er kenne die meisten Frauen auf diesen Bildern, sie lebten noch in der

268

Gegend. Er würde solche Bilder auch nach fünfzig Jahren nicht veröffentlichen, »weil sie Gerede und Gerüchte in Gang setzen würden«.

»Die Bewohner sprechen über die Frauen, die mit den Deutschen schliefen, heute nicht verurteilend, sondern voll Mitgefühl«, schrieb Madeleine Bunting über die Kanalinseln. Dort seien die Frauen wieder in die Gesellschaft integriert worden, es würde den Leuten »nicht im Traum einfallen, die Namen dieser Frauen an Außenstehende weiterzugeben«. Das taktvolle Schweigen schützte die Betreffenden, es kaschierte aber auch, dass alle nach wie vor um ihre Schande wussten, selbst wenn sie keiner mehr erwähnt – zumindest nicht vor Außenstehenden. Vielleicht hat man ihnen vergeben, vergessen hat man nicht.

Viele dieser Frauen suchten ihren Ausweg ebenfalls in eisernem Schweigen. Sie aber schwiegen aus Scham, besonders wenn sie von ihrem deutschen Freund ein Kind bekommen hatten. Sie schwiegen auch dem Kind gegenüber und erzählten ihm nichts oder nahezu nichts über den Vater. Manchmal verrieten sie nicht einmal dessen Nationalität, sehr oft kaum mehr als das, oft mit dem Zusatz »Er ist tot«. Das war für Mutter und Kind gleichermaßen die tröstlichste Erklärung dafür, dass er nicht wiedergekommen war, obwohl er es ihr versprochen hatte, obwohl er von dem Kind wusste.

Tatsächlich kehrte kaum einer zu seiner Freundin (und eventuell dem gemeinsamen Kind) zurück, selbst wenn er das bei der erzwungenen Trennung im Frühsommer 1945 oder früher geschworen hatte. Manche waren tatsächlich umgekommen, sehr viele aber hatten es sich, aus nachvollziehbaren oder auch nicht nachvollziehbaren Gründen, einfach anders überlegt. In ihrer überwiegenden Mehrheit schwiegen auch die Soldaten über ihre Lieben und ihre Kinder des Krieges, was insofern einfach war, als in Deutschland meist niemand etwas davon wusste und sie als Väter, im Gegensatz zu den zurückgelassenen Müttern, die Existenz eines Kindes nicht rechtfertigen mussten. Und so schwärmten sie ganz allgemein von der schönen Natur, dem guten Wein, den vielen netten Kontakten zu Zivilisten, den kleinen Flirts. Manche erzählten von Kameraden, die sich damals richtig ernst verliebt und sogar ein Kind bekommen hatten …

Es gab also nur wenige »Familienzusammenführungen«, doch bereits in den frühen fünfziger Jahren begann ein »Wehrmachtstourismus«, der mit wachsendem Wohlstand zunahm. Westdeutsche und Österreicher reisten in die befreiten Länder Europas – die des Ostblocks natürlich ausgenommen – und besuchten ihre ehemaligen Stationierungsorte. Sie wollten, wie einer es ausdrückte, »das Land im Frieden sehen. Ich wollte dorthin zurückkehren, wo ich schon einmal gewesen war, durch die Städte gehen, mir die Plätze und Landschaften ansehen, aber nicht als Soldat, sondern ohne Uniform, als normaler Mensch. Es war ein Wiedererkennen und Wiedersehen, man war ja in dem Sinne kein Tourist.«

Viele, die wie dieser ehemalige Soldat an die Orte zurückkehrten, »wo sie schon einmal gewesen waren«, hatten von den Nachkriegsverhältnissen in diesen Ländern keine Ahnung (schlimmstenfalls waren sie ihnen egal). Im Grunde interessierte es sie kaum, wie Land und Leute sich verändert hatten. Sie suchten »ihre zweite Heimat«, ein vergoldetes Stückchen ihrer Vergangenheit, und diesmal traten sie so privat auf, wie sie sich schon während des Krieges oft gefühlt hatten. Sie wären nicht auf den Gedanken gekommen, dass sie in dem Land, in den Städtchen und Dörfern, wo sie »die schönsten Jahre ihres Lebens« verbracht hatten, nicht willkommen sein könnten. Also klingelten sie freudestrahlend an Türen, die sich in den Kriegsjahren oft und gern für sie geöffnet hatten, und erwarteten, ebenso freudestrahlend erkannt und hereingebeten zu werden. Es waren doch gute Zeiten gewesen, damals. Sie hatten sich nichts vorzuwerfen. Sie waren ja immer nett und korrekt gewesen.

Sie waren nicht willkommen. Wie schon während des Krieges waren sie jedoch von ihrer eigenen Nettigkeit und ihren guten Absichten so geblendet, dass sie die Befindlichkeit ihres Gegenübers nicht wahrnahmen. Sie begriffen nicht, dass sich der Wind gedreht hatte. Die Freunde und Geliebten von damals sahen sie mit leerem Blick an, waren sichtlich betreten oder gaben gar vor, sie nicht zu kennen. Kaum einer der reisenden Deutschen hatte sich dafür interessiert, wie nun in »seinem« Land über die Besatzungszeit gedacht wurde. Sie begriffen nicht, dass niemand an das *Menscheln* erinnert werden wollte, das den Kern ihrer eigenen guten Erinnerungen ausmachte, dass sie mit ihrem Auftauchen Wunden der ersten Nachkriegszeit aufreißen und »Gerede und Gerüchte« beleben könnten, die gerade ein wenig verstummt waren.

Die alten Verbindungen passten nicht in die neue Zeit und zum großen nationalen Konsens. Nun war man ein Volk von Widerstandskämpfern, und in dem suchte jeder Bürger seinen Platz als lupenreiner Patriot.[15] Die Erwähnung eines damaligen »Arrangierens« (oder gar einer Liebe) verletzte nicht nur abstrakte Besatzungsmythen, es konnte konkret die soziale Stellung gefährden, die sich der oder die Betreffende nach dem Krieg aufgebaut hatte. Solche unerbetenen Besuche waren also nicht nur nicht opportun, sie

konnten gefährlich werden – was würden die Nachbarn
denken, wenn ein Auto mit einem deutschen Nummern-
schild vor dem Haus parkte und die Aussteigenden einem
begeistert um den Hals fielen? Man wollte nicht mehr an
den Krieg denken. Weil damals alles so negativ war? »Vielleicht waren die Erinnerungen gar nicht so negativ. Und
vielleicht wollten die Menschen gerade deshalb nicht daran
erinnert werden.«[16]

Manche mochten Schuldgefühle gehabt und sich wegen
ihres naiven Verhaltens während der Besatzungszeit Vor-
würfe gemacht haben, nicht nur, weil nun, da der Krieg vorüber war, rundum alle mit bislang unbekannten Beiträgen
zum Widerstand herausrückten. In allen befreiten Nationen
orientierten sich die Bürger an den großen Geschichten der
großen Widerstandshelden und den kleinen Taten ihrer
Nachbarn und erzählten dann selbst, was zu diesen nationalen Geschichten passte. Wie viel an solchen Episoden wahr
war, wusste oft nur der, der sie erzählte. Aber ob wahr oder
nicht, sie zeugten davon, wie jemand erscheinen wollte. In
den befreiten Ländern hörten die Kinder die Kriegserlebnisse ihrer Eltern und Großeltern, in denen sie (sich) in diesen nationalen Konsens (ein)passten: Es waren schwere, ge-
fährliche, freudlose Zeiten, man hat den Besatzer vom ersten
Tag an gehasst, alle taten alles in ihrer Macht Stehende, um
die Nazis aus dem Land zu treiben. Dass die eigenen Fami-
lienangehörigen sich während des Krieges ehrenhaft verhalten und im Widerstand aktiv gewesen waren, war fast eine
Selbstverständlichkeit, auf die dennoch bis heute stolz hin-
gewiesen wird. Immer wieder betonte Selbstverständlich-
keiten verdecken nicht selten wenig Selbstverständliches,
folglich handeln Familiengeheimnisse oft von Verwandten,
die in dieses glänzende Familienbild nicht hineinpassen: Sie

272

waren politisch »auf der falschen Seite«, sie hatten einen deutschen Verlobten, sie haben einen deutschen Vater, Opa – der tapfere Held – hatte nicht als Widerstandskämpfer im berüchtigten norwegischen Häftlingslager Grini eingesessen, sondern als verurteilter Schwarzmarkthändler … Offenbar neigen nicht nur die Kinder- und Enkelgenerationen in Deutschland dazu, die akademischen Forschungsergebnisse zum Zweiten Weltkrieg zu ignorieren und zu verdrehen, sobald es um ihre direkten Vorfahren und somit in gewisser Weise um sie selbst geht.

Die Wehrmachtskinder, also die Kinder der Wehrmachtssoldaten – eine unbekannte Anzahl, vielleicht bis zu einer Million in allen ehemals besetzten Ländern; genauere Zahlen wird es niemals geben –, teilten die Scham ihrer Mütter und meist auch deren Schweigen. Wer es brach, versäumte nie, die Beziehung der Mutter zum Vater mit dem Hinweis zu legitimieren und zu entpolitisieren, dass die Mutter weder Landesverräterin noch gar Hure, sondern eine ehrbare junge Frau gewesen sei, die sich verliebt hatte. Es sei nicht ihre Entscheidung gewesen, den Feind zu lieben, aber so sei es eben passiert. Nicht zufällig trägt eins der ersten norwegischen Bücher zum Thema den bezeichnenden Titel *Liebe hat keinen Willen*. Die Kinder der Wehrmachtskinder – also die Enkel der Wehrmachtssoldaten – sind in einer Zeit aufgewachsen, in der Liebe jede noch so gewagte Lebensentscheidung rechtfertigt. Für sie steht das Recht ihrer Großmütter, sich zu verlieben, in wen sie wollten, völlig außer Frage – mehr noch: Sie waren nicht nur Opfer einer selbstgerechten Gesellschaft, sie waren auch Heldinnen. Sie liebten und setzten sich gegen alle Hindernisse durch, sie »folgten ihrem Herzen«, obwohl ihre Landsleute ihnen das verboten hatten und sie dafür bestraften. »Meine Oma war eine ganz außergewöhnliche Frau. Sie hat einen deutschen Soldaten geheiratet ... Oma hat für ihre Liebe gekämpft und viel geopfert.«[17]

Die deutschen Kinder der deutschen Kriegsgeneration bahnten sich einen schwierigen Weg zwischen der sukzessiven Aufdeckung der Verbrechen, die im Dritten Reich von der Generation ihrer Väter und Mütter begangen worden waren, und der Frage nach der persönlichen Schuld und Verantwortung ihrer Väter und Mütter. Diese Generation hat keinen Zweifel daran, dass »die Nazis Verbrecher waren«; in den sechziger Jahren wurden in vielen Familien die gemeinsamen Mahlzeiten zu Tribunalen. Da klagte nicht nur eine Generation die andere an, sondern Kinder forderten von ihren Vätern Auskunft – sie wollten nicht wissen, was sie als Soldat getan hatten, sondern *welche Verbrechen* sie begangen hatten. Auf diese Weise brachten sie die Väter erst recht zum Schweigen, was denen umgehend als Schuldbekenntnis ausgelegt wurde.

Will man aber Welzers Ergebnissen Glauben schenken (und es gibt keine Gründe, das nicht zu tun), gingen trotz solcher Auseinandersetzungen die meisten Nachkriegskinder letztlich davon aus, dass der eigene Vater möglicherweise ein wenig nazi-angehaucht, aber kein Verbrecher war. Dass diese Passung nicht lücken- und mühelos gelang, verrät sich meines Erachtens daran, dass unter den Besuchern der Ausstellung *Verbrechen der Wehrmacht* »die erste Generation, die teilnehmende Generation, am stärksten vertreten ist. Die zweite Generation ist am schwächsten vertreten. Die dritte Generation ist wiederum relativ stark vertreten.«[18] Genauso verhält es sich auch bei den deutschen Besuchern des Kriegsmuseums im norwegischen

274

Narvik. Die Kinder wollten (wollen?) es offenbar nicht so genau wissen und verschließen buchstäblich die Augen. Selbst von denen, die schonungslose Aufklärung aller NS-Verbrechen forderten, interessierten sich nur wenige wirklich dafür, wo genau ihr Vater während des Krieges war und was er dort getan hatte.

Könnte das (auch) daran liegen, dass das Reden über die Wehrmachtssoldaten in Deutschland bislang wenig mehr als ein Entweder-oder kannte? Das erste Bild, das lange Gültigkeit hatte, war das der sauberen Wehrmacht. Solange dieses Bild vorherrschte, sahen nur sehr wenige Kinder einen Grund, in ihrem Vater einen Täter zu vermuten. Die Täter waren die SS-Männer und die Polizeibataillone, sie waren für die Massaker der Nazis verantwortlich. Dann kam 1995 die Ausstellung *Verbrechen der Wehrmacht*, seither werden ausnahmslos alle Wehrmachtssoldaten unter Tatverdacht genommen. Damit war das positive Bild des Wehrmachtssoldaten so negativ geworden, dass es klüger schien, nicht in der Vergangenheit zu bohren. Wer mag sich schon vorstellen, dass der eigene Vater ein Mörder und Sadist gewesen sein könnte?

Aus diesem Grund blieb die Reaktion der Nachgeborenen auf das eine wie auf das andere Bild gleich: Als Generation distanzierten sie sich von der Generation der Nazi-Eltern, als Kinder ihrer Eltern beschützten sie diese (und damit sich selbst) durch all das, was sie *nicht* über sie in Erfahrung bringen wollten.

So passten die Bilder des verbrecherischen Wehrmachtssoldaten nicht zu dem Bild, das man vom Vater hatte und haben wollte, andererseits fanden dessen harmlos-muntere Kriegsgeschichten in den Forschungsergebnissen über den Zweiten Weltkrieg, an denen kein Zweifel möglich war, keinen Platz. Entscheidende Teile der Lebensgeschichte des Vaters und der Eltern, die auch Teil der eigenen Geschichte sind, blieben so im Vagen.

»Die Fremdheit, die ich gegenüber der Generation meiner Eltern empfinde, war immer schon eine der Angst. Keine Familie in Deutschland, in der die Geschichten der Alten nicht solche vom Krieg wären. Krieg aber ist etwas, das man nicht teilen kann. Und so kommen nach den Geschichten der Täter und den Geschichten der Opfer die Geschichten der Kinder der Täter und die Geschichten der Kinder der Opfer und ad infinitum.«[19]

»Wir waren ja gar keine Verbrecher und die deutschen Soldaten waren auch gar keine Kriegsverbrecher, aber nach dem Krieg hat natürlich der Sieger dafür gesorgt, dass wir in Misskredit kommen in jeder Beziehung. Wir waren anständige Bürger, wie sich das gehörte.«

Heinz Kern, Jahrgang 1922

Nachbemerkung: Alte Männer waren Soldaten (Die Sache mit dem Stolz und dem Gewissen)

Nichts hätte mich weniger interessieren können als die Kriegs-geschichten alter Männer, zumal ich als Nachgeborene so-wieso überzeugt war, dass sie immer logen. Fragte man sie danach, was sie als Soldat getan haben, sagten sie verbittert, Hitler habe ihnen die Jugend gestohlen, oder sie tischten His-törchen auf, bei denen sie, ihre Kameraden, ihre Kompanie pfiffig und tapfer waren, während der Feind unweigerlich als Tölpel, Feigling oder – noch unerträglicher – degenerierter Untermensch dastand. Andere schilderten ein problemloses, ja frohes Neben- und Miteinander von Wehrmachtssoldaten und den Zivilisten der besetzten Länder, erzählten von Tausch-geschäftchen, Erntehilfe und Sprachunterricht; in diesen Vari-anten waren ihnen die Einheimischen freundlich zugewandt.

Ich habe in den letzten Jahrzehnten vermutlich mehr solche munteren »Besatzungsgeschichten« gehört als die meisten mei-ner Altersgenossen. Seit ich fünfzehn oder sechzehn war, ist es mir nämlich immer wieder passiert, dass ein Gastgeber oder eine Gastgeberin mich einem Unbekannten, der dem Alter nach mein Vater hätte sein können, mit den Worten vorstellte: »Ebba [Frau Drolshagen] wird dich [Sie] interessieren. Sie ist Halbnorwegerin.« Als mir das zum ersten Mal passierte, war ich verwirrt; warum sollte das jemanden interessieren?

Aber das Wort »Halbnorwegerin« wirkte wie ein Zauber, es bescherte mir die ungeteilte Aufmerksamkeit dieser Herren: Jeder dieser Fremden war im Zweiten Weltkrieg als Wehrmachtsangehöriger in Norwegen stationiert gewesen. Sofort redeten sie lebhaft auf mich ein, mehrmals in passablem bis gutem Norwegisch, einer intonierte statt einer Begrüßung laut und fehlerfrei die norwegische Nationalhymne. Manche packten mich am Ellbogen und bugsierten mich in eine ruhige Ecke, einer bedrängte bei einem hochoffiziellen Abendessen den Protokollchef, im letzten Moment die Tischordnung zu ändern.

Der Sinn solchen Tuns war stets, mich als Zuhörerin zu dingen. Denn sobald sie mich »auf Nummer sicher« wähnten, hoben sie an, ausführlich und mit leuchtenden Augen von ihren Kriegsjahren in Norwegen zu erzählen. Sie sprachen darüber, wie schön und friedlich es dort gewesen sei, wie locker der Dienst, wie angenehm die dienstfreie Zeit. Sie überschütteten mich mit Geschichten, die mehr nach Pfadfinderlager und Sommerurlaub klangen als nach Krieg. Sie sprachen über die einzigartige Natur, über Ausflüge, Wandern und Skilaufen. Sie schwärmten von der rührenden Fürsorge, die sie von norwegischen Familien erfahren hatten, von lebenslangen Freundschaften mit gleichaltrigen Norwegern.

Viele schwärmten von den norwegischen Frauen im Allgemeinen und ihrer reizenden kleinen Freundin im Besonderen. In ihrer Art einmalig war die Behauptung, 1945 hätten Nor-

278

wegerinnen den abziehenden Soldaten ein fröhliches »Kommt bald wieder« zugerufen.

Sie gestanden mir, dass sie Norwegen liebten und wie sehr sie sich nach Land und Leuten sehnten. Manche hatten norwegische Zeitungen abonniert, nicht wenige nannten Norwegen mit Rührung in der Stimme »mein zweites Heimatland«. Und ein Satz tauchte in diesen Schilderungen mit solcher Regelmäßigkeit auf, dass er ursprünglich zum Titel dieses Buches werden sollte: »Das waren die schönsten Jahre meines Lebens.«

Dass diese Männer überhaupt anfingen, bei gesellschaftlichen Anlässen und zu einer fremden jungen Frau über den Krieg zu reden, war merkwürdig genug. In der Bundesrepublik der sechziger und siebziger Jahre galten das Dritte Reich und der Zweite Weltkrieg nicht als geeignete Gesprächsthemen unter Fremden, und während Stichworte wie *Polen, Russland* oder *Kreta* (soweit ich weiß) bei ehemaligen Wehrmachtsangehörigen keine vergleichbare Begeisterung auslösten, schienen die Worte »Norwegen« und »Norwegerin« alle Schleusen zu öffnen. Später erfuhr ich von Norwegerinnen, die in Deutschland lebten, dass auch sie dergleichen zur Genüge kannten; als ich anfing, mich mit dem Zweiten Weltkrieg in Europa zu befassen, hörte ich, dass auch Frauen aus anderen, ehemals deutsch besetzten Ländern Vergleichbares erlebten. Besonders gut in Erinnerung geblieben ist mir eine in Deutschland verheiratete Französin, die mir Ende der neunziger Jahre sagte, das ewige Gerede von den süßen Französinnen widere sie an. Viele Männer hatten offenbar ein enges, positiv besetztes, ja sentimentales Verhältnis zu dem Land, in dem sie als Soldat stationiert gewesen waren und eine Zeitlang gelebt hatten. Jedes Reden darüber geriet ihnen zum Schwärmen; wollte man dem Glauben schenken, dann hatte der Krieg woanders stattgefunden.

Solche Reden widerstrebten mir damals zutiefst, und sie widerstreben mir noch immer. Es schien mir ausgemacht, dass sich in den besetzten Ländern, also auch in Norwegen, nur Schurken mit deutschen Wehrmachtsangehörigen auf jene Art gemein gemacht haben konnten, wie diese Geschichten es schilderten. Wie viele meiner Generation war auch ich überzeugt, dass solche »munteren Anekdoten« vor allem die von den Soldaten begangenen Untaten vertuschen sollten. Ich war überzeugt, dass die schwärmenden Ex-Soldaten nicht nur mich (und meine Generation) belogen, sondern auch die Ehre jener Nationen und Zivilisten beschmutzten, die zwischen 1939 und 1945 von den Deutschen mit Unfreiheit, Elend und Mord überzogen worden waren. Ich hatte einige norwegische Bücher über die fünf Kriegsjahre in Norwegen gelesen: Da war keine Rede von Freundlichkeiten zwischen Einheimischen und Soldaten. Der Heldenmut und der Patriotismus des norwegischen Volkes waren über jeden Zweifel erhaben.

Dem entsprachen meine eigenen Erfahrungen in Norwegen. Dort wurde ich nie explizit auf meine »deutsche« Seite angesprochen. Ich war fast vierzig Jahre alt, bis ich begriff, dass dies als Zeichen von Höflichkeit zu werten war. Man wollte mich nicht in Verlegenheit bringen, deutsch sein stand in Norwegen nicht hoch im Kurs, und dass ich Nachkriegskind einer deutsch-norwegischen Ehe war, machte die Sache nicht besser. Kam das Gespräch aus irgendwelchen Gründen doch auf den Zweiten Weltkrieg und die deutsche Besatzung, hörte ich Geschichten von Kummer und Entbehrung, Unfreiheit, Unterdrückung und Leid. Es ging um die katastrophale Versorgungslage, denn in den fünf Kriegsjahren hatte es an allem gefehlt – von Nahrungsmitteln über Kleidung und Brennstoff bis zu Nähgarn. Es ging um »schlechte« Norweger, die mit den Besatzern kollaboriert und ihr Land verraten hatten, selten um Frauen, die sich mit den Feinden »eingelassen« hatten. Häufige Themen waren auch die generell ablehnende Haltung aller »guten« Norweger der Besatzungsmacht gegenüber, ihre Vorbehalte, Distanzierungen, ihre kleinen Widerstandshandlungen.

Von Szenen massenhafter Fraternisierung mit den deutschen Soldaten, wie meine deutschen Gesprächspartner sie erinnerten, konnte keine Rede sein. Dann fiel mir auf, dass die deutschen Soldaten in den Erinnerungen der Norweger fast keine Rolle spielten. Das verblüffte mich. Mir schien unvorstellbar, dass die massive Präsenz Uniform tragender Feinde nicht von Bedeutung gewesen sein soll: Immerhin waren in dem Land mit seinen 3,2 Millionen Einwohnern zeitweise 400000 Armeeangehörige stationiert, man konnte ihnen kaum aus dem Weg gehen. Waren sie nicht der Feind gewesen?

Gegen Mitte der achtziger Jahre begann ich, mich für die Frauen in Nord- und Westeuropa zu interessieren, die Liebesbeziehungen mit Wehrmachtssoldaten eingegangen waren. Dafür sprach ich zum einen mit Frauen, vor allem Norwegerinnen und Däninnen, die einen Soldaten geliebt hatten, zum anderen interviewte ich andere Zeitzeugen in diesen Ländern, manche von ihnen waren den Deutschen während des Krieges ablehnend bis offen feindlich begegnet. Bei diesen Gesprächen erfuhr ich über die Besatzungszeit in diesen Ländern vieles, was ich bis dahin nicht für möglich gehalten hatte. Besonders erstaunlich, geradezu unfassbar war, dass die ausländischen Zeitzeugen den einzelnen Wehrmachtssoldaten meist erheblich milder beurteilten als die meisten Nachgeborenen in Deutschland. Man habe »die Deutschen«, damit meinten sie die Besatzungsmacht, gehasst, während die normalen Soldaten »höflich und korrekt waren – aber mit der Gestapo war das etwas ganz anderes!«.

Das passte nicht im Allergeringsten zu meinem Bild. Auffallend war zweierlei: Zum einen stimmten die Kriegsgeschichten der Norweger in den wesentlichen Punkten ebenso überein wie die der Deutschen. Die Geschichten der einen und der anderen Seite aber, und das war meine zweite Beobachtung, klafften weit auseinander. Während die einen von Grenzziehung und Ablehnung, ja Feindschaft berichteten, schwärmten die anderen von Miteinander und Freundschaft. Man hätte meinen können, dass die Erzählenden zu verschiedenen Zeiten an unterschiedlichen Orten waren, so unvereinbar waren ihre Erinnerungen.

Mir schien lange ausgemacht, dass die Zivilisten die Wahrheit sagten und die ehemaligen Soldaten schlicht logen, dass die Plaudereien der alten Herren wenig mehr waren als der Versuch, die Wahrheit über ihre trübe Nazi- und Landser-Vergangenheit zu vertuschen. Was mich irgendwann stutzig werden ließ, war eben diese Gleichheit ihrer Geschichten. Die Männer waren in Temperament und politischen Neigungen außerordentlich verschieden, dennoch ähnelten sich ihre Berichte so stark, dass sie zumindest einen wahren Kern haben mussten. Ich hatte auch nie den Eindruck, als erzählten sie das eine, um etwas anderes zu verschweigen und zu vertuschen. Sie sprachen nicht deswegen über Norwegen, weil es im Gegensatz zu den Geschichten über die Wehrmacht im Osten »unvermintes Gelände« war. Nicht ich hatte sie nach ihren Kriegserlebnissen befragt, sie hatten mich ungefragt mit ihren Erinnerungen bestürmt, die sie offenbar nach Jahrzehnten immer noch beglückten.[1]

All diese Widersprüche fesselten mich so sehr, dass ich beschloss, dem nachzugehen. Ich befragte Zeitzeugen in Norwegen (andere Länder kamen später hinzu) zu ihren Kriegserinnerungen, und obwohl mich die Kriegsgeschichten alter Männer immer noch nicht interessierten, begann ich Mitte der neunziger Jahre, auch ehemalige Angehörige von Wehrmacht, Marine und Luftwaffe zu suchen, die in Norwegen stationiert gewesen waren, um sie gezielt nach ihren Erlebnissen im Land und mit der Zivilbevölkerung zu befragen. Im Lauf der Jahre führte ich Gespräche mit etwa fünfundzwanzig Männern, manche traf ich mehrfach. Sie hatten nur zweierlei miteinander gemein: Kaum einer war vor 1920 geboren (ältere Kriegsteilnehmer konnte ich zu diesem Zeitpunkt schon nicht mehr befragen), und sie waren während des Krieges als Angehörige der Wehrmacht (auch) in Norwegen gewesen.

Es ist ein Glück, dass ich damals, ohne ein konkretes Projekt im Kopf zu haben, zu den meisten Gesprächen mit Aufnahmegerät und Mikrofon anrückte: Die Zeitzeugen sind heute achtzig Jahre alt, die meisten älter, viele meiner Gesprächspartner aus jenen Jahren sind inzwischen verstorben. Mit der Zeit erweiterte ich meinen geographischen »Interessenkreis«, außerdem las ich auch Kriegserinnerungen von Soldaten, die sie meist nur für die Familie und Freunde verfasst hatten. Da waren sie wieder, die bekannten Geschichten von netten Zivilisten und herzlicher Gastfreundlichkeit, nun aber nicht nur in Norwegen, sondern in Dänemark, den Benelux-Staaten, den Kanalinseln und Frankreich, sogar in Griechenland, Weißrussland, der Ukraine und den baltischen Staaten. Zwei lange Gespräche mit Soldaten, die nur im Osten gewesen waren, sollten mir wenigstens ein Gefühl dafür vermitteln, wie deren Krieg als Frontsoldat war.

Ehrlich gesagt habe ich mich gelegentlich gefragt, ob vielleicht einige meiner Gesprächspartner soldatische »Heldentaten« verschwiegen, mit denen sie sich im Krieg und bei den

Kameradentreffen nach dem Krieg gebrüstet haben könnten und noch brüsteten, um nun ausführlich und ausschließlich von unverfänglichen Erlebnissen zu erzählen – frohe Erlebnisse, die sie im Krieg verschwiegen hatten, weil sie für einen soldatischen Mann zu unmilitärisch waren und sich angesichts der Leiden der bombardierten Deutschen zu Hause auch irgendwie nicht gehörten. Eine eindeutige Antwort auf diese Fragen ist (mir) nicht möglich. Es braucht viel Glück, um so etwas aufzudecken. Zweifelsfrei geht das nur, wenn man schriftliche Dokumente (Tagebücher oder Feldpostbriefe) eines Soldaten aus der Kriegszeit mit Kriegserinnerungen vergleichen kann, die er selbst Jahrzehnte später erzählt oder niedergeschrieben hat. Mir waren mehrere solcher Vergleiche möglich, und mir sind dabei durchaus Diskrepanzen aufgefallen, allerdings nicht in der erwähnten Art.

Parallel zu den Gesprächen mit den ehemaligen deutschen Soldaten begann ich nochmals, Zeitzeugen aus den ehemals deutsch besetzten Ländern, vor allem aus Norwegen, zu interviewen. Nun ging es mir nicht mehr um ihre Erinnerungen an die Geliebten der Wehrmachtssoldaten, sondern um ihre Erinnerungen an das Verhältnis zwischen Zivilbevölkerung und Soldaten. Außerdem las ich so viele private Kriegserinnerungen aus den besetzten Ländern, wie ich finden und verstehen konnte. Auch sie waren vor allem für den privaten Gebrauch geschrieben und nicht übersetzt worden, daher musste ich mich auf die skandinavischen Sprachen sowie auf Englisch, Französisch und Italienisch begrenzen, kurze holländische Texte konnte ich bewältigen, längere nicht. Ich weiß also sehr wenig über Ost-, Südost- und Südeuropa, da ich mit keinen Zivilisten von dort gesprochen und nichts aus ihrer Sicht gelesen habe. Dennoch war mir spätestens Ende der neunziger

Jahre klar, dass die »Erinnerungskluft«, die ich zwischen Norwegern und Deutschen bemerkt hatte, auch für die anderen nord- und westeuropäischen Länder galt, die während des Krieges von den Deutschen besetzt gewesen waren.

Im Lauf meiner Recherchen traf ich im Winter 2001 eine Gruppe ehemaliger Flieger und Bordfunker. Auch sie waren in Norwegen stationiert gewesen, allerdings im Eismeer. Dort verlief das nördlichste Ende der Ostfront. Wer da stationiert war, hatte alles andere als einen »lockeren« Dienst gehabt. In ganz besonderem Maße galt das für die Männer des fliegenden Personals. Sie flogen täglich Angriffe gegen die Flieger der Roten Armee, viele Kameraden wurden abgeschossen. Was das hieß, begriff ich erst, als einer erwähnte, er sei mit zehn Fliegern an die norwegisch-finnische Grenze gekommen, am nächsten Tag seien drei abgeschossen worden. »Von dieser Stunde an hat man mit dem Tod gelebt. Wenn ich morgens meinen Schrank abgeschlossen habe, habe ich gedacht, lieber Gott, ich möchte ihn heute abend selbst wieder aufschließen, nicht der Nachlaßverwalter.« Er war damals zweiundzwanzig gewesen. Diese Sätze berührten mich, weil sie so einfach, so glaubwürdig, so ganz und gar ohne Pathos waren.

Dann zeigte mir ein anderer aus der Gruppe, ein ehemaliger Pilot namens Heinz Orlowski, einen amerikanischen Dokumentarfilm über die ungewöhnliche Geschichte seines damaligen Flugzeugs, einer Focke-Wulf.[2] Bei einer der weithin bekannten Wochenschauszenen von tänzelnden und im Tiefflug herabstürzenden Jagdflugzeugen mit den charakteristisch hohen Motorgeräuschen drehte ich mich zu ihm um, und sah – einen jungen Mann. Heinz Orlowski war für einen Moment lang in die Welt seiner Pilotenjahre zurückgekehrt. Er blickte auf diese Bilder, und er sah sich selbst. Ich konnte ihm

285

ansehen, dass diese Zeit, aller Entbehrungen, aller Todesgefahr zum Trotz, möglicherweise wirklich die besten Jahre seines Lebens gewesen waren. Diese Erregung, diese Konzentration, diese Nähe von Leben und Tod – ich habe Heinz Orlowski nicht danach gefragt, weil mir die Frage unangemessen erschienen wäre. Aber ich wusste damals und ich weiß heute, dass nichts, was später in seinem Leben geschah, an die Intensität dieser Erlebnisse heranreichen konnte.

Später sollte ich lernen, das dass vielen Kriegsveteranen so ergeht. Die Engländerin Lyn Macdonald, die Hunderte von britischen Veteranen des »Großen Krieges« – also des Ersten Weltkriegs – interviewt hatte, beschreibt ihre Treffen mit ihnen wie folgt: »Als ich diese Männer interviewte, sprach ich sehr bald nicht mehr mit sehr alten Männer, sondern mit sehr jungen Männern des Jahres 1914. Für sie war der Krieg oft realer als ihr restliches Leben. Einer drückte es so aus: ›Ich habe mein ganzes Leben in der Zeit zwischen achtzehn und einundzwanzig gelebt, der Rest war nur noch Abspann.‹«[3] Der amerikanische Journalist A. J. Liebling, der aus dem Zweiten Weltkrieg berichtet hatte, kennt dieses Phänomen: »Ich weiß, dass es gesellschaftlich akzeptiert ist, den Krieg als uneingeschränktes Grauen zu beschreiben, aber zumindest subjektiv war das nicht wahr, bei den sentimentalen Veteranentreffen kann man den Sog spüren, den er auf die Erinnerung von Männern ausübt. Sie trauern um ihre Toten, aber auch um den Krieg.«[4] Einige norwegische Widerstandskämpfer äußerten sich ähnlich. Joachim Rønneberg, der einige berühmte Sabotageaktionen gegen die Deutschen durchgeführt hatte, sagte als alter Mann, nach den Jahren im Untergrund habe er sich im normalen Alltag lange nicht zurechtgefunden, Jens Chr. Hauge, wie Rønneberg einer der bedeutendsten Widerstandskämpfer des Landes, fiel nach dem gefährlichen, aber auch aufregenden Kampf der Übergang schwer: »Was konnte der Frieden bieten, das den Vergleich damit aushalten würde?«

Mein Blick auf den jungen Heinz Orlowski dauerte nur wenige Sekunden und hatte für mich weitreichende Konsequenzen. Ich hatte begriffen, dass es ein Kriegserleben gab, das ich als Nachkriegskind und als Frau nie für möglich gehalten hatte und das keiner der Soldaten je explizit erwähnt hatte: Der Krieg war »die« große Sache, die in ihrem Leben passiert war.[5] Seit diesem Tag wollte ich wirklich wissen, was sie über die jungen Soldaten zu erzählen hatten, die sie einmal gewesen waren.

Als Erstes bemühte ich mich sehr, allen Geschichten unvoreingenommen zu begegnen – mit der gleichen Skepsis, aber auch dem gleichen Wohlwollen. Ich versuchte, das Gehörte und Gelesene nicht umgehend *meinen* Bewertungen unterzuordnen, mir keine Entscheidung darüber abzuverlangen, was wahr sein könnte und was unwahr sein musste, ob jemand log, ob (und wie) er die Realität (unbewusst?) verdrehte. Wichtiger wurde, ob es an der Geschichte, so wie sie erzählt wurde, etwas geben könnte, was *ich* nicht verstand. Ich fand mich in dem wieder, was der holländische Schriftsteller Geert Mak über seine Arbeit schrieb: »Geschichte ist nie eine gerade Strecke von A nach B. Das Problem vieler Historiker ist, daß sie von heute aus zurückblicken und, weil sie alles besser wissen, von den Zeitgenossen verlangen, es auch schon zu wissen. Mich interessiert dagegen, wie die Zeitgenossen es damals sahen – und ich möchte ihnen Gerechtigkeit widerfahren lassen.«[6]

Ich traf sehr unterschiedliche Männer. Einen Offizier, der knapp, fast zackig sagte, er habe in Norwegen eine Aufgabe gehabt, die habe er gemacht. Und der dann, immer noch sichtbar erschüttert, davon sprach, wie sein Weltbild zusammenbrach, als er Jahrzehnte später einen norwegischen Historiker kennenlernte. Erst in den langen Gesprächen mit diesem Historiker sei ihm bewusst geworden, »dass alles das, was in Norwegen den Norwegern durch Deutsche und andere Norweger angetan worden ist, nur möglich war, weil eine deutsche Wehrmacht von einer gewissen Schlagkraft und Stärke im Land war«. Außer ihm sollte nur ein weiterer davon sprechen, dass die Wehrmacht den Norwegern »etwas angetan« hatte. Er bat auf der ersten Seite seiner privaten Kriegserinnerungen sogar »Norwegen und all seine Menschen« um Entschuldigung, allerdings nicht, ohne mit eigenartiger Verzerrung die Nazi-Propaganda gegen den damaligen Kriegsgegner England zu wiederholen: »Durch England ermutigt, nahm das kleine mutige Land Norwegen den Kampf gegen die Großmacht Deutschland auf und wurde feige oder auch berechnend von England alleine gelassen.«[7]

Keiner meiner Gesprächspartner versäumte es, mich darüber ins Bild zu setzen, dass man als Freund nach Norwegen gekommen sei, man habe das Land besetzen »müssen«, um »dem Engländer« zuvorzukommen. Keiner erwähnte die Bedeutung Norwegens für die deutsche Kriegführung generell: Neben seiner strategisch wichtigen Lage am Nordatlantik mussten die großen Eisenerztransporte aus den schwedischen Gruben in Kiruna gesichert werden, die im Winter über die norwegischen Häfen liefen. Ohne sie wären Hitlers Rüstungsindustrie und der Vernichtungskrieg im Osten nicht, zumindest nicht auf diese Weise und so lange möglich gewesen.

Ich besuchte einen Casanova, der mir, noch bevor ich guten Tag gesagt hatte, »In Norwegen konnte man alle Frauen haben!« entgegenjauchzte. Wer »man« und »alle« war, blieb vage, jedenfalls erzählte er stundenlang von seinem fraglos äußerst

288

amüsanten Playboy-Leben in Oslo. Er war damals Flieger und Skilehrer, das alte Schwarzweiß-Porträt zeigt einen smarten, lebenslustigen Jungen mit Verführeraugen. Ich hatte ihn über seine uneheliche »norwegische« Tochter kennengelernt, die ihn aufgespürt hatte, als er schon über siebzig Jahre alt war.

Ich sprach mit einem deutsch-norwegischen Ehepaar. Er war am 25. September 1940 nach Nordnorwegen gekommen und hatte vier Wochen später seine Frau kennengelernt, was er trocken mit »Da ließ es sich leichter Soldat spielen« kommentierte. Ich fuhr zu einem Marinesoldaten, der die Flagge seines Schiffs rettete, als es vor der norwegischen Küste sank. Die zerfetzte deutsche Kriegsflagge hing vierzig Jahre lang über seinem Ehebett, bis er sie schließlich dem Heimatmuseum jener norwegischen Stadt vermachte, vor der das Schiff gesunken war. Ein Maat namens Rudolf Geiß fand Norwegen zwar großartig, aber er wollte unbedingt »in den richtigen Krieg«. Er suchte beharrlich um Versetzung nach, bis er Mitte 1944 nach Ostpreußen abkommandiert wurde. Ende Januar 1945 bekam er seinen »richtigen Krieg«, er war Obersteuermann an Bord der sinkenden *Gustloff*. Und schließlich traf ich einen glühenden Altnazi, der wie selbstverständlich und ganz beiläufig den miesesten Dreck ins Mikrofon redete. Es war das einzige Gespräch, das ich vorzeitig abbrach.

Diese Männer hatten, wie eingangs erwähnt, in Wesen, Ausbildung, Wohnort und Lebensweg wenige Gemeinsamkeiten. Daher überraschte es mich, wie ähnlich sie mir schließlich vorkamen. Was ich aus den Gesprächen mit den Genannten und vielen weiteren Veteranen über diese alten Männer gelernt habe, ist Folgendes:

Für die Einzelheiten ihrer Militärzeit hatten die meisten ein phänomenales Gedächtnis; nach fünf und mehr Jahrzehnten konnten sie mühelos und (so schien es zumindest) präzise nicht nur ihre eigene Militärkarriere, sondern obendrein alle Daten, Orte, Routen, Dienstgrade, die Mannschaftsstärke, Gerätschaften, Namen, Heimatort und Beruf aller Kameraden, Vorgesetzte und Zivilisten dieser Jahre herunterspulen, mit denen sie es zu tun gehabt hatten. Nicht selten nannten sie bei jedem Kameraden auch noch alle Auszeichnungen, die diesem verliehen worden waren.

Wer als Besatzungssoldat in Norwegen oder einem der anderen nord- und westeuropäischen Länder stationiert gewesen war, hat die heftigen Diskussionen über den Vernichtungskrieg und die verbrecherische Wehrmacht niemals auf sich persönlich bezogen. »Meine« Veteranen hatten keine Verbrechen begangen und auch keine erlebt. (Jedenfalls haben das alle beteuert. Einer, der in Jugoslawien, Russland und Norwegen gewesen war, sagte mir, er habe den ganzen Krieg über keinen einzigen Schuss abgegeben, worüber er immer noch erleichtert wirkte.)

Wie die deutschen Überfälle auf die »friedlich besetzten« Länder einzuschätzen sind, war in Deutschland kaum Gegenstand der öffentlichen Diskussion oder Forschung. »Von den Verwundungen, die der Überfall und der Krieg im Seelenleben der Angehörigen dieser verhältnismäßig kleinen norwegischen Gesellschaft angerichtet hatten, wollte man auf deutscher Seite einfach nichts wissen. Es passte nicht zum schönen Bild, das man sich von den Norwegern machte und das im Grunde eine Reflexion der großartigen Vorstellung darstellte, die man von sich selbst hatte. Mit diesen durchaus warmherzigen Gefühlen standen plötzlich deutsche Soldaten in Oslo und wollten die Norweger beschützen, wie es hieß.«[8]

Dieses Bild der Kriegsgeneration mündete übergangslos in das Desinteresse der Nachkriegsgeneration, und das betrifft, wie gesagt, nicht nur Norwegen. Was in diesen Ländern in der Zeit der deutschen Besatzung geschah, wurde niemals in auflagenstarken Büchern, in Talkshows oder Dokumentarfilmen geschildert oder gar kritisch analysiert. Es hatte in der Art und Weise, wie in der Bundesrepublik über den Zweiten Weltkrieg geforscht, geschrieben und öffentlich diskutiert wurde, keinen Platz. Daher waren »meine« alten Männer von Nachgeborenen niemals auf gleiche Weise zu Geständnissen gedrängt worden wie jene Wehrmachtssoldaten, die während des Krieges in Ost- und Südosteuropa gekämpft hatten. Sie hatten sich niemals rechtfertigen, ihre Erinnerungen und Argumente niemals einer öffentlichen Diskussion anpassen müssen. Sie hatten niemals die politisch korrekte Redeweise zu diesem Thema erlernt. Andererseits hatten sie auch nicht die Chance, durch eine öffentliche Diskussion ihre eigenen blinden Flecken entdecken zu können.

Das hatte eine unerwartete Folge: Nahezu jeder von ihnen erläuterte mir Ursachen und Verlauf des Krieges in »seinem« Land mit wortwörtlich jenen nationalsozialistischen Sätzen und Argumenten, die er im Dritten Reich gelernt und verinnerlicht hatte. Fünfzig, sechzig Jahre hatte diese Denk- und Sprechweise unreflektiert und unbeschadet überstanden. Sie taten das völlig arglos und waren sich dessen offenbar nicht bewusst: Plötzlich sprach der junge Mann von damals zu mir. Genau so hatten sie bei Kriegsende geredet.

Während kaum einer das Dritte Reich explizit rechtfertigte, waren nahezu alle letztlich dessen Denken verhaftet geblieben. So wies mich ein Flieger (nicht der erwähnte Heinz Orlowski) streng zurecht: »Fliegendes Personal war *nicht* Besatzung, das müssen Sie sich wirklich einprägen: Wir sind nicht oben gewesen, um Norwegen zu besetzen, sondern wir sind dort gewesen, um Norwegen zu schützen und uns selbst auch.« Dass die Besatzungsmacht die Norweger nicht nur »beschützte«, dass sie als Herren und nicht als Freunde im Land waren, wussten die Soldaten durchaus. Es verrät sich an Äußerungen wie, »Die hatten also, wenn sie ... wenn sie sich gesetzeskonform verhielten, dann hatten sie von uns überhaupt nichts ... keine Repressalien zu erwarten.«[9]

Von den Misshandlungen und Massenvernichtungen im Osten, der Ermordung der Juden und anderer Verfolgter des Regimes will keiner meiner Gesprächspartner etwas gewusst haben. Man sei von all dem zu weit weg gewesen. Dem widersprechen Eintragungen in Kriegstagebüchern, in denen der Tagebuchschreiber vermerkt, dass Soldaten, die im Osten gewesen und danach in den Norden oder Westen versetzt worden waren, von furchtbaren Verbrechen berichteten. Einige wenige meiner Zeitzeugen erwähnten Erlebnisse, die sie noch immer belasteten. Den Offizier, der sich im Dialog mit einem Norweger intensiv mit der moralischen Seite seines Kriegseinsatzes auseinandergesetzt hatte, ließ nicht los, dass er damals »so unerfahren war, dass ich über Menschen Recht sprechen konnte. Dass gehörte ja auch zu meinen Pflichten; wie ich meine Disziplinarstrafgewalt so verwendet habe, war ein Zeichen von großer Unreife. Das sind schlimme Erinnerungen, das ist ein regelrechtes Versagen auf Kosten anderer.«

Ein anderer erzählte auf seinem Sterbebett, fünf Jahrzehnte nach dem Krieg, seiner Tochter, wie sehr es ihn quäle, dass er in Russland eine Nacht lang einen zum Tode Verurteilten bewacht und nicht habe fliehen lassen. Der junge Mann hatte sich in eine Russin verliebt. Da er als Wehrmachtsangehöriger mit ihr nicht zusammen sein durfte, war er desertiert.[10]

Bei solchen Schuldgefühlen, die den Einzelnen belasteten, ging es immer um Verfehlungen gegenüber Kameraden oder Untergebenen; die strenge Maxime »anständig bleiben« bezog

sich immer und oft nur auf sie. Von solchen Erinnerungen abgesehen, waren die Soldaten ihrem eigenen Selbstbild nach
keinesfalls Täter. Auch wer sich freiwillig zum Wehrdienst gemeldet hatte, konnte dies einleuchtend begründen. Ein 1929
(!) Geborener schrieb, er habe sich wie viele seiner Klasse
schon früh »als ›Kriegsfreiwilliger und ›Reserveoffiziersbewer-
ber‹ zur Wehrmacht gemeldet. Das hört sich heute ziemlich
kriegs- und militärbegeistert an, doch das war es nicht not-
wendigerweise. Denn es bedeutete nicht, dass man früher als
sonst und als andere des gleichen Jahrgangs eingezogen
wurde, sondern dass man die Waffengattung wählen konnte,
in die man kommen wollte, und eine längere Ausbildungszeit
hatte, während man sonst zu einer beliebigen Einheit, und das
heißt meist zur Infanterie, einberufen und nach kurzer Ausbildungszeit an die Front geschickt wurde.«[11]

Sie sahen sich als Opfer eines Systems, das über sie bestim-
men konnte. Es herrschte Wehrpflicht, sie mussten die Uniform anziehen, sie hatten ihre Befehle, es gibt nichts, was sie
sich vorzuwerfen hätten, nichts, wofür sie sich schämen müssten. Sie wären nicht einmal auf den Gedanken gekommen,
dass sie »Werkzeuge eines Krieges gewesen sind, der teilweise
ein Vernichtungskrieg war und den Holocaust erst möglich gemacht hat«.[12]

Die meisten haben ihren Kindern ziemlich wenig von dem
erzählt, was sie erlebt haben, manche klagten, dass die Kinder
von diesem »Kriegskram« nichts wissen wollten. Sie haben
mich alle sehr freundlich empfangen, manche mehr als einmal, und da ich im Alter ihrer Kinder bin, mag mancher für die
Dauer unseres Gesprächs eine Art Traumtochter in mir gesehen haben. Ich habe ihnen gern zugehört, jedenfalls den meisten, und ich habe über das, was sie erzählten, mit ihnen weder

293

diskutiert noch gar gestritten. Ich habe das, was sie mir erzählt haben, nicht als die Wahrheit darüber verstanden, was sie damals erlebt haben. Es war das, woran (und wie) sie sich erinnern wollten und konnten, worüber sie, ob mit mir oder überhaupt, sprechen mochten. Vieles blieb unerzählt, sei es, dass sie es bewusst verschwiegen, sei es, dass sie es verdrängt oder schlicht vergessen hatten. Manchmal hatten wir vermutlich einfach nicht genügend Zeit miteinander, damit ihr Gedächtnis sich ausreichend wiederbeleben konnte. Manchmal fielen mir Lücken oder Widersprüche auf, aber mir schien nie, dass sie mich anlogen oder gezielt Falsches erzählten. Einige liehen mir nach unseren Gesprächen bereitwillig ihre Briefe oder Tagebücher aus jenen Jahren. Manchmal fand ich darin Ereignisse beschrieben, von denen sie mir erzählt hatten, und es kam vor, dass die »Versionen« sich stark unterschieden.

Vor allem bei solchen divergierenden Tagebuch- und Briefpassagen musste ich manchmal an den Satz Nietzsches denken: »Das habe ich getan, sagt mein Gedächtnis. Das kann ich nicht getan haben, sagt mein Stolz und bleibt unerbittlich. Endlich – gibt das Gedächtnis nach.« Denn wenn ich ihnen das Entliehene zurückbrachte und die Stellen vorlas, waren sie sehr überrascht. Einer nahm das zum Anlass, seine Tagebücher zu lesen, und zwar zum ersten Mal überhaupt, seit er sie geschrieben hatte. Wochen später rief er mich an und sagte verwundert: »An das meiste erinnere ich mich nicht. Es kommt mir vor, als ob ich einen Roman lese.«

Die Männer, die mir über ihre Besatzerzeit in Norwegen, Dänemark und anderen nord- und westeuropäischen Ländern vorgeschwärmt haben, mögen sich sehr selektiv erinnert haben, *gelogen* haben sie nicht. Es waren ihre Erlebnisse, es waren ihre (möglicherweise verklärten) Erinnerungen an »die schönsten Jahre ihres Lebens«. Was sie erzählten, war ihre innere Geschichte des Krieges, *ihres* Krieges. Subjektive Wahrheiten und Forschungsergebnisse passen selten lückenlos zueinander.[13]

Nur einem meiner vielen Gesprächspartner, dem erwähnten Offizier, ist der Gedanke gekommen, Zeitzeugen der besetzten Länder nach *deren* Erinnerungen und Geschichten zu fragen. Dabei darf man nicht vergessen, dass viele keine Möglichkeit hatten, in jene Länder zurückzukehren, in denen sie als junge Erwachsene gewesen waren. Es fehlte das Geld, die Grenze zwischen West und Ost machte vieles unmöglich. Einer meiner Gesprächspartner wohnt in Halle, er hatte seit 1945 »immer mit diesem Heimweh nach Norwegen gelebt«, bevor er Anfang der neunziger Jahre zum ersten Mal wieder dorthin reisen konnte. Wer auf solchen Reisen nach Orten und Menschen jener fernen Jugendjahre suchte, wurde oft enttäuscht. Vieles hatte sich verändert, viele waren nicht mehr auffindbar oder reagierten abweisend auf den Besucher aus einer weit zurückliegenden Zeit.[14]

Wer reisen konnte, begab sich auf die Suche nach den eigenen Erinnerungen, nicht nach denen der anderen. Vielleicht ahnten die nostalgisch gestimmten früheren Soldaten, dass sie sich mit allzu hartnäckigen Nachfragen ihren schönen Krieg kaputt machen könnten. Nun hatte keiner der europäischen Zeitzeugen, mit denen ich selbst gesprochen oder deren Kriegserinnerungen ich gelesen habe, die Auffassung geäußert, dass jeder Deutsche in Wehrmachtsuniform zwangsläufig ein Mörder und Verbrecher gewesen sei. Aber wenn ich ihnen sagte, dass viele Soldaten die Jahre in ihrem Land als »die schönsten Jahre meines Lebens« bezeichneten, waren alle überrascht, die meisten empört. Als Kriegsgegner und Besatzungsmacht hatten die Deutschen ihnen Leid, manchmal tiefes Leid zugefügt, daher empörte es sie, wenn die »Wehrmachtstouristen« mit der ganzen Familie an ihre ehemaligen Stationierungsorte reisten und dort den Fremdenführer gaben.

Nachdem ich mit so vielen ehemaligen Soldaten gesprochen habe, glaube ich ihnen, dass sie sich im Rahmen ihrer objektiven und subjektiven Möglichkeiten um Anständigkeit bemüht haben. Dass sie als junge Männer vieles, was von ihrer Regierung getan wurde, nicht wussten und nicht wissen konnten, steht für mich außer Zweifel. Ich finde es als Nachgeborene schwierig, über die von ihnen erlebte und erinnerte Vergangenheit zu urteilen, aber ich hätte mir gewünscht, dass nur einer gesagt hätte, was der 1926 geborene Erhard Eppler bei einer Podiumsdiskussion sagte: »Ich schäme mich, bis ich tot bin, dafür, dass ich da mitgelaufen bin, mitgemacht habe.«[15] Das Deutsche Reich hat einen verbrecherischen Krieg geführt. Dieser Feststellung hätten die wenigsten »meiner alten Männer« zugestimmt, manche wiesen das so empört von sich, dass es wiederum mich empörte.

Für mich als Nachkriegsgeborene und Interviewerin nahezu unerträglich war ihre durchgängige Unempfänglichkeit gegenüber den Leiden jener, die von der Regierung, die sie als junge Männer unterstützt hatten, entrechtet, vertrieben, gefoltert und ermordet worden waren. Kaum einer verband sein lebensgeschichtliches Erzählen mit diesen historischen Tatsachen. Keiner schien wirklich erfassen zu wollen, womit er sich damals gemein gemacht hatte. »In ihrer damaligen Wahrnehmung waren sie ja nicht an Verbrechen beteiligt, sondern sie versuchten, ›durchzukommen‹, waren ›kameradschaftlich‹, blieben immer ›anständig‹ – eben nach den Normen der Zeit. Was die Angehörigen dieser Generation nie begriffen haben, ist, daß sie Teil eines gegenmenschlichen Projekts waren, das es ohne ihre Teilhabe nicht gegeben hätte.«[16]

Sich selbst hingegen behielten sie als Opfer klar im Blick. Noch im Greisenalter bedauerten viele die verlorenen Jahre ihrer Jugend und die verpasste Berufsausbildung, sie betrauerten den Tod von Verwandten und Freunden. Ihren Kummer, ihren Schmerz, ihre Trauer über ihr eigenes Schicksal finde ich noch immer mehr als legitim; ihre Herzlosigkeit angesichts der Schicksale anderer, ihre Uneinsichtigkeit in das Maß ihrer eigenen Verstrickung und ihren geradezu vorsätzlich anmutenden Mangel an Reflexion hingegen nicht. Neben ihrer subjektiven gibt es eine objektive Wahrheit, neben ihrem lebensgeschichtlichen Erzählen gibt es eine historisch geklärte Schuldfrage. Sie haben die Deutungshoheit über ihre innere Geschichte. Die Deutungshoheit über die Ergebnisse der Forschung haben sie nicht.

Jeder von ihnen zeigte mir auch Fotos aus jenen Jahren. Immer war ein Schwarzweißporträt von ihnen selbst in Uniform dabei, immer haben wir es zusammen mit ein wenig Rührung betrachtet. Diese uniformierten Buben mit akkuratem Scheitel waren so furchtbar jung. Sie hätten leicht ihre Enkel und meine Söhne sein können.

Dank

an Harold Aubin, Klaus-Dieter Ebel, Liv Eckhoff, Jan Olav Flatmark, Heinz und Kitty Fröhlich, Rudolf Geiß, Erich Gliesche, Klaus Gutting, Andreas Hauge, Kurt Hanson, Kurt Heinowicz, Martin Hennig, Gunilla Elmkvist, Gunvor Schön, Karl-Heinz Kabus, Heinz Kern, Ingrid und Theo Knie, Kurt Monsen, Felix Mussil, Heinz Orlowski, Kurt Reichelt, Kurt Reichmuth, Arthur Riegel, Lotte Rohlack, Dr. Gerhard Sarodnik, Heinz Schön, Kåre Olav Solhjell, Halvor Sperbund, Friedrich Traphagen, Julius Treustedt, Karl-Heinz Wagner sowie all jene Gesprächspartner, die mich um Anonymität baten.

Sie haben mich empfangen, mir ihr Vertrauen und ihre Zeit geschenkt, mich an ihren Erinnerungen teilhaben lassen, mir ihre Fotos, Tagebücher und Feldpostbriefe gezeigt. Viele liehen mir Erinnerungsstücke aus, wofür ich besonders dankbar bin. Dieser Dank gilt auch den vielen Angehörigen und Hinterbliebenen ehemaliger Soldaten, die mir auf unterschiedliche Weise großzügig und unkompliziert halfen.

an Rainer Dierichs und Ina Iffert, die einen Ort wie eine Arche geschaffen haben, an den ich mich zurückziehen konnte, als sicher schien, dass mein Manuskript und ich bei schwerer See mit Nebel absaufen würden.

298

an Bärbel Buchwald, eine der brillantesten (und großzügigsten) Denkerinnen, die ich kenne, die mir beim Errichten eines Gedankengebäudes half, es eine Zeitlang mit mir bewohnte, und mich mehr als einmal aus der Abstellkammer befreite, in die ich mich hineinmanövriert hatte.

an Josef Focks, meine »graue Eminenz«, der über Militär, Zweiter Weltkrieg, Norwegen und Frankreich erheblich mehr weiß als ich, der mich und meine Arbeit seit Jahren wohlwollend, geduldig und zugewandt begleitet, den ich tief bewundere und von dem ich ständig lerne.

an Christoph Hennig, dessen Mahnungen ich beim Schreiben nicht vergessen habe, auch wenn ich sie nicht alle beherzigen konnte (und wollte).

an meinen Lektor und meine Agentin, die mir glaubhafter und liebevoller Mut machten, als sie es von Berufs wegen hätten tun müssen.

an Gunvor Karlsen Stokke, Jürgen Drolshagen und Heinrich L. Schön, mit denen alles anfing.

Anmerkungen

Der andere Krieg. Ein Vorwort

[1] Die sechs Nationen waren Irland, Portugal, Schweden, Schweiz, Spanien und die Türkei. In manchen Ländern Nord- und Westeuropas gab es indes Zonen mit Kriegshandlungen. Während es beispielsweise in Norwegen allgemein ruhig war, verlief am Eismeer der nördlichste Zipfel der Ostfront. Dort flog die Luftwaffe tägliche Einsätze gegen sowjetische und britische Flieger. Und in einigen dieser Länder kam es gegen Kriegsende zu Kämpfen mit den vorrückenden Alliierten.

[2] Ludger Tewes, *Frankreich in der Besatzungszeit 1940–1943*, Bonn 1998, S. 212. Tewes' Beobachtung bezieht sich auf Frankreich, ist aber auf die anderen deutsch besetzten Länder Nord- und Westeuropas übertragbar.

[3] Zu Frankreich: Tewes, S. 210. Zur Einschätzung der Wehrmacht in Norwegen: Ole Kristian Grimnes, zitiert in Frank Meyer, »Norges plass i Hitlers Europa«, in: *Apollon*, 1. 6. 1995, Forskningsmagasin fra Universitetet i Oslo. http://www.apollon.uio.no/vis/art/1995/6/norges
Im Grunde ist die Rede von *korrektem und höflichem Auftreten* zutiefst merkwürdig. Eine Besatzungsmacht tut, was ihr passt, und sie nimmt, was sie haben will, wobei sie die Haager Landkriegsordnung einhalten sollte. Hält sie sich nicht daran, käme niemand auf den Gedanken, dies »unkorrekt«, oder gar »unhöflich« zu nennen. Wenn es um die »korrekten und höflichen Deutschen« geht, scheint Erstaunen mitzuschwingen, fast so, als hätten sie dergleichen als Sieger nicht nötig gehabt. Dass in diesen ehemals deutsch besetzten Ländern unweigerlich das »korrekte Verhalten« der Deutschen erwähnt wird, verweist offenbar weniger darauf, was sie *dort* taten, als vielmehr auf die Gewalt- und Willkürherrschaft, die sie an anderen Orten ausübten, dort jedoch *nicht*.

[4] Siehe hierzu die Ausstellung *Mythen der Nationen. 1945 – Arena der Er-innerungen*, die 2004/05 im Deutschen Historischen Museum stattfand. Der umfangreiche Ausstellungskatalog von Monika Flacke (Hrsg.), *My-then der Nationen. 1945 – Arena der Erinnerungen*, Mainz 2004, ist auch erhältlich beim Deutschen Historischen Museum; siehe http://www.dhm. de/pub/index.html

[5] Klaus Theweleit, »Die Erfindung Europas durch Hitlers Soldaten«, Re-zension von Franz W. Seidler, *Die Kollaboration 1939–1945*, in: taz, 30./31. 3. 1996

[6] Erhard Eppler. In: »Mein Vater war doch kein Verbrecher – und doch hat er einem verbrecherischen Regime gedient«, Podiumsdiskussion des Gesprächskreises Geschichte der Friedrich-Ebert-Stiftung in Bonn am 16. November 1998. Siehe auch: http://library.fes.de/fulltext/historiker/ 00525toc.htm

I. Europa in Bewegung

[1] Seine Pläne zur Invasion Englands, deren Realisierung im August mit der Luftschlacht um England begonnen hatten, gab Hitler Ende des Jahres 1940 auf.

[2] Eine zuverlässige Schätzung der zivilen Opfer konnte ich nicht finden.

[3] Das Wort »Landser« geht auf das Wort »Landsknecht« zurück.

[4] Narvik, Trondheim, Bergen, Kristiansand und Stavanger.

[5] Die Angaben variieren je nach Quelle beträchtlich: Während mehrere Quellen von mehreren hundert bis 1500 Toten sprechen, zählt die Inter-netseite des Marinearchivs der Bibliothek für Zeitgeschichte in der Würt-tembergischen Landesbibliothek lediglich 125 Mann der Besatzung und 195 Mann der Landungstruppen zu den Opfern [http://www.wlb-stutt-gart.de/seekrieg/40–04.htm; Abfrage: 9. 3. 2008]. Auf Anfrage sagte man mir, diese Zahl werde gegenwärtig geprüft.

Das *Norsk Krigsleksikon* gibt an, dass etwa 1000 Heeressoldaten und Besatzungsmitglieder mit dem Schiff untergingen, während sich 1400 »nass und verfroren am Ostufer des Fjords an Land retten konnten«. *Norsk Krigsleksikon*, Stichwort Blücher. Nach Angaben von Wikipedia [19. 5. 2008] fanden 830 Besatzungsmitglieder und Heeressoldaten des Landungskommandos im eiskalten Wasser des Fjords den Tod.

[6] Hilmar Potente, *Von Potsdam zum Polarkreis und zurück. Der Weg der 163. Inf. Division*, Teil I: *Norwegen*, Selbstverlag 1982, S. 57. Auf den Fotos jenes Marsches durch die Innenstadt sieht man aber auch Dreierreihen.

[7] Zu diesem Zeitpunkt waren sechs Kompanien, d. h. etwa 1500 Soldaten in Oslo gelandet.

[8] Das ist eine schöne Geschichte, und vermutlich steht alles genau so in dem erwähnten Artikel. Ich habe ihn aber nicht selbst gesehen. Die Angaben stammen aus privaten Erinnerungen, die den deutschen Kriegseinsatz in Norwegen heroisieren und bagatellisieren. Das macht das Behauptete selbstverständlich nicht unwahr, aber Skepsis ist angebracht, vor allem weil ich das an keiner anderen Stelle zitiert gefunden habe. Vgl. Potente, *Von Potsdam*, S. 59

[9] Das Gold wurde über England in die USA und nach Kanada gebracht. Heute ist es wieder in Norwegen.

[10] Vor allem weigerte er sich, den deutschen Forderungen nachzukommen und den Führer der norwegischen Nazi-Partei, Vidkun Quisling, zum Ministerpräsidenten zu ernennen.

[11] Ich danke Halvor Sperbund für diese Informationen.

[12] Auszüge aus Wilhelm Kornatzkis (kurzem) Tagebuch wurden in norwegischer Übersetzung auf einer norwegischen Internetseite veröffentlicht, die von Kurt Monsen und dem Verein Krigsminner [Kriegserinnerungen] betrieben wird. Siehe: http://www.krigsminner.no/dagbok/vaksdal06.htm. Kurt Monsen war so freundlich, mir eine Kopie des Tagebuches zu überlassen. Kornatzki ist vermutlich 1942 gefallen.

[13] Interview mit Andreas Hauge, Major der norwegischen Streitkräfte, im Mai 2002. Ein Gutachten des norwegischen Sozialministeriums über die Zahlung von Kriegspensionen sprach 1998 von sechs erschossenen Männern.

[14] »Nach dem Krieg versuchte der kommandierende norwegische Offizier, das Verhalten seiner Soldaten und Offiziere mit deren Übermüdung zu entschuldigen.« Dirk Levsen, »Mikrogeschichte als Besatzungsgeschichte. Der deutsche Feldzug durch das Gudbrandsdal und das Romsdal im Frühjahr 1940. Historiographie und museale Präsentation. In: Robert Bohn (Hg.), *Die deutsche Herrschaft in den ›germanischen‹ Ländern 1940–1945*, Stuttgart 1997

[15] Edvard Hoem, *Die Geschichte von Mutter und Vater*, Übers. v. E. Drolshagen; Frankfurt a. M. 2007

[16] Werden Milchkühe nicht gemolken, brüllen sie erst vor Schmerz, dann platzt das Euter, und sie sterben. Dieses Brüllen wurde von vielen Soldaten erwähnt, die durch evakuierte Gegenden kamen, in denen die Tiere zurückgeblieben waren, und es ging offenbar den meisten durch Mark und Bein. Manchmal wird erwähnt, dass die marschierenden Soldaten die Kühe erschossen hätten, manchmal auch, dass sich Soldaten, die vom Land kamen, der Tiere erbarmt und sie gemolken hätten. Der Schweizer Journalist Edmond Dubois stieß am 12. Juni »im Zentrum von Paris auf eine verlassene Herde Kühe, deren Gebrüll durch die menschenleeren Straßen hallte«. Siehe Geert Mak, *In Europa. Ein Reise durch das 20. Jahrhundert.* Übers. v. A. Ecke und G. Seferens. München 2005, S. 367

[17] Kåre Olav Solhjell, *Krigsår i Hallingdal,* Ål 1995, S. 115

[18] Potente, Von Potsdam, S. 97

[19] Der Historiker Kåre Olav Solhjell in Dorothee Schmitz-Köster, *»Liebe Mutter, hier ist es wunderschön…«. Als deutscher Soldat in Norwegen,* Feature für Radio Bremen, 2001

[20] Ludger Tewes, *Frankreich in der Besatzungszeit 1940–1943,* Bonn 1998, S. 44. Der Soldat, der dies berichtet, war Anfang Juni bei Arras an der Straße von Lille nach Paris unterwegs.

[21] Tewes, S. 43

[22] Gabriele Kalmbach (Hg.), *Paris 1940–1944,* Berlin 1993, S. 41

[23] Tewes, S. 25

[24] Tewes, S. 23

[25] Heinrich Helms, *»Nun gute Nacht, meine Lieben!«. Briefe aus dem Zweiten Weltkrieg,* hg. von Siegmund Helms, Münster 2006

[26] Die offizielle Seite der Arbeitsgruppe Geschichte des Luxemburger Unterrichtsministeriums spricht von rund 47 000 evakuierten Luxemburgern sowie 2 Millionen Belgiern und 4 Millionen Franzosen; http://histoprim. cte.lu/lehrer/wk5.html (7. 2. 2008). Andere Quellen führen zehn Millionen Franzosen und mindestens 1,5 Millionen Belgier auf. Vgl. Tewes, S. 98; Mak erwähnt Schätzungen, wonach im Juni 1940 sechs bis zehn Millionen Franzosen aus ihren Wohnorten geflohen waren; fast drei Viertel der drei Millionen Pariser seien beim Einmarsch der Deutschen nicht mehr in der Stadt gewesen. Siehe: Mak, S. 368

[27] Tewes, S. 24 f.

[28] Etta Shiber, *»Paris-Underground«.* In: Kalmbach, S. 42. Shiber schreibt,

der Grund für diesen Beschuss aus der Luft sei gewesen, die völlig verstopften Straßen für die nahenden Truppen zu räumen.

29 Shiber, S. 45 f.

30 Tewes, S. 32 f.

31 Tewes, ebd. Der Soldat befand sich in der Nähe von Arras.

32 Tewes, S. 34

33 Eine großartige literarische Schilderung der Flucht der britischen Soldaten Richtung Kanal gibt Ian McEwan in seinem Roman *Abbitte,* übers. von B. Robben, Zürich 2002

34 Kalmbach, S. 51

35 Mak, S. 365

36 Deutsches Historisches Museum; http://www.dhm.de/lemo/html/wk2/kriegsverlauf/compiegne/index.html; Geert Mak schreibt, dass »die französische Niederlage von 1940 heute allgemein als eine der größten militärischen Katastrophen der Weltgeschichte betracht« wird. Siehe Mak, S. 371

37 Mak, S. 374

38 Fred Gallienne, http://www.bbc.co.uk/ww2peopleswar/stories/70/a3992970.shtml

39 Franz Herre, *Deutsche und Franzosen. Der lange Weg zur Freundschaft,* Bergisch Gladbach, 1983, S. 252. Zitiert bei Marie Wilz, *Die Wahrnehmung des französischen Kriegsgegners in Feldpostbriefen aus dem Zweiten Weltkrieg,* Berlin 2002, S. 17

40 Ausgenommen davon war Elsass-Lothringen, das Deutschland de facto annektierte.

41 Tewes, S. 34

42 So der Straßburger Historiker Robert Steegmann in: »Gesichter Europas – Biedermänner und Brandstifter: Der Einfluss der extremen Rechten im Elsass«, mit Reportagen von Martin Durm, Deutschlandfunk, 5. 1. 2008; http://www.dradio.de/dlf/sendungen/gesichtereuropas/718106/

II. Zum ersten Mal Auge in Auge

1 Das erwähnte Foto ist mit »PK-Bieling-Scherl« gekennzeichnet. »PK« steht für »Propagandakompanie«; diese bestanden im Wesentlichen aus professionellen Fotografen, die sich freiwillig gemeldet hatten, um dem

Wehrdienst als normaler Soldat zu entkommen. Die »PK-Bildberichter-statter« begleiteten die Truppen. »Ihre Bilder sind nicht dem Genre der fotografischen Kriegsberichterstattung zuzurechnen, sondern sind im hohen Maße von nationalsozialistischer Ideologie und Propaganda geprägt. Die Fotografen waren kämpfende Journalisten, die militärische Befehle in Übereinstimmung mit ihrer persönlichen Überzeugung ausführten.« Kersten Brandt, »Täterbilder«. In: *Newsletter – Informationen des Fritz Bauer Instituts,* Nr.17, Herbst 1999

Die PK-Fotografen fütterten die Propagandamaschine mit jenen Bildern, die diese jeweils brauchte. Die Bilder, die im Frühsommer 1940 in Skandinavien und Westeuropa gemacht wurden und mit ihrer fröhlichen Atmosphäre »bewiesen«, wie glücklich die Zivilbevölkerung über die Ankunft der Deutschen war, waren also in ihrer vermeintlichen Arglosigkeit kalkuliert und somit eminent politisch.

[2] Viele sind der Ansicht, dass der König nicht entkommen wäre, wenn die Deutschen seine Flucht wirklich hätten verhindern wollen. Wie immer es sich damit verhalten mag: Diese Variante findet in Norwegen wenig Freunde, denn sie passt nicht zum Mythos der Nation im Widerstand und zu der Rolle, die der König darin innehat.

[3] Wilhelm Kornatzki, Tagebucheintrag vom 10.4.1940

[4] Ellen Genius, damals 17 Jahre alt; Interview 1999

[5] Lucie H., Interview 1997. Die damals fünfzehnjährige Lucie lebte in einer Kleinstadt unweit von Bordeaux.

[6] Lucie H., Interview 1997. Was sie erzählt, kann nicht von Irène Némirovsky beeinflusst sein, da deren Roman *Suite française* erstmals 2004 erschien.

[7] Irène Némirovsky, *Suite française,* München 2005, S.123ff. Irène Némirovsky war im Frühsommer 1940 mit Millionen Franzosen vor den Deutschen Richtung Süden geflohen.

[8] Léon Werth, *33 Tage. Ein Bericht,* München 1996, S.77f.

[9] Man fragt sich, ob diese Erinnerung richtig sein kann: Konnte ein Junge, der im tiefsten Frieden und ohne jegliche Medien in einem abgelegenen Marktflecken aufgewachsen ist, 1940 eine Handgranate erkennen? Kam eine Siebzehnjährige, wie die am Kapitelanfang zitierte junge Frau aus Bergen, einem Wache stehenden Soldaten so nah, dass sie die Schrift auf seiner Gürtelschnalle lesen konnte? Vermutlich nicht. Solche »Erinnerungsschwächen« berühren die Frage, was Zeitzeugen wissen, was sie

wissen können, was sie wann erfahren haben und woran sie sich wirklich erinnern. Siehe hierzu Harald Welzer, *Das kommunikative Gedächtnis. Eine Theorie der Erinnerung*, München 2002, und Welzer u.a., *»Opa war kein Nazi.« Nationalsozialismus und Holocaust im Familiengedächtnis*, Frankfurt a.M. 2002

[10] Einar Klungnes, *Hverdagskrigen i Rauma*, Otta 1995, S.264

[11] Interview mit Andreas Hauge. Das Gespräch wurde auf Deutsch geführt.

[12] Madeleine Bunting, *The Model Occupation. The Channel Islands under German Rule, 1940–1945*, London 1995, S.58

[13] Simone de Beauvoir, *Kriegstagebuch 1939–1941*, Reinbek b. Hamburg 1994, S.398f.

[14] Beauvoir, *Kriegstagebuch 1939–1941*, ebd.

[15] Ludger Tewes, *Frankreich in der Besatzungszeit 1940–1943. Die Sicht deutscher Augenzeugen*, Bonn 1998, S.171f.

[16] Michael Sontheimer, »Hitlers Blitzkriege«. In: Spiegel special, 2/2005 vom 30.3.2005, Seite 26

[17] Winrich Hans Hubertus Behr, Jahrgang 1918; in: Geert Mak, *In Europa. Ein Reise durch das 20. Jahrhundert*. Übers. v. A. Ecke und G. Seferens. München 2005, S.501. In diesem Interview (S.497) sagt Behr auch: »Ich habe so manches Mal daran gedacht, dass mein Urgroßvater, mein Großvater, mein Vater und ich eins gemeinsam haben: Alle vier haben wir in einem Krieg gegen Frankreich gekämpft, alle vier sind wir dabei verwundet worden. Ich kann Ihnen eine kleine Schachtel mit den Eisernen Kreuzen der vier Generationen zeigen.«

[18] Werner Mork, geb. 1921, auf: http://www.dhm.de/lemo/forum/kollektives_gedaechtnis/319/index.html

[19] Heinrich Böll, *Briefe aus dem Krieg. 1939–1945*, Köln 2001, S.282f.; Harald Welzer, »Am Ende bleibt die Faszination«. In: *Die Zeit*, Nr.8, 14.2.2008, S.51: »Hitler absolvierte seinen ersten und letzten Besuch im besetzten Paris drei Tage nach dem Sieg über Frankreich … Wie ein Tourist, der mit eigenen Augen sehen möchte, was ihm die Reiseführer versprochen haben, besichtigte er … als Erstes die neubarocke Große Oper … Der touristische Kurztrip ging dann weiter über die Champs-Élysées zum Trocadéro und von da zum Eiffelturm, vor dem der Führer sich wie jeder andere Tourist ablichten ließ, von da aus vorbei am Triumphbogen zum Invalidendom und schließlich zum Sacré-Cœur, vor der er, wie es heißt, lange stand. Das alles in drei Stunden, die er auf dem Rückflug so

resümierte: ›Es war der Traum meines Lebens. Ich kann nicht sagen, wie glücklich ich bin, dass er sich heute erfüllt hat.‹«

[20] Brief aus Norwegen. Zitiert aus: Gerald Lamprecht, »Kriegsphotographie als Ort der Erinnerung, Photographie zwischen privat und öffentlich am Beispiel eines Kriegserinnerungsalbums und des Diskurses um die Photographien der Wanderausstellung ›Vernichtungskrieg. Verbrechen der Wehrmacht 1941 bis 1944‹«. http://www.eforum-zeitgeschichte. at/2_2002a9.html – 10.4.2003

[21] Werner Großkopf in Bunting 1995, S.40

[22] Böll, 15.8.1940

[23] »Obwohl Pervitin am 1. Juli 1941 unter das Opiumgesetz fiel, wurden im selben Jahr noch zehn Millionen Tabletten an die Truppe geliefert.« Die Empfehlung blieb dennoch erhalten: »So lauteten die ›Richtlinien zur Erkennung und Bekämpfung von Ermüdung‹ vom 18. Juni 1942 nach wie vor: ›Einmal zwei Tabletten beseitigen das Schlafbedürfnis für drei bis acht Stunden, zweimal zwei Tabletten gewöhnlich für 24 Stunden.‹« Alle Informationen zu Pervitin sind aus: Andreas Ulrich, »Berauscht in die Schlacht«. In: Spiegel special 2/2005; 30.3.2005, S.150

[24] Böll 24.2.1941; Böll war auch nach dem Krieg noch von Pervitin abhängig.

[25] Némirovsky, S.126

[26] Janet Flanner, *Paris, Germany. Reportagen aus Europa 1931–1950*, München 1992, S.63

[27] Flanner, ebd.

[28] Flanner, ebd.

[29] http://histoprim.cte.lu/lehrer/wk5.html [7.2.2008]. Die Rechtschreibung wurde geringfügig korrigiert.

[30] Böll, 4.8.1940. Am 14. Mai hatten deutsche Kampfgeschwader Rotterdam völlig zerstört. Etwa 800 Menschen starben, 80000 Einwohner Rotterdams wurden obdachlos. Die Bombardierung war entscheidend für die Kapitulation der niederländischen Streitkräfte am Abend desselben Tages.

[31] Allen Feldman, zitiert in Welzer u.a. 2002, S.128

[32] Némirovsky, S.63

[33] Håkon Gundersen, »Det norske holocaust«. In: Morgenbladet, 28.11.2003

[34] Erst der Historiker Nils Johan Ringdal machte auf sie aufmerksam.

[35] Max Hastings, »We would have done the same under Nazi occupation«, in: The Guardian, 25.4.2006

[36] Requiriertes musste bezahlt werden, aber das löste nicht das Problem, wohin die »Vertriebenen« sollten: Schüler mussten anderswo unterrichtet, Betreuungsbedürftige anderswo gepflegt werden.

[37] Werth, S.159

[38] Das ungekürzte Zitat lautet: »Wir schauen in erhellte Fenster und Sehnsucht nach Frieden wächst in jedem Herz, aber auch ein Grimm des Neides gegen die, die da so leben, während wir für Europa in der Welt kämpfen.«

[39] Irja Wendisch, *Meine Zeit wird kommen. Dr. Conzelmanns Kriegsjahre in Lappland*, Grevenbroich 2005, S.211

Zwischenbemerkung: Die zwei Körper des Soldaten

[1] Titel und Grundidee dieses Kapitels verdanken sich Kantorowicz' These der zwei Körper des Königs: Ernst Hartwig Kantorowicz, The King's Two Bodies. A Study in Mediaeval Political Theology, Princeton 1957 (dt.: Die zwei Körper des Königs. Eine Studie zur politischen Theologie des Mittelalters, Stuttgart 1992).

[2] Ute Scheub, *Das falsche Leben. Eine Vatersuche*, München 2006

[3] Diesen Platz behielt man bei den Kameraden über den Tod hinaus. Dieter Zimmer berichtet, wie er 1986 den Soldatenfriedhof im norwegischen Narvik besuchte. Dort fiel ihm ein Ehepaar auf, der Mann deutete auf diesen und jenen Grabstein und »gab Einschätzungen einiger ihm bekannter Gefallener: War 'n feiner Kerl, tapfer bis zum Umfallen. War 'n Hasenfuß, außerdem politisch unzuverlässig. War so 'n intellektueller Spinner, mit Reclam-Bändchen im Tornister. Der Landser schritt zielstrebig die Reihen ab, schien sich auszukennen. Wir wollten ihm zugute halten, dass er beim ersten Besuch dieses Friedhofs Empfindungen gehabt habe. Aber jetzt machte er nur seine Führung.« Dieter Zimmer, »Besuch bei Hans«, in: taz vom 7.5.2005; http://www.taz.de/index.php?id=archivseite&dig=2005/05/07/a0301

[4] Ruth Weih, *Lässt sich Alltag okkupieren? Die norwegische Grenzgemeinde Kirkenes während der deutschen Besatzung 1940–44*, Kiel (Magisterarbeit) 1999, S.189. Dass sich Soldaten durch Gruppendruck und Autoritätshörigkeit gezwungen fühlen, über Misshandlungen – nicht nur an anderen, sondern auch an Kameraden oder sich selbst – zu schweigen, ist Teil jeder Armee und gehört auch in Deutschland keineswegs der na-

tionalsozialistischen Vergangenheit an. Im Sommer 2004 hatten Bundeswehrausbilder insgesamt 163 Rekruten bei simulierten Geiselnahmen mit Stromstößen, Schlägen und Fußtritten gequält und gedemütigt. Diese Vergehen wurden nur durch Zufall bekannt, weder die Misshandelten noch einer ihrer Kameraden hatten das an den Wehrbeauftragten oder den unmittelbar vorgesetzten Disziplinarbeauftragten gemeldet.

5 Georg Bönisch/Romain Leick/Klaus Wiegrefe, »Morden für das Vaterland«, in: Der Spiegel, 11/2008

6 Martin Broszat, zitiert in Klaus Latzel, *Deutsche Soldaten – nationalsozialistischer Krieg? Kriegserlebnis – Kriegserfahrung 1939–1945,* Paderborn 1998, S. 33

7 Heinrich Böll, *Briefe aus dem Krieg. 1939–1945,* Köln 2001, 28. 6. 1942

8 Böll, 25. 7. 1942; »Immer schreibe ich Dir einen Brief und möglichst auch noch einen nach Hause; das erregt die Leute maßlos, auch den Leutnant. Man soll nicht so viel schreiben, das verrät zuviel persönliche Interessen.«

9 Im Unterschied zu fast allen anderen Armeen des Zweiten Weltkriegs (außer der Roten Armee) gab es in der Wehrmacht eine Einheitsverpflegung für Offiziere und Soldaten. Vgl.: http://www.lexikon-der-wehrmacht. de/Soldat/Verpflegung.htm

10 Böll, 22. 1. 1943: »Den ganzen Tag eine blödsinnige Brüllerei und Hetzerei; einer der Führer ist dümmer als der andere, und es gibt nichts, worunter der Soldat so zu leiden hat wie unter der Dummheit – der menschlichen und dienstlichen Dummheit – seiner Vorgesetzten...«

11 Brief eines »Willi« vom 10. 7. 1943, wiedergegeben unter der Überschrift »Ein Beispiel für Humor unter Kameraden« auf der Internetseite des Feldpost-Archivs (angesiedelt beim Museum für Kommunikation Berlin); http://www.feldpost-archiv.de/feldpost-d.html

12 Latzel, S. 27

13 Jeder aktive Soldat sollte einmal jährlich mindestens vierzehn Tage beurlaubt werden, Reisetage wurden zusätzlich anerkannt. Für besonders harte Frontabschnitte gab es Sonderurlaub (Näheres hierzu z. B. Weih, S. 132).

14 In: Geert Mak, *In Europa. Ein Reise durch das 20. Jahrhundert.* Übers. v. A. Ecke und G. Seferens. München 2005, S. 113

15 Vgl. dazu: Klaus Latzel, »Töten und Schweigen. Wehrmachtssoldaten, Opferdiskurs und die Perspektive des Leidens«, in: Peter Gleichmann/ Thomas Kühne (Hg.), Massenhaftes Töten. Kriege und Genozide im 20. Jahrhundert, Essen 2004, S. 320–338

III. Auf den zweiten Blick

[1] Madeleine Bunting, *The Model Occupation. The Channel Islands under German Rule, 1940–1945,* London 1995, S. 50

[2] Geert Mak, *In Europa. Ein Reise durch das 20. Jahrhundert.* Übers. v. A. Ecke und G. Seferens. München 2005, S. 361

[3] In Norwegen waren bei Kriegsende mehrere tausend deutsche Frauen, die mit der Wehrmacht oder als Krankenschwestern ins Land gekommen waren. Manche hatten Jahre im Land gelebt; darüber, welche Erfahrungen sie mit Land und Leuten machten, ist nahezu nichts bekannt.

[4] Zahl und Art der Verbote nahmen geradezu absurde Ausmaße an. So war beispielsweise der Verkauf frisch gebackenen Brotes verboten. Die Gründe sind mir nicht bekannt, und es will mir auch keiner einfallen.

[5] Dorothee Schmitz-Köster, *Der Krieg meines Vaters. Ein Soldat in Norwegen,* Berlin 2004; 23. 6. 1940

[6] Léon Werth, *33 Tage. Ein Bericht,* München 1996, S. 140. Den Namen des Bauern gibt Werth mit Abel Delaveau an.

[7] Ludger Tewes, *Frankreich in der Besatzungszeit 1940–1943. Die Sicht deutscher Augenzeugen,* Bonn 1998, S. 180

[8] Tewes, ebd.

[9] Das Küstenfort Ergan liegt am Atlantik in dem Fischernest Bud, unweit von Molde. Von dort hat man einen weiten Blick auf das Meer und viele kleine Inseln. Die Aussicht an einem sonnigen Sommertag ist das, was Touristen zu Recht »traumhaft« nennen. Kaum einer von ihnen wird sich allerdings wünschen, dort rund ums Jahr festzusitzen und das obendrein noch unter den Bedingungen des Zweiten Weltkriegs: Stürmen, Regen und Schnee preisgegeben, ohne vernünftige Straßen, ohne jede Bewegungsfreiheit, ohne jede Abwechslung.

[10] Heinrich Helms, *»Nun gute Nacht, meine Lieben!« Briefe aus dem Zweiten Weltkrieg,* hg. von Siegmund Helms, Münster 2006

[11] Heinrich Böll, *Briefe aus dem Krieg. 1939–1945,* Köln 2001, 6. 11. 1940

[12] Böll, 11. 10. 1942

[13] Schmitz-Köster, S. 74

[14] In den Jahren vor dem Zweiten Weltkrieg und bis 1954 wurden allein in Deutschland 3,1 Millionen Exemplare der Gulbranssen-Bücher verkauft. Über die konkreten Verkaufszahlen während des Zweiten Weltkriegs schweigt sich die Internetseite www.trygvegulbranssen.no ebenso

aus wie darüber, dass die Bücher zwischen 1933 und 1944 in Deutschland auf Platz 5 der meistverkauften Bücher standen. Das legt den Verdacht nahe, dass die Zahlen den Verfassern der Seite peinlich sind. Die müssen nämlich – wie auch die Verkaufserlöse – beträchtlich gewesen sein, nicht nur weil Goebbels bei der Olympiade 1936 bei einem Journalisten-Empfang gesagt haben soll, dass »der Führer nur ein Buch auf seinem Nachttisch habe: Gulbranssens Und ewig singen die Wälder«; http://www.trygvegulbranssen.no/Tysk%20TG%20og%20Tyskland.htm Im März 1944 schrieb Johannes Martin Hennig aus Nordnorwegen, er lese Das Erbe von Björndal »im fünfhundertfündunsechzigsten Tausend!« (Johannes Martin Hennig, *En tysk soldats dagbok frå krigen i Nord-Norge*, hg. von Berit Nøkleby, Oslo 2002, S. 345; hier zitiert nach dem ungekürzten deutschen Originalmanuskript.)
Wie sehr diese Bücher heute noch als Norwegen-Kitsch gelesen werden, beweist die Rezension auf einer Internetseite von Norwegen-Fans. »Diese Romane öffnen einen Zugang zur Mentalität der Nordländer, einem Volk geprägt von der Landschaft und den Schwierigkeiten der Bewirtschaftung dieser Region ... Weder die Frauen noch die Männer dieser Sippe lassen sich dauerhaft in ihrer Zielstrebigkeit stoppen. Melancholie, Lebensfreude, Trauer, zwischenmenschliche Probleme, Interpretationen des christlichen Glaubens und immer wieder die Beschreibungen der Natur.«; http://www.brela-net.de/literatur/norwegen/trygve_gulbranssen.html

[15] Bernd Henningsen, »Der Norden: Eine Erfindung. Das europäische Projekt einer regionalen Identität«, Antrittsvorlesung, Humboldt-Universität zu Berlin, 28. Mai 1993. Der Eindruck eines Blut-und-Boden-Epos entstand auf Deutsch nicht zuletzt durch eine äußerst tendenziöse Übersetzung. Sie orientierte sich konsequent an der Terminologie des Nationalsozialismus und verfälschte damit den Text. Vgl. Stefanie von Schnurbein, »Und ewig singen die Wälder«. In: *Nicht nur Lachs und Würstchen,* Berlin 2005, S. 284–286

[16] Eine deutsche Frau schminkte sich ja angeblich nicht – es sei denn, sie verkehrte mit den ganz großen Nazigrößen in Berlin und München. Diese Frauen waren hochelegant gekleidet und auch hochelegant geschminkt.

[17] Schmitz-Köster, S. 38

[18] Kåre Olsen, *Vater: Deutscher. Das Schicksal der norwegischen Lebensbornkinder und ihrer Mütter von 1940 bis heute,* Frankfurt a.M. 2002, S. 33

¹⁹ Bericht einer deutschen Kinderärztin über eine Reise in Nordnorwegen, zit. in Olsen, S. 32

²⁰ Erstaunlicherweise sagte er, er könne sich nicht erinnern, wie das Bild auf ihn gewirkt habe.

²¹ Sinti und Roma, als »fremdrassige Asoziale« eingestuft, wurden ab Februar 1943 in das Vernichtungslager Auschwitz-Birkenau gebracht. »Von den erfassten rund 40000 deutschen und österreichischen Sinti und Roma wurden über 25000 ermordet. Insgesamt fielen geschätzte 220000 bis 500000 Sinti und Roma dem Rassenwahn der Nationalsozialisten und dem an ihnen systematisch geplanten Völkermord zum Opfer.« Deutsches Historisches Museum; http://www.dhm.de/lemo/html/wk2/holocaust/sintiroma/index.html

²² Tewes, S. 186. Zu Sartre: Jürg Altwegg, »Die unerträgliche Frivolität der Wahrheit. Zum Streit über die Ausstellung ›Paris unter der Besatzung‹«, In: Frankfurter Allgemeine Zeitung, 30. 4. 2008

²³ Mak, S. 381

²⁴ Tewes, S. 109

²⁵ Tewes, S. 107

²⁶ Helms, S. 41

²⁷ Helms, S. 153. Im Juli 1941 schreibt er aus Grodno (Russland): »Es gibt einige sehr nette Straßen. Auch einen Park mit Bäumen. Aber alles ist ungepflegt. Es begegnen einem ungeheuer viele Juden. Die Stadt hat etwa 65000 Einwohner, davon sind 40000 Juden. Alle Juden müssen am Arm eine weiße Binde mit dem Judenstern tragen, damit man sie erkennen kann. ... An den Straßen haben wir Plakate angeklebt, auf denen gedruckt steht, daß die Leute wieder arbeiten sollen. Gewehre und andere Waffen haben sie abgeben müssen. Wenn sie arbeiten und anständig gegen uns sind, dann beschützen wir sie und sorgen auch für ihre Ernährung.« Tatsächlich verhielt es sich mit der Anständigkeit gegenüber den Bürgern von Grodno und mit deren Schutz wie folgt: »Als Wehrmacht, SS und Gestapo sich im Sommer 1944 auf das andere Ufer der Memel zurückzogen, hinterließen sie eine rauchende, elende Stadt. Jeder zweite Bürger war von hier nach Treblinka oder Auschwitz verbracht worden. Tausende Kriegsgefangene verhungerten in den Stalags am Rande der Stadt. Hunderte Zwangsarbeiter wurden von hier verschleppt.« Felix Ackermann, »Lesen Sie die Bibel! Grodno und die Verwerfungen der Geschichte«. In: Jüdische Zeitung, August 2007

[28] Böll, 1.1.1942

[29] »Norskes« ist eine Verballhornung von »norsk« (norwegisch). Die Soldaten nannten die Norweger generell »Norske« oder »Norskes«, manchmal auch »Norges«.

[30] Schmitz-Köster, S.137

[31] Werth, S.153

[32] Irja Wendisch, *Meine Zeit wird kommen. Dr. Conzelmanns Kriegsjahre in Lappland*, Grevenbroich 2005, S.179. Dr. Emil Conzelmann war in Nordfinnland stationiert und bei der dortigen Zivilbevölkerung außerordentlich beliebt. Seine Briefe an seine Frau wurden von der gebürtigen Finnin Irja Wendisch herausgegeben.

[33] Klaus Latzel, *Deutsche Soldaten – nationalsozialistischer Krieg? Kriegserlebnis – Kriegserfahrung 1939–1945*, Paderborn 1998, S.346

[34] Tewes, S.252

[35] Böll, 28.5.43

[36] Böll, 6.12.42

[37] Bunting, S.58

[38] Tewes, S.59

[39] Werth, S.151

[40] Das norwegische å wird wie o ausgesprochen. Es handelt sich um das Lied Ein Heller und ein Batzen, der Refrain lautet »Heidi, heido«. Für alle, die sich einen zeitgenössischen Eindruck verschaffen möchten: http://www.youtube.com/watch?v=Lo7Chj7JUpU [URL 17. Mai 08]

[41] Werth, S.152

[42] Tewes, S.48

[43] Tewes, S.47f.

[44] Tewes, S.35. Die britischen Kampfpiloten hatten übrigens gute Gründe, jede Minute auszukosten, die sie nicht in ihren Maschinen saßen: »Es gab Tage, an denen sie bis zu sechsmal flogen, an denen sie schon im Aufsteigen beschossen wurden.« Im Sommer 1940 lag ihre durchschnittliche Lebenserwartung bei vier, höchstens fünf Wochen. Siehe Mak, S.393

[45] Tewes, S.47f.

[46] Tewes, S.176

[47] Wendisch, S.84

[48] Dieser »Drang, etwas zu erleben«, war bei einigen so stark, dass sie sich regelmäßig über Vorschriften hinwegsetzten, um nachts außerhalb ihrer Unterkünfte feiern zu können. Wer erwischt wurde, bekam Arreststrafen,

was allerdings einen meiner Zeitzeugen nicht abhalten konnte: »Ich war der Meinung, wenn ich fürs Vaterland eventuell sterben sollte, dann wollte ich vorher wenigstens noch gelebt haben.«

[49] Am schlimmsten seien »die deutschen Weiber. Sie fallen meist schon von weitem durch übertriebene oder geschmacklose Aufmachung oder durch gespreiztes Gehabe auf.«

[50] Zitiert in Olsen, S. 31

[51] Zur nationalsozialistischen Rassenideologie in Norwegen siehe: Olsen; Georg Lilienthal, Der »Lebensborn e. V.«. Ein Instrument nationalsozialistischer Rassenpolitik, Frankfurt a. M. 1993

[52] Die »Richtlinien für Norwegen« sind abgedruckt in Schmitz-Köster, S. 63

[53] Tewes, S. 208

[54] Schmitz-Köster, S. 135

[55] Dorothee Schmitz-Köster, »*Liebe Mutter, hier ist es wunderschön...*«. *Als deutscher Soldat in Norwegen.* Feature für Radio Bremen, 2001

[56] Simone de Beauvoir, Kriegstagebuch 1939–1941, Reinbek b. Hamburg 1994, S. 406

[57] Werth, S. 151

[58] Ils n'étaient pas méchants, ils étaient corrects; http://ecolelagor.free.fr/marie/temoins.htm#occupation

[59] Felix Hartlaub, »*In den eigenen Umriss gebannt*«. *Kriegsaufzeichnungen, literarische Fragmente und Briefe aus den Jahren 1939 bis 1945*, Frankfurt a. M. 2007, S. 76. Er kommentiert damit das Verhalten einer Gruppe von »Blitzmädchen« in einem Pariser Vorortzug, seine Gedanken scheinen mir aber verallgemeinerbar.

[60] In: Mak, S. 380

[61] Bunting 1995, S. 37

[62] Irène Némirovsky, *Suite française*, München 2005, S. 286

[63] Hilmar Potente, *Von Potsdam zum Polarkreis und zurück. Der Weg der 163. Inf.-Division, Teil I: Norwegen*, Selbstverlag 1982, S. 122

[64] Marianne Junila, »Das Zusammenleben der finnischen Zivilbevölkerung und der deutschen Truppen in Nordfinnland in den Jahren 1941–1944«; http://www.lib.helsinki.fi/elektra/junilazus.pdf. Es handelt sich um die äußerst lesenwerte Zusammenfassung von Junilas leider nicht ins Deutsche übersetzter Dissertation.

[65] Junila, ebd.

[66] Némirovsky, S. 285

Zwischenbemerkung:
Junge Männer werden Soldaten

[1] Die Wehrpflichtigen wurden jahrgangsweise eingezogen, der Beginn der Wehrpflicht lag bei zwanzig Jahren und wurde bei Kriegsbeginn auf achtzehn gesenkt. Ab 1944 wurden auch Sechzehnjährige (und noch Jüngere) herangezogen.

[2] Ludger Tewes, *Frankreich in der Besatzungszeit 1940–1943. Die Sicht deutscher Augenzeugen,* Bonn 1998, S. 299

[3] Klaus Latzel, *Deutsche Soldaten – nationalsozialistischer Krieg? Kriegserlebnisse – Kriegserfahrung 1939–1945,* Paderborn 1998, S. 371

[4] Ein ehemaliger Jagdflieger, Jahrgang 1921. Tewes, S. 171 f.

[5] »Plötzlich wird das Morden zur sozialen Tat«, Horst-Eberhard Richter im Gespräch mit Thomas Eyrich und Thilo Knott; in taz, 26. 10. 2007

[6] Joachim Unseld, »Die böse Stiefmutter. Märchen haben halt immer Recht«, in: Stern, 3. 3. 2004

[7] Christopher R. Browning, *Ganz Normale Männer. Das Reserve-Polizeibataillon 101 und die »Endlösung« in Polen.* Übers. von J. P. Krause, Reinbek bei Hamburg 1996; zitiert nach der erweiterten Taschenbuchausgabe von 1999, S. 237 ff.

[8] Ich fragte den Verfasser 2003, wie er diese Äußerungen inzwischen bewerte. Er sagte, die Geschwister Scholl hätten den Tod verdient, weil sie die Soldaten an der Front verraten hätten.

[9] Latzel, S. 371

[10] Folgt man den Thesen von Götz Aly, schlug Hitler die Deutschen weniger mit Rassismus und Welteroberungsphrasen in den Bann als vielmehr mit viel handfesteren und banaleren Dingen wie: »eine Fülle von Steuerprivilegien, mit Millionen Tonnen geraubter Lebensmittel und mit der Umverteilung des ›arisierten‹ Eigentums von verfolgten und ermordeten Juden aus ganz Europa«. Vgl. Götz Aly, *Hitlers Volksstaat. Raub, Rassenkrieg und nationaler Sozialismus,* Frankfurt a. M. 2005 (Klappentext)

[11] Fritz Stern, »Die Leni-Riefenstahlisierung«, Gespräch mit Jordan Mejias, in: Frankfurter Allgemeine Zeitung, 20. 1. 2005

[12] Omer Bartov, »Brutalität und Mentalität. Zum Verhalten deutscher Soldaten an der ›Ostfront‹«, in: Peter Jahn/Reinhard Rürup (Hg.), *Erobern und Vernichten. Der Krieg gegen die Sowjetunion 1941–1945,* Berlin 1991. Zitiert in Dorothea Kolland, »Frontmusik«, in: Hanns Werner

Heister (Hg.), »*Entartete Musik*« *1938 – Weimar und die Ambivalenz*, Saarbrücken 2001. (Zitiert nach http://www.kultur-neukoelln.de/texte/ FRONTMUSi.pdf)

[13] Ina Hartwig, »Günter Grass. Die Gnade der späten Fehlbarkeit«, in: Frankfurter Rundschau, 22. 8. 2006

[14] »Ich hasse den menschenunwürdigen preußischen Drill wie nichts auf der Welt, aber ich möchte, daß Deutschland siegt« (Heinrich Böll, *Briefe aus dem Krieg. 1939–1945*, Köln 2001, 29. 1. 1943). Oder auch Erhard Eppler: »Alles darf passieren, aber wir dürfen doch nicht besetztes, fremdes Gebiet werden.« (in: Dieter Dowe (Hg.), »Mein Vater war doch kein Verbrecher – und doch hat er einem verbrecherischen Regime gedient«. Podiumsdiskussion des Gesprächskreises Geschichte der Friedrich-Ebert-Stiftung in Bonn am 16. November 1998, Bonn 1999; http://www.fes.de/ fulltext/historiker/00525002.htm

[15] Böll, 29. 1. 1943

[16] Irja Wendisch, *Meine Zeit wird kommen. Dr. Conzelmanns Kriegsjahre in Lappland*, Grevenbroich 2005, S. 183

[17] Dorothee Schmitz-Köster, *Der Krieg meines Vaters. Ein Soldat in Norwegen*, Berlin 2004, S. 303

[18] Schmitz-Köster, S. 131

[19] Schmitz-Köster, S. 303

[20] Imre Kertész, »Bilder einer Ausstellung. Rede zur Eröffnung der Wehrmachtsausstellung in Hamburg, wo sie ihre letzte Station erreicht hat«, in: taz, 3. 4. 2004

[21] Selbstverständlich kommen bei solchen Überlegungen nur jene Soldaten in Betracht, die überhaupt an ihre Eltern schrieben.

[22] Latzel, S. 330

[23] Schmitz-Köster, S. 212

[24] Kåre Olav Solhjell, *Krigsår i Hallingdal*, Ål 1995, S. 135

[25] Böll, 28. 11. 1942

[26] Klaus Latzel, »Tourismus und Gewalt. Kriegswahrnehmung in Feldpostbriefen«, in: Hannes Heer/Klaus Naumann (Hg.): *Vernichtungskrieg. Verbrechen der Wehrmacht 1941–1944*, Hamburg 1995, S. 447–459

[27] Latzel 1998, S. 136

[28] Im November 1941 entsprach das vom deutschen Heer besetzte Gebiet »dem achtfachen Umfang des großdeutschen Raumes« (»Jahresbericht der NS-Gemeinschaft KdF« vom 27. 11. 1941, zitiert in Kolland 2001).

[29] Böll, 2.4.1943

[30] Tewes, S.105

[31] Heinrich Helms, »*Nun gute Nacht, meine Lieben!*« *Briefe aus dem Zweiten Weltkrieg,* hg. von Siegmund Helms, Münster 2006

[32] Im Kalten Krieg nach 1945 war zumindest in der Bundesrepublik von solchen Elogen auf Russland und die Russen nicht mehr viel zu hören.

[33] Schmitz-Köster, S.72

[34] Der amerikanische Infanterist Phill Sinott über seine Erinnerungen an seine Armeezeit im Zweiten Weltkrieg; in: Geert Mak, In Europa. Eine Reise durch das 20. Jahrhundert. Übers. v. A. Ecke und G. Seferens. München 2005, S.610

[35] Wendisch, S.70

[36] Herman Frank Meyer, Autor des Buches Blutiges Edelweiß. Interview in 3sat, »Kulturzeit«, 3.3.2008. Die erschütternden Aufzeichnungen von Willy Peter Reese berichten von den unvorstellbaren Strapazen der Soldaten auf dem Russland-Feldzug und der »Unmenschlichkeit des Krieges« (Willy Peter Reese, »*Mir selber seltsam fremd*«. *Die Unmenschlichkeit des Krieges. Russland 1941–44,* München 2003). Reese wurde Anfang 1941, gerade zwanzig Jahre alt, eingezogen. Gut zwei Jahre später war aus dem zarten Abiturienten ein abgestumpfter Soldat geworden, der von sich und seinen Kameraden sagt, sie seien »seelisch verkommen, nichts als eine Summe von Blut, Eingeweiden und Knochen«. Reese ist seit Juni 1944 im Raum Witebsk (Weißrussland) verschollen.

[37] Helms 2006

[38] Ragnar Ulstein, *Småsamfunn i storkrig.* Oslo 1980, S.132

[39] »Frontbetreuung war vielfältig. Sie umfaßte Gastspiele großer Opernbühnen, Theater und Orchester im Hinterland der Front und in den besetzten Gebieten, eigens gegründete Wanderbühnen, ein Theaterzug, Varieté-Gruppen, ›Bunte Bühnen‹, die von allem ein bißchen hatten, Alleinunterhalter, Kabarettisten, Streichquartette, Vortragsreisende, Rezitatoren, Puppenspieler, reisende Kino-Gruppen, Aufbau von Soldaten-Bühnen aus Laien und zufällig an die entsprechende Front verschlagene Profis, Animation von Laienkulturensembles, aber auch die Versorgung mit Notenmaterial, Büchern, Bastelanleitungen, Musikinstrumenten, Schallplatten und Abspielgeräten, Radios und schließlich den konsequenten Einsatz des neuen Massenmediums, des Rundfunks.« Dorothea Kolland, Faust, Sol-

datenlieder und »Wunschkonzert«, in: dies. (Hg): FrontPuppenTheater. Puppenspieler im Kriegsgeschehen. Berlin 1997

[40] Helms 2006

[41] Wer keine anderen Feldpostbriefe als Bölls Briefe aus dem Krieg kennt, wird sich ein falsches Bild von Feldpostbriefen machen. Es mag viele Soldaten gegeben haben, die sich selbst und ihre Umgebung beobachten konnten wie er, schreiben wie er konnten nur wenige.

[42] Wendisch, S. 228

IV. Erst kommt das Fressen …

[1] Ludger Tewes, *Frankreich in der Besatzungszeit 1940–1943. Die Sicht deutscher Augenzeugen,* Bonn 1998, S. 59

[2] Tewes, S. 25. Die zurückkommenden Besitzer des Hauses dürften diese Hinterlassenschaft als Zeichen großer Demütigung empfunden haben.

[3] Tewes, S. 27

[4] Tewes, S. 44

[5] Tewes, S. 48

[6] Tewes, S. 31

[7] Tewes, S. 26

[8] Tewes, S. 66

[9] Klaus Latzel, *Deutsche Soldaten – nationalsozialistischer Krieg? Kriegserlebnis – Kriegserfahrung 1939–1945,* Paderborn 1998, S. 137

[10] Tewes, S. 34

[11] Tewes, S. 73. Der ehemalige Soldat, der das erzählte, fand ein solches Verhalten, besonders von einem Offizier, noch 1990 empörend.

[12] Tewes, S. 28

[13] Tewes, S. 46

[14] Léon Werth, *33 Tage. Ein Bericht,* München 1996, S. 83

[15] Janet Flanner, *Paris, Germany. Reportagen aus Europa 1931–1950,* München 1992, S. 57

[16] Brief vom Mai 1941, zitiert in Marie Wilz, *Die Wahrnehmung des französischen Kriegsgegners in Feldpostbriefen aus dem Zweiten Weltkrieg,* Berlin 2002, S. 37

[17] Tewes, S. 26

[18] Irène Némirovsky, *Suite française*, München 2005, S. 260

[19] Götz Aly, »Hitlers zufriedene Räuber«, in: Die Zeit, 20/2003

[20] Latzel, S. 138

[21] Birthe Kundrus, »Verbotener Umgang. Liebesbeziehungen zwischen Ausländern und Deutschen 1939–1945«, in: Katharina Hoffmann/Andreas Lembeck (Hg.), *Nationalsozialismus und Zwangsarbeit in der Region Oldenburg*, Oldenburg 1999, S. 149–170

[22] Tewes, S. 45

[23] Heinrich Böll, Briefe aus dem Krieg. 1939–1945, Köln 2001, 30. 8. 1942

[24] Böll, 3. 9. 1939

[25] Aly, »Hitlers zufriedene Räuber«

[26] Aly, »Hitlers zufriedene Räuber«

[27] Böll, 4. 12. 1942

[28] Böll, 15. 9. 1942

[29] Böll, 28. 11. 1942

[30] Böll, 8. 11. 1942

[31] Alle Informationen über Görings Schleppererlass und das Ausplündern der besetzten Länder sowie die zitierten Passagen aus: Götz Aly, »Hitlers zufriedene Räuber, in: Die Zeit, 20/2003

[32] Böll, 1. 5. 1943

[33] Tewes, S. 209

[34] Böll, 10. 11. 1942

[35] Tewes, S. 258

[36] Aly, »Hitlers zufriedene Räuber«

[37] Flanner, S. 57

[38] Böll, 14. 8. 1943

[39] Robert Gildea, *Marianne in Chains. Daily Life in the Heart of France during the German Occupation*, New York 2002, S. 405

[40] Böll, 2. 11. 1942

[41] Jean Baronnet, *Les Parisiens sous l'occupation. Photographies en couleurs d'André Zucca*. Vorwort von Jean-Pierre Azéma, Paris 2008, S. 18 bzw. 92

[42] Tabakkarten gab es für Männer, die vor dem 1. 1. 1924, und Frauen, die vor dem 1. 1. 1921 geboren waren, wenn sie beweisen konnten, dass sie vor der Ausgabe der Karten Raucher gewesen waren. Das waren plötzlich außerordentlich viele!

[43] Tewes, S. 318. Ort dieses »Tausches« war das französische Reims.

[44] Ruth Weih (verh. Sindt), *Alltag für Soldaten? Kriegserinnerungen und sol-*

datischer Alltag in der Varangerregion 1940–44, Kiel (Dissertation) 2005, S.146

[45] Weih, S.155. Einen Bericht über die Zustände im nördlichen Norwegen nach dem Abzug der Wehrmacht leitete dieser Norweger an die norwegische Exilregierung in London weiter.

[46] Andreas Ulrich, »Berauscht in die Schlacht«, in: Spiegel special 2/2005 vom 30.3.2005

[47] Kåre Olav Solhjell, *Krigsår i Hallingdal 1940–1945*, Ål 1995, S.258

[48] Böll, 16.5.1942

[49] Don und Petie Kladstrup, *Wein und Krieg. Bordeaux, Champagner und die Schlacht um Frankreichs größten Reichtum*. Übers. von D. Zimmer, Stuttgart 2002

[50] Katja Thimm, »Reben fürs Reich«, in: Der Spiegel, 37/2002 vom 9.9.2002

[51] Nils Klawitter, »Ende des Chaos«, in: Spiegel special 2/2005 vom 30.3.2005

[52] In den Kriegserinnerungen eines Marinesoldaten findet sich die Behauptung, ein Oberfeldwebel des Heeres habe zusammen mit hohen Offizieren und norwegischen Geschäftsleuten ganze Schiffsladungen von Schokolade verschoben. Alle Beteiligten seien auf der Festung Akershus in Oslo hingerichtet worden.

[53] Noch heute ist es in jeder norwegischen Familie ein patriotisches Ruhmesblatt, wenn ein Verwandter »in Grini war«, beweist es doch, dass nicht nur er, sondern die ganze Familie während der Kriegsjahre auf der richtigen Seite stand.

[54] Egil Lerheim, in: Einar Klungnes, *Hverdagskrigen i Rauma*, Otta 1995; S.271

[55] Solhjell, S.120

[56] So der Historiker Hubert Bonnin, der über die Bank Crédit Agricole in der Region forschte. In: Nils Klawitter, »Ende des Chaos«, in: Spiegel special 2/2005 vom 30.3.2005

[57] Andreas Ulrich, »Berauscht in die Schlacht«

[58] Katja Thimm, »Reben fürs Reich«

[59] Kladstrup, 2002

V. Private Beziehungen –
Der liebe Fritz

1 Marguerite Duras, *Hiroshima Mon Amour,* Frankfurt a. M. 1963, S. 86
2 Heinrich Böll, *Briefe aus dem Krieg. 1939–1945,* Köln 2001, 16. 5. 1943
3 1944 waren das in Nordnorwegen eine Flasche Schnaps und 120 Zigaretten. Marketenderware war speziell für die Wehrmachtssoldaten bestimmt, ihr Verkauf im freien Handel war verboten. Verkauft wurden sie in der Kantine, da gab es auch »eine gewisse Menge Schuhcreme, Hautöl, ein paar Pfeifen, Tabaksbeutel, Briefpapier, Bindfaden, Rasierklingen«. (Johannes Martin Hennig, 6.4.44, zitiert nach dem mir vorliegenden Originalmanuskript. Eine gekürzte Fassung ist in Norwegen erschienen: *En tysk soldats dagbok frå krigen i Nord-Norge,* hg. von Berit Nøkleby, Oslo 2002)
4 Ragnar Ulstein, *Småsamfunn i storkrig.* Oslo 1980, S. 89
5 Auf der Intersetseite des Landes Brandenburg wird im Glossar des Unterpunktes »Antikorruption« das Wort »Anfüttern« wie folgt erläutert: »Die Gefahr von spontan angenommenen, scheinbar harmlosen Zuwendungen ist nicht zu unterschätzen. Dabei kann es zunächst zu – sich ggf. im Wert steigernden – Vorteilsgewährungen an einen Amtsträger kommen, ohne dass gleich eine Gegenleistung erwartet wird. Durch eine sogenannte Klimapflege, durch ›nützliche Aufwendungen‹ und das ›Dankeschön für eine gute Zusammenarbeit‹ wird ein Klima des Vertrauens geschaffen, das dann im konkreten Fall dazu führen kann, dass sich ein Amtsträger zu einer Gegenleistung verpflichtet fühlt. Insgesamt sollen ›günstige Voraussetzungen‹ im Rahmen einer langjährigen ›Geschäftsbeziehung‹ geschaffen werden.« http://www.mi.brandenburg.de/cms/detail.php?id=269296
6 Ulstein, S. 89
7 Böll, 15. 10. 1942
8 Böll, 15. 5. 1943
9 Sam Mendes, Regisseur des Filmes Jarhead über Soldaten im ersten Golfkrieg, in: »Interview mit Sam Mendes«, Spiegel online, 8. 1. 2006
10 Zitiert in Kåre Olsen, *Vater: Deutscher. Das Schicksal der norwegischen Lebensbornkinder und ihrer Mütter von 1940 bis heute,* Frankfurt a. M. 2002, S. 230
11 Ragnar Grant Stene, »Hverdag under tyskerne« [Alltag unter den Deutschen], in: Måsegget (Hasviker Lokalzeitung), 27. 6. 2007

¹² Horst-Eberhard Richter, »Plötzlich wird das Morden zur sozialen Tat«, Zitat aus Interview mit Thomas Eyerich und Thilo Knott, in: taz, 26.10.2007

¹³ In den Wehrpässen stand beispielsweise: »Vom 1.3.44 bis zum 8.5.45 Sicherung Norwegens«.

¹⁴ Marie Wilz, *Die Wahrnehmung des französischen Kriegsgegners in Feldpostbriefen aus dem Zweiten Weltkrieg*, Berlin 2002, S.18

¹⁵ Böll, 26.9.1942

¹⁶ Böll, 28.6.1942

¹⁷ Felix Hartlaub, »In den eigenen Umriss gebannt«. Kriegsaufzeichnungen, literarische Fragmente und Briefe aus den Jahren 1939 bis 1945, Frankfurt a.M. 2007, S.457f. Felix Hartlaub war in der »historischen Archivkommission des Auswärtigen Amtes« in Paris tätig. Die Aufgabe dieser Kommission bestand in der Auswertung und Plünderung der französischen Archive. Die Verwerflichkeit dieses Tuns war ihm bewusst: »Wir sind uns alle darüber klar, daß wir hier im Frieden und als Einzelne nie mehr hinkönnen«, schrieb er in einem Brief.

¹⁸ Ulstein, S.97

¹⁹ Tatsächlich ist es anrührend, Briefe der Väter an ihre Kinder zu lesen. »Mama hat mir geschrieben, daß Du Dir einen neuen Papa kaufen willst, weil ich noch nicht aus Rußland zurückkomme. Du mein süßer Junge, habe doch noch ein wenig Geduld. Wenn der Krieg aus ist, komme ich bestimmt zu Dir zurück, denn ich habe Dich doch so lieb.« Drei Monate später schrieb dieser Soldat an seine Frau: »Die Bilder sind ja niedlich. Oh, wie ich gespannt bin, meine Jungen einmal wirklich wiederzusehen! Besonders den Kleinen. Ich kann ihn mir kaum vorstellen, denn in dem jungen Alter machen anderthalb Jahre sehr viel aus.« Der Verfasser dieser Zeilen starb im Februar 1945. (Heinrich Helms, *»Nun gute Nacht, meine Lieben!« Briefe aus dem Zweiten Weltkrieg*, hg. von Siegmund Helms, Münster 2006)

²⁰ In einer arte-Sendung erläuterte Elsa Clairon »Eine andere nicht sehr nette Bezeichnung: CHLEU oder CHLEUH, manchmal auch SCHLEU. Woher kommt dieses Wort, das durch das anlautende »SCH« für französische Ohren sehr deutsch klingt? Halten Sie sich fest: CHLEUH war der Name der westmarokkanischen Berber. Die zu Beginn des 20. Jahrhunderts in Marokko kämpfenden Franzosen nannten so die Soldaten der Territorialtruppen. Für sie waren das Wilde und Barbaren mit einer völlig unverständlichen Sprache. Nach Frankreich importiert, bezeichnete der Begriff

323

Elsässer und andere Grenzlandbewohner, die eine andere Sprache als Französisch sprachen: das waren »chleuhs, die schleu sprechen«; er wurde dann auf den deutschen Soldaten und im Zweiten Weltkrieg allgemein auf den deutschen Besatzer übertragen.« arte, »Karambolage«, Sendung vom 5.9.2004. http://www.arte.tv/de/suche/1269802.html

21 Léon Werth, *33 Tage. Ein Bericht,* München 1996, S.70

22 Werth, S.70

23 Madeleine Bunting, *The Model Occupation. The Channel Islands under German Rule, 1940–1945,* London 1995, S.51

24 Böll 5.6.1943

25 Wilz, S.91. Dieser Soldat wurde bereits auf S.142 erwähnt. Dort sorgte er sich, wie er die kostbaren Bücher einer scheinbar verwaisten Bibliothek nach Deutschland schicken konnte.

26 Wilz, S.91f.

27 Wilz, S.60

28 Jean Baronnet, *Les Parisiens sous l'occupation. Photographies en couleurs d'André Zucca,* Vorwort von Jean-Pierre Azéma, Paris 2008, S.144

29 Laut Tewes war den deutschen Soldaten zum Jahresende 1940 durch einen Befehl der 192. Infanteriedivision verboten worden, französische Gottesdienste zu besuchen (Ludger Tewes, Frankreich in der Besatzungszeit 1940–1943. Die Sicht deutscher Augenzeugen, Bonn 1998, S.190)

30 Hennig wusste offenbar nicht, dass zwischen Besatzungsmacht und norwegischer NS-Administration unter Vidkun Quisling einerseits und den norwegischen Geistlichen andererseits ein erbitterter Streit um die Vorherrschaft in der norwegischen Staatskirche entbrannt war. Als äußerstes Zeichen ihres Widerstandes hatten im Frühling 1942 alle norwegischen Bischöfe und nahezu alle Pfarrer ihr Amt niedergelegt.

31 Tewes, S.240

32 Ruth Weih, *Lässt sich Alltag okkupieren? Die norwegische Grenzgemeinde Kirkenes während der deutschen Besatzung 1940–44,* Kiel (Magisterarbeit) 1999, S.49

33 Aus diesem Grund ist die hochgelobte Erzählung Das Schweigen des Meeres des Franzosen Vercors (eigentlich Jean Marcel Bruller), die er während des Krieges schrieb, sehr konstruiert. Sie handelt von einem Franzosen, der mit seiner Nichte in einem Haus wohnt. Als ein deutscher Offizier bei ihnen einquartiert wird und sich fast demütig um Kontakt zu ihnen bemüht, sprechen sie kein einziges Wort mit ihm. Die Nichte, die sich in ihn

verliebt, wagt zum Abschied ein »Adieu«. Die Erzählung wurde nach dem Krieg zu einem französischen Kultbuch über die Besatzungszeit, was daran liegen mag, dass sie den Franzosen ein Bild vorhält, in dem sie sich gern selbst erkennen würden.

[34] »In der Feldpostforschung wurde auch in anderen im Zweiten Weltkrieg besetzten Ländern die Tendenz von Quartiersfamilien dokumentiert, sich gegenüber den oder dem beherbergten Soldaten elternhaft zu verhalten.« (Wilz, S. 94)

[35] Dorothee Schmitz-Köster, *Der Krieg meines Vaters. Ein Soldat in Norwegen*, Berlin 2004, S. 122

[36] Böll, 17. 5. 1942

[37] Böll, 15. 5. 1943

[38] Böll, 22. 10. 1943

[39] »Diese Tendenz [zum elternhaften Verhalten] verstärkte sich in der Regel, wenn sich ein Sohn der Familie im Krieg oder in Gefangenschaft befand.« (Wilz, S. 95)

[40] Böll, 20. 5. 1942

[41] Es wurden 538 000 Radiogeräte abgeliefert, 10 Prozent mehr, als es nach der Gebührenstatistik des staatlichen Rundfunks NRK im Lande geben sollte. Es waren noch mehr, denn eine unbekannte Anzahl von Geräten wurde nicht abgegeben, sondern versteckt. Entgegen allen Zusicherungen bekamen die meisten Norweger ihre Geräte bei Kriegsende nicht zurück, was viele sehr erbitterte. Beschlagnahmt wurden Radiogeräte auch in den Niederlanden, Polen, dem de facto annektierten Elsass sowie auf den Kanalinseln.

[42] Verordnung über außerordentliche Rundfunkmaßnahmen, 1. September 1939:

§ 1 Das absichtliche Abhören ausländischer Sender ist verboten. Zuwiderhandlungen werden mit Zuchthaus bestraft. In leichteren Fällen kann auf Gefängnis erkannt werden. Die benutzten Empfangsanlagen werden eingezogen.

§ 2 Wer Nachrichten ausländischer Sender, die geeignet sind, die Widerstandskraft des deutschen Volkes zu gefährden, vorsätzlich verbreitet, wird mit Zuchthaus, in besonders schweren Fällen mit dem Tode bestraft; http://de.wikisource.org/wiki/Verordnung_über_außerordentliche_Rundfunkmaßnahmen; URL 20. 3. 2008

[43] Andreas Hauge, Gespräch vom 7. Mai 2002

[44] Die Tonbänder dieser Gespräche lagern im Norges Hjemmefrontmuseum in Oslo. Sie stellen die umfangreichste Sammlung mündlicher Quellen dar, die in Norwegen existiert, und zwar nicht nur zum Krieg, sondern überhaupt zu einem historischen Thema.

[45] Claudia Lenz, »Vom Widerstand zum Weltfrieden. Der Wandel nationaler und familiärer Konsenserzählungen über die Besatzungszeit in Norwegen«, in: Harald Welzer (Hg.), *Der Krieg der Erinnerung. Holocaust, Kollaboration und Widerstand im europäischen Gedächtnis*, Frankfurt a. M. 2007, S. 55

[46] Weih 2005, S. 97

[47] Hilmar Potente, *Von Potsdam zum Polarkreis und zurück. Der Weg der 163. Inf.-Division, Teil I: Norwegen*, Selbstverlag 1982, S. 121

[48] Tewes, S. 21

[49] Cora Stephan, »›Ich küsse Dich mit großer Sehnsucht‹. Wie die Briefe wichtiger wurden als der Alltag: Von der Erfindung der Liebe im Krieg«, in: Die Welt, 7.1.2006

[50] Hartlaub, S. 465 [Paris, Mitte Januar 1941]

[51] Weih, S. 107 ff. In Österreich wurden »die österreichischen – und nur die österreichischen – Soldaten in das österreichische Opferkollektiv integriert. Diese hätten ›in fremde Uniformen gezwängt‹ für eine ›fremde Armee‹ Dienst leisten müssen und wären der ›deutschen Soldateska‹ unterworfen gewesen.« (Alexander Pollak im Österreichischen Rundfunk (ORF); http://science.orf.at/science/news/48866 [2.5.2008])

[52] Böll, 11.5.1943

[53] Böll, 30.10.1943

[54] Böll, 13.5.1943

[55] Böll, 30.1.1943

[56] Klaus Latzel, *Deutsche Soldaten – nationalsozialistischer Krieg? Kriegserlebnis – Kriegserfahrung 1939–1945*, Paderborn 1998, S. 354

[57] Auf der Insel waren etwa 400 serbische und russische Kriegsgefangene. Ragnar Grant Stene, »Hverdag under tyskerne«.

[58] Egil Lerheim, in: Einar Klungnes, *Hverdagskrigen i Rauma*, Otta 1995, S. 269

[59] Tewes, S. 203

[60] Berit Nøkleby, »Festung Norwegen: Kamp eller kapitulasjon?«, in: Aftenposten, 4.5.1985

[61] Seine sehr umfangreichen Aufzeichnungen sind in Auszügen auf Norwe-

gisch erschienen: Johannes Martin Hennig, *En tysk soldats dagbok frå krigen i Nord-Norge*, hg. von Berit Nøkleby, Oslo 2002. Ich zitiere allerdings aus dem ungekürzten Originalmanuskript aus dem Besitz seiner Familie.

[62] Hennig schrieb, die Briefe »hat ein Norweger aufbewahrt und dem Verfasser bereits zwei Jahre nach Kriegsende zugesandt«.

[63] Böll, 29.1.1943

[64] Böll, 14.5.1943

[65] Don und Petie Kladstrup, *Wein und Krieg. Bordeaux, Champagner und die Schlacht um Frankreichs größten Reichtum.* Übers. von D. Zimmer, Stuttgart 2002, S.18

[66] Hugo Claus, »Growing Up in Flanders When the Nazis Came«; Interview in: New York Times, 4.7.1990

Zwischenbemerkung:
Soldaten sind Männer

[1] Sexualität kam in meinen vielen Gesprächen mit ehemaligen Soldaten nur selten zur Sprache; vermutlich spielte eine Rolle, dass ihr Gegenüber – ich – eine Frau im Alter ihrer Kinder war. Es war beispielsweise keiner bereit, mir etwas über obszöne Ausdrücke in der Landsersprache zu erzählen. Wenn sich alte Männer an diesen Aspekt ihrer Militär- und Jugendzeit erinnern, kann es allerdings ganz und gar unerträglich werden: Die Erzählungen triefen entweder vor Greisensentimentalität oder dem Potenzgespreize jener, die selbstverliebt mit ihren (wahren oder phantasierten) Eroberungen prahlen – im schlimmsten Fall beides.

[2] Heinrich Böll, *Briefe aus dem Krieg. 1939–1945*, Köln 2001, 14.7.1942

[3] Kåre Olsen, *Vater: Deutscher. Das Schicksal der norwegischen Lebensbornkinder und ihrer Mütter von 1940 bis heute*, Frankfurt a.M. 2002, S.49

[4] Eine Ahnung von diesen »derben Reden« vermitteln einige Passagen in Felix Hartlaubs Notizen, die der Schriftsteller im besetzten Paris machte. (Felix Hartlaub, »In den eigenen Umriss gebannt«. Kriegsaufzeichnungen, literarische Fragmente und Briefe aus den Jahren 1939 bis 1945, Frankfurt a.M. 2007): »... also jede Frau ist hier zu haben – sone Säue ... jedes Alter. [...] Aber los ist hier was, das muss man zugeben ... Wir haben

327

schon unsern Spass gehabt [...] Angepisst haben wir die ollen V..., kann ich dir sagen, im Dunkeln, die haben's garnicht gemerkt. Da war eine, die alte Sau, die fing dir doch'n Fünfmarkstück mit der V... auf. Aber mein Kamerad und ich, wir haben's mit'm Taschenfeuerzeug angeheizt ... die hat vielleicht geschrieen.« (S.49) An anderer Stelle beobachtet er in der Metro eine, wie er sich ausdrückt, »Orientalin« und zwei Wehrmachtssoldaten. Beim Aussteigen unterhalten sich die beiden: »Dolle Weiber gibt det hier ... Wat war'n det nu wieder für ne Judenschickse?« – »Gloob ick nich. Eher ne Türkin.« – »Nee, die sind kleener. Wohl so ne olle Araberstute.« – »Oll? Die war dir noch keene Dreissig.« – »Machen Punkt! So verbraucht, welk, janz wüst ...« – »Aber doch jarnich so übel nich ... Weeste wat, Maxe, sone jesunde kleene Rassenschande – ick wäre jarnich abjeneigt...« – »Icke bestimmt ooch nicht. Sich so wat über die Eichel stülpen...« (S.67f.)

5 Willy Peter Reese, »*Mir selber seltsam fremd*«. *Die Unmenschlichkeit des Krieges. Russland 1941–44*, München 2003, S.197

6 Reese, S.137

7 Die Prostituierten wurden von der Wehrmacht beschäftigt und bezahlt, die sich somit als deren Zuhälter betätigte. Zwangsprostitution und sexuelle Gewalt durch Wehrmachtsangehörige sind nicht meine Themen. Zugleich finde ich sie viel zu wichtig und zu komplex, um sie nur mit einem knappen Pflichtsatz abzuhandeln. Detaillierte und fundierte Studien hierzu sind: Birgit Beck, *Wehrmacht und sexuelle Gewalt. Sexualverbrechen vor deutschen Militärgerichten 1939–1945*, Paderborn/München/Wien/Zürich 2004; und: Insa Meinen, *Wehrmacht und Prostitution im besetzten Frankreich*, Bremen 2002, deren Bibliographien viele weitere Arbeiten zu diesen und angrenzenden Themen ausweisen.

8 Beck, S.107

9 Bei der Auswahl der Prostituierten für die Wehrmachtsbordelle spielten Aspekte der »Rassenschande« meist keine Rolle. Die SS-Gerichtsbarkeit ist offenbar gar nicht »gegen Fälle des verbotenen Geschlechtsverkehrs mit ›Andersrassigen‹ vorgegangen, da sie sonst schätzungsweise jeden zweiten SS-Mann hätte belangen müssen.« Siehe Beck, S.82

10 Franz Seidler, zitiert in Birthe Kundrus, »Nur die halbe Geschichte, Frauen im Umfeld der Wehrmacht«, in: Rolf-Dieter Müller/Hans Erich Volkmann (Hg.): *Die Wehrmacht: Mythos und Realität*, München 1999

[11] Zitiert bei Beck, S. 105. Das Zitat stammt aus Henry Pickers Aufzeichnungen (Hitlers Tischgespräche im Führerhauptquartier, München 2003), die Birthe Kundrus als »nicht immer zutreffend« bezeichnet. Vgl. Kundrus, »Verbotener Umgang. Liebesbeziehungen zwischen Ausländern und Deutschen 1939–1945«, in: Katharina Hoffmann/Andreas Lembeck (Hg.), *Nationalsozialismus und Zwangsarbeit in der Region Oldenburg*, Oldenburg 1999, S. 149–170

[12] Werner Mork (*1921) aus Kronach, Juli 2004; http://www.dhm.de/lemo/forum/kollektives_gedaechtnis/319/index.html

[13] Meinen, S. 27

[14] Ludger Tewes, *Frankreich in der Besatzungszeit 1940–1943. Die Sicht deutscher Augenzeugen*, Bonn 1998, S. 150

[15] Beck, S. 107

[16] Beck, S. 108. Auf S. 109 heißt es: »Im Juli 1940 [nach der Besatzung Frankreichs] wuchsen die Erkrankungen mit Lues im Feldheer um 170 %, diejenigen mit Gonorrhöe um 100 %.«

[17] Magnus Hirschfeld war Arzt und Begründer des weltweit ersten Instituts für Sexualwissenschaft in Berlin. Die Nationalsozialisten schlossen sein Institut, die Institutsbibliothek und Hirschfelds Bücher wurden bei der großen Bücherverbrennung am 10. Mai 1933 in Berlin mitverbrannt. Hirschfeld, der für die Rechte der Homosexuellen eintrat und selbst homosexuell war, war bereits 1932 nach Frankreich geflohen, wo er 1935 starb.

[18] Zitiert in: http://werner19625.blogspot.com/2007_08_01_archive.html. Dieser nur »Werner« genannte Zeitzeuge ist Jahrgang 1925. Er befand sich Ende 1943 in Belgien an der Grenze zum französischen Maubeuge in Frankreich – damals also 18 Jahre alt.

[19] P. C. Ettighoffer, »Heimat unterm Polarkreis«, in: Deutsche Polarzeitung, Nr. 131, 16. 6. 1943, S. 3. Das Zitat ist leicht gekürzt. Zu dem entsexualisierten Bild der »deutschen Frau in Schwesterntracht« einerseits und der panischen Angst des soldatischen Mannes vor »Frankreichs Dirnen« und »gefangenen Russinnen« andererseits hat niemand Klügeres gesagt und geschrieben als Klaus Theweleit, vor allem in seinem großen Werk *Männerphantasien* (Frankfurt a. M. 1986), aber auch in späteren Büchern.

[20] Ernst Marschall, »Milchgesicht und Panzergerassel. Eine Rückbesinnung, S. 272«, S. 272; http://www.archiv-der-zeitzeugen.com/PDFMarschall_Milchgesicht.pdf

21 Kolland, Dorothea: »Frontmusik«, in: Hanns Werner Heister (Hg.): »Entartete Musik« 1938 – Weimar und die Ambivalenz, Saarbrücken 2001. (Zitiert nach: http://www.kultur-neukoelln.de/texte/FRONTMUSi.pdf) Bei den Auftritten der Fronttheater muss es mitunter wüst zugegangen sein, nur so ist zu erklären, dass Joseph Goebbels im Sommer 1944 verfügte, dass »bei Veranstaltungen der Truppen- und Volksbetreuung ein Absinken des Niveaus in die Bezirke sexueller Geschmacklosigkeiten und ordinärer Zoten keinesfalls geduldet werden kann«. Erlass des Präsidenten der Reichskulturkammer, Joseph Goebbels, vom 20. 7. 1944; zitiert in Kolland, »Frontmusik«.

22 Über Beziehungen zwischen deutschen Frauen und einheimischen Männern, die es natürlich auch gab, ist wenig bekannt. Es waren dem Vernehmen nach nicht viele, aber im Gegensatz zu den einheimischen Frauen, die wegen ihrer Beziehungen zu deutschen Männern verfemt und bestraft wurden, wurde den einheimischen Männern von ihren Landsleuten kein Haar gekrümmt.

23 Jochen Arp, »Eine degoutante Realität«, in: Junge Freiheit Nr. 9/2005 v. 25. 2. 2005; http://www.jf-archiv.de/archiv05/200509022557.htm Die Wochenzeitung Junge Freiheit gilt als Sprachrohr der »Neuen Rechten« bzw. als rechtsextrem. Leider ist es mir nicht gelungen, dieses Zitat in seriöseren Quellen zu verifizieren.

24 Irja Wendisch, *Meine Zeit wird kommen. Dr. Conzelmanns Kriegsjahre in Lappland*, Grevenbroich 2005, S. 228

25 Cora Stephan, »Ich küsse Dich mit großer Sehnsucht«, in: Die Welt, 7. 1. 2006

26 Diese Regelung wurde so streng ausgelegt, dass z. B. Norwegerinnen, die einen Deutschen geheiratet hatten, ihr Heimatland verlassen und zu den Schwiegereltern nach Deutschland umziehen mussten, während ihr Mann allein an ihrem Heimatort zurückblieb.

27 Zitiert bei Dorothee Schmitz-Köster, *Der Krieg meines Vaters. Ein Soldat in Norwegen*, Berlin 2004, S. 241

28 Böll, 13. 12. 1942

29 Johannes Martin Hennig; Nordnorwegen im März 1944, zitiert nach dem mir vorliegenden ungekürzten Originalmanuskript. Eine stark gekürzte Übersetzung erschien vor einigen Jahren in Norwegen: *En tysk soldats dagbok frå krigen i Nord-Norge*, hg. von Berit Nøkleby, Oslo 2002 Kontakte zu Holländerinnen, Norwegerinnen, Däninnen, Schwedinnen,

Finninnen und Fläminnen galten als rassenpolitisch unbedenklich, Beziehungen zu den als »rassisch minderwertig« bezeichneten Russinnen waren verboten.

[30] Birthe Kundrus zitiert entsprechende Auszüge aus offiziellen Berichten der Jahre 1943 und 1944. In: Dies., »Verbotener Umgang«.

[31] Irène Némirovsky, *Suite française*, München 2005, S. 334

[32] Simone de Beauvoir, *Kriegstagebuch 1939–1941*, Reinbek b. Hamburg 1994. S. 416

[33] Marguerite Duras, *Hiroshima Mon Amour*, Frankfurt a. M. 1963, S. 111

[34] Der norwegische Historiker Kåre Olsen kommt in seiner Arbeit über die norwegischen Kinder deutscher Soldaten zu dem Ergebnis, dass etwa 40 Prozent der deutsch-norwegischen Paare, die ein Kind erwarteten, Heiratspläne hatten. (Olsen 2002, S. 143). Dazu auch Ebba D. Drolshagen, *Nicht ungeschoren davonkommen. Das Schicksal der Frauen in den besetzten Ländern, die Wehrmachtssoldaten liebten*, Hamburg 1998; und Drolshagen, *Wehrmachtskinder. Auf der Suche nach dem nie gekannten Vater*, München 2005

[35] Rolf-Dieter Müller, »Liebe im Vernichtungskrieg. Geschlechtergeschichtliche Aspekte des Einsatzes deutscher Soldaten im Russlandkrieg 1941–1944«, in: Frank Becker/Thomas Großbölting/Armin Owzar/Rudolf Schlögl (Hg.), *Politische Gewalt in der Moderne. Festschrift für Hans Ulrich Thamer*, Münster 2003, S. 241; siehe hierzu beispielsweise auch Franz W. Seidler, *Prostitution, Homosexualität, Selbstverstümmelung. Probleme der deutschen Sanitätskriegsführung 1939–1945*, Neckargemünd 1997; Beck 2004, Meinen 2002

[36] Müller 2003, S. 241

VI. Patrioten und Denunzianten, Anpasser und Widerstandskämpfer

[1] Hugo Claus, »Growing Up in Flanders When the Nazis Came«, Interview in: New York Times, 4. 7. 1990

»There was an ecstatic feeling when the Germans first came in. We were close to the French border and the French soldiers drank our red wine, attacked our women and ate all our food. The Germans were disciplined, sang marching songs – they were very exotic enemies. [...], I liked them very much.«

2 Max Hastings, »We would have done the same under Nazi occupation«, in: The Guardian, 25. April 2006; http://www.guardian.co.uk/commentisfree/2006/apr/25/comment.bookscomment

3 Madeleine Bunting, *The Model Occupation. The Channel Islands under German Rule, 1940–1945*, London 1995, S.140

4 Ragnar Grant Stene, »Ord fra en tysk offiser«, in: Måsegget. Lokalavisa i Hasvik kommune; http://www.lokalavisa.no/artikkel.php?aid=33745. Hasvik liegt auf der Insel Sørøy vor Hammerfest. Stene, der das etwa 1976 erlebte, schrieb auch, dass er in seinem Heimatdorf nie erwähnt habe, was der Offizier ihm erzählt hatte.

5 Robert Bohn, *Reichskommissariat Norwegen.* »*Nationalsozialistische Neuordnung*« *und Kriegswirtschaft.* Beiträge zur Militärgeschichte 54, München 2000, S.456

6 Ein norwegisches Buch über die heikle Lage der Polizei während der Besatzungszeit trägt den treffenden Titel »Zwischen Baum und Borke«: Nils Johan Ringdal, Mellom barken og veden. Politiert under okkuasjonen, Oslo 1987

7 Ringdal, S.271

8 Ringdal, S.272

9 Interview mit Ragnar Ulstein, Ålesund/Norwegen; Gespräch Mai 2001

10 Bohn, S.453

11 Kåre Olav Solhjell, *Krigsår i Hallingdal 1940–1945,* Ål 1995, S.131

12 Der im Dritten Reich unglaublich erfolgreiche Roman Und ewig singen die Wälder hatte die Deutschen jedenfalls auf diesen Typ des wortkargen und harten norwegischen Bauern vorbereitet: Der Patriarch des Bauerngeschlechts der Björndals, Dag Björndal, ist ein unbeugsamer, tyrannischer Alter. Vgl. auch Kap. 3, Anm. 14

13 Ruth Weih, Lässt sich Alltag okkupieren? Die norwegische Grenzgemeinde Kirkenes während der deutschen Besatzung 1940–44, Kiel (Magisterarbeit) 1999, S.75. Die Bäuerin löste den Konflikt, indem sie einen norwegischen Polizisten holte und ihm die Verantwortung übertrug. Die norwegische Zivilpolizei war der deutschen Zivilverwaltung unterstellt.

14 Joachim Schröder, »Zivilisten: Zweiter Weltkrieg«, in: Frankreich und Deutschland im Krieg. (18.–20. Jahrhundert). Zur Kulturgeschichte der europäischen »Erbfeindschaft«. Ein gemeinsames Forschungsprojekt der

Historischen Seminare der TU Braunschweig und der HHU Düsseldorf, 2006

[15] Hastings, »We would have done the same under Nazi occupation«.

[16] Rut Brandt, Freundesland. Erinnerungen, Hamburg 1992, S. 36

[17] Gespräch mit Rut Brandt in Oslo im Mai 1997

[18] Die Eltern der Schüler unterstützten sie in ihrer Weigerung, so dass schließlich die Pläne für eine gleichgeschaltete Lehrerorganisation aufgegeben werden mussten.

[19] »Die Studenten wurden besser behandelt als andere Gefangene. Sie sollten nicht geschunden, sondern als ›wertvolles Menschenmaterial‹ zu guten Germanen umerzogen werden. Das misslang, und trotz der Ausnahmebehandlung starben 17 Studenten.« Stichwort studentene; Norsk Krigsleksikon 1940–1945, Oslo 1995

[20] Siehe Ebba D. Drolshagen, *Nicht ungeschoren davonkommen. Das Schicksal der Frauen in den besetzten Ländern, die Wehrmachtssoldaten liebten,* Hamburg 1998

[21] Schröder, »Zivilisten: Zweiter Weltkrieg«

[22] Gabriele Kalmbach (Hg.), *Paris 1940–1944,* Berlin 1993, S. 177. Geert Mak bezeichnet den Maquis als »Räuberbanden mit moralischem Anspruch«, denen im Herbst 1943 geschätzte fünfzehntausen Mann angehörten. Vgl.: Geert Mak, *In Europa. Eine Reise durch das 20. Jahrhundert.* Übers. v. A. Ecke und G. Seferens. München 2005, S. 583 f.

[23] Ludger Tewes, *Frankreich in der Besatzungszeit 1940–1943. Die Sicht deutscher Augenzeugen,* Bonn 1998, S. 297

[24] Tewes, S. 345

[25] Tewes, S. 87

[26] Kalmbach, S. 93; Tewes S. 86 f.

[27] Heinrich Böll, *Briefe aus dem Krieg. 1939–1945,* Köln 2001, 7. 12. 1942

[28] So Martin Moll in einer Rezension von Robert Bohns Reichskommissariat Norwegen. »Nationalsozialistische Neuordnung« und Kriegswirtschaft; in: eForum zeitGeschichte Februar 2001 http://www.eforum-zeitgeschichte.at/moll01.html (URL 10. 1. 2007)

[29] Martin Moll in der Rezension von Robert Bohn.

[30] Bohn, S. 233 f.

[31] Bohn nennt »noch keine 500 Arbeitskräfte«, denen »ein Bedarf bei OT [Organisation Todt], Wehrmacht und Reichkommissariat von 22 000 Arbeitskräften« gegenüberstand. (Bohn, S. 238)

[32] Bohn, S. 240

[33] Bohn, S. 242

[34] Bohn, S. 243

[35] Weih, S. 43. Die Flucht nach Schweden war – jedenfalls an manchen Grenzabschnitten – nicht so gefahrvoll, wie es heute klingen mag. Ein Zeitzeuge, der in einem Dorf 30 Kilometer westlich von Oslo und etwa 10 Kilometer von der schwedischen Grenze entfernt aufwuchs, berichtete in seinen Kriegserinnerungen, mit den richtigen Papieren habe man am helllichten Tag mit einem Taxi von seinem Heimatort in den nächsten Ort fahren können. Dort sei man in das Taxi eines bestimmten Taxifahrers eingestiegen und bis zum letzten Bauernhof auf norwegischer Seite gefahren. Einen Kilometer weiter lag der erste Hof auf schwedischer Seite. Man habe auf die Grenzpolizei aufpassen müssen, aber das sei immer gutgegangen.

[36] Ragnar Ulstein, *Småsamfunn i storkrig*. Oslo 1980, S. 94

[37] Ragnar Grant Stene, der das 2007 schrieb, war 1940 fünf Jahre alt.

[38] Wie viele Kriegsgefangene in Norwegen zu Tode kamen, lässt sich nicht mehr genau feststellen. Siehe hierzu: Dirk A. Riedel, »Die SS-Inspektion z. B. V. in Norwegen. Nationalsozialistische Täter in den Gefangenenlagern für jugoslawische Partisanen«, in: Timm C. Richter (Hg.), *Krieg und Verbrechen. Situation und Intention: Fallbeispiele*, München 2006.

[39] Der Vater des Journalisten Dieter Zimmer war einer dieser KZ-Gefangenen. Zimmer hat das Schicksal seines Vaters und dieser Gefangenen in einem bewegenden Artikel geschildert. Was er beschreibt, sprengt den Rahmen meines Themas, ich möchte aber wenigstens eine Passage daraus zitieren, vor allem wegen des Hinweises auf die Wehrmacht. »Ich habe nachgelesen, wie es zuging auf dem Transport der Strafgefangenen nach Norwegen. Sie wurden in Stettin in den Bauch eines Frachters verladen. Dort unten blieben sie bis zu ihrer Ankunft am Eismeer. Man gab ihnen verdorbene Lebensmittel. Sie litten entsetzlich unter Durchfall und Erbrechen. Man verwehrte ihnen, an die frische Luft zu gehen. Man verwehrte ihnen sogar, ihre beschmutzte Kleidung zu waschen. Man ließ sie in bestialischem Gestank vegetieren. Man warf ihnen altbackenes Brot in den Kot und ergötzte sich daran, daß sie sich darum balgten, um nicht zu verhungern. Ich sagte ›man‹: Das waren, wohlgemerkt, keine SS- oder SA-Horden, sondern Offiziere und Soldaten der Deutschen Wehrmacht und Beamte der deutschen Justiz. Sie hatten, das ist heute kein Geheimnis

mehr, einen Heidenspaß daran, ›Unwürdigen‹ den letzten Rest menschlicher Würde zu nehmen.« Dieter Zimmer, »Besuch bei Hans«. In: taz, 7.5.2005. Vgl. auch: http://www.taz.de/index.php?id=archivseite&dig=2005/05/07/a0301

[40] Vgl. hierzu Fußnote 38 und die dort zitierte Arbeit von Dirk A. Riedel.

[41] Der Schriftsteller Espen Søbye hat die Geschichte dieser Deportationen und die Verwicklungen der Norweger in die Ermordung ihrer jüdischen Mitbürger am Beispiel einer Fünfzehnjährigen namens Kathe Lasnik geschildert, die mit ihren Eltern nach Auschwitz deportiert und dort ermordet wurde. Das bewegende Buch ist auch auf Deutsch erschienen: Espen Søbye, Kathe – Deportiert aus Norwegen. Übers. von U. Englert. Berlin 2008

[42] Wolfgang Proissl, »Vichy vor Gericht«. In: Die Zeit, 45/1997

[43] Diese Informationen basieren auf der Arbeit von Alexander Neumann (Freiburg); zitiert in Oliver von Wrochem, »Zwischen Anpassung, Kollaboration und Widerstand: Loyalitäts- und Legitimitätskonflikte im Zweiten Weltkrieg«, Tagungsbericht, 17.6.2005–18.6.2005, Hamburg

[44] Der Jurist Theodor Steltzer gehörte dem Kreisauer Kreis des deutschen Widerstandes an. Im August 1944 wurde er als Mitattentäter des 20. Juli verhaftet und zum Tode verurteilt. Er überlebte den Krieg und wurde der erste Ministerpräsident des Landes Schleswig-Holstein.

[45] Dieser Zeitzeuge vermerkt auch im Dezember 1942 in seinem Tagebuch: »Wenn uns bloß die Amerikaner nicht noch besiegen, weil sie den Einstein haben!«

[46] Mein Gesprächspartner war zeitlebens davon überzeugt, dass es sein Hinweis war, der dazu führte, dass die britische Luftwaffe in der Nacht vom 17. auf den 18. August 1943 die Heeresversuchsanstalt Peenemünde bombardierte.

[47] Nachdem die schwedischen Behörden bei Gewährsleuten des norwegischen Widerstands Auskünfte über ihn eingeholt hatten, durfte er in Schweden bleiben. Darüber, ob und nach welchen Kriterien die Schweden deutsche Deserteure zurückschickten, gibt es widersprüchliche Angaben. Wäre er den Deutschen in die Hände gefallen, wäre er vermutlich entweder an die Front strafversetzt oder hingerichtet worden. Solche Todesurteile wurden beispielsweise von dem Marinerichter Dr. Hans Filbinger gefällt, der nach dem Krieg das Amt des baden-württembergischen Minis-

terpräsidenten bekleidete. Er »hatte am Todesurteil gegen den Deserteur Gröger vom 16. Januar 1945 als Vertreter der Anklage mitgewirkt, und er war ›Leitender Offizier‹ des Exekutionskommandos, das den 22-jährigen Gröger im März 1945 erschoss.« Zwei weitere Todesurteile hatte »Filbinger in der Schlussphase des Krieges selbst gefällt. Betroffen waren Deserteure, die sich erfolgreich nach Schweden hatten absetzen können. Filbinger sprach aufgrund dieses Tatbestandes von ›Phantomurteilen‹, womit er ausdrücken wollte, dass die Todesurteile nicht vollstreckt werden konnten – was ja nichts an der Tatsache ändert, dass es sich um von Filbinger gefällte Todesurteile handelte.« Vgl. Wolfram Wette, »Der Fall Filbinger«, Vortrag im Rahmen der Veranstaltung Was Unrecht war, kann nicht Recht sein!, 14. 9. 2003, im Saal des Historischen Kaufhauses in Freiburg i. Br.

[48] Dieser Abschnitt über die Wirtschaftsbelastungen folgt Robert Bohns Ausführungen über Norwegens Kriegswirtschaft (Bohn 2000, S. 460 f.).

[49] Bohn, S. 460

[50] Zuwiderhandlung wurde mit drei Jahren Zuchthaus und mit bis zu 100 000 Kronen Bußgeld bestraft.

[51] Martin Moll in der Rezension von Robert Bohn.

VII. Das Ende der Besatzungsgesellschaft

[1] Jean-Paul Sartre, »Ein Spaziergänger im aufständischen Paris«, in: Gabriele Kalmbach (Hg.), *Paris 1940–1944*, Berlin 1993, S. 234 ff.

[2] Kalmbach, S. 234

[3] Jean-Paul Sartre, *Paris unter der Besatzung. Artikel und Reportagen 1944–1945*, hg. v. Hanns Grössel, Reinbek b. Hamburg 1980, S. 31

[4] Misshandlungen und Liquidationen der Widerstandsbewegungen während der Kriegsjahre wurden nach dem Krieg nicht wieder aufgerollt und untersucht. Jahrzehnte nach Kriegsende wurde die Rechtmäßigkeit solcher Aktionen in einigen europäischen Ländern zum Gegenstand von Kontroversen zwischen Historikern der Kriegsgeneration und jüngeren Kollegen.

[5] Ragnar Grant Stene, »Hverdag under tyskerne«, in: Måsegget, 27. 6. 2007

[6] Asbjørn Jaklin, *Nordfronten. Hitlers skjebneområde*, Oslo 2006, S. 283 und 291

[7] Bis zum 1. Mai 1945 wurden ferner gehalten: »die Niederlande, Dänemark, Böhmen und Mähren (Heeresgruppe Mitte mit etwa 1,2 Millionen Mann), das Baltikum (Heeresgruppe Kurland), die Halbinsel Hela (Armee Ostpreußen), die (...) ›Festungen‹ Breslau, Dünkirchen, Lorient und LaRochelle, dazu die Kanalinseln, Kreta und Rhodos.« Aus: Unterzeichnung der Kapitulationsurkunde in Berlin-Karlshorst 8./9. Mai 1945«; http://www. bundesarchiv.de/aktuelles/aus_dem_archiv/galerie/00120/index.html. Darüber hinaus stand die Heeresgruppe C mit etwa einer Million Mann in Norditalien, die 12. Armee in Brandenburg, und in Berlin kämpften die Truppen unter dem Kampfkommandanten von Berlin (vgl. die zitierte Internetquelle).

[8] Diese Fälle erlangten eine düstere Berühmtheit, weil Marinestabsrichter Dr. Hans Karl Filbinger einen der Flüchtigen in Abwesenheit zum Tode verurteilte. Siehe: Matthias Bartsch u. a., »Pathologisch gutes Gewissen«, in: Der Spiegel, 16/2007, 16. 4. 2007, S. 36 f.; vgl. auch Kap. 6, Anm. 47

[9] »Im Frühjahr 1945 hatte es in einem der letzten Stimmungsberichte aus dem ›Dritten Reich‹ geheißen: ›Viele gewöhnen sich an den Gedanken, Schluss zu machen. Die Nachfrage nach Gift, nach einer Pistole oder sonstigen Mitteln, dem Leben ein Ende zu bereiten, ist überall groß. Selbstmorde aus echter Verzweiflung über die mit Sicherheit zu erwartende Katastrophe sind an der Tagesordnung.‹ Über die Zahl und die Verteilung der Selbstmorde im deutschen Machtbereich bei Kriegsende gibt es keine zusammenfassende Arbeit. Sicher ist, dass nicht alle diese Verzweiflungstäter eingefleischte Nationalsozialisten gewesen waren.« Bernd-A. Rusinek, »Ende des Zweiten Weltkriegs lokal, regional, international. Forschungsstand und Perspektiven«, in: Ders. (Hg.), *Kriegsende 1945. Verbrechen, Katastrophen, Befreiungen in nationaler und internationaler Perspektive*, Göttingen 2004

[10] Klaus Harpprecht, » Gab es Nazis überhaupt jemals? 1945 oder die Entdeckung der deutschen Leere«, in: Die Zeit, 19/2005

[11] Die »Wunderwaffe« V2 wurde zum ersten Mal im November 1944 im Wehrmachtsbericht erwähnt.

[12] Irja Wendisch, *Meine Zeit wird kommen. Dr. Conzelmanns Kriegsjahre in Lappland,* Grevenbroich 2005, S. 175 ff.; Brief vom August 1944

[13] Kurz vor Mitternacht des 8. 5., genauer: eine halbe Stunde vor Inkrafttreten der Kapitulation, sprengte sich der Reichskommissar für die besetzten norwegischen Gebiete Josef Terboven selbst in die Luft. Dieses spektaku-

läre Ende der deutsche Besatzung Norwegens wurde von keinem (!) meiner Zeitzeugen, ob Deutsche oder Norweger, auch nur erwähnt, und es findet sich auch in keiner der mir vorliegenden privaten Aufzeichnungen.

[14] Norges Krigsleksikon, das renommierteste Nachschlagewerk zu den Kriegsjahren in Norwegen, vermerkt zu dieser Übergabe: »Nichterlein, der damit zum Symbol für die deutsche Niederlage wurde, war eigentlich ein sympathischer Mann – zu seiner Zeit ein international anerkannter Pianist und ein persönlicher Freund von Albert Schweitzer.«

[15] Kåre Olav Solhjell, *Krigsår i Hallingdal*, Ål 1995, S.438

[16] Einige Baracken wurden an Ortsansässige versteigert. Schärft man den Blick dafür, sieht man sie in Norwegen noch heute überall. An Stellen mit guter Fernsicht, die militärisch wichtig waren – das sind natürlich sehr begehrte Grundstücke –, steht oft noch eine dieser Baracken, die durch An- und Umbauten verändert und den Bedürfnissen der Bewohner angepasst wurden. Man findet sie auch als Nebengebäude in Schulen, Arbeiterunterkünften usw.

[17] Solhjell, S.440

[18] Der Major habe später in Hamburg eine große Radiohandlung gehabt und seine Geliebte als Hausangestellte zu sich nach Hause geholt.

[19] Das fliegende Personal erhielt den ganzen Krieg über Sonderzuteilungen, aber ob diese Schätze alle daher stammten, erwähnte er nicht.

[20] Christina von Braun, *Stille Post. Eine andere Familiengeschichte*, Berlin 2007, S.169

[21] Nicht nur Sieger und Befreite markierten das Ende des Krieges mit Sex. Richard Baier, Nachrichtensprecher beim »Großdeutschen Rundfunk« in Berlin, berichtete, als am 28. April die Rote Armee am Berliner Alexanderplatz stand, habe im Funkhaus Weltuntergangsstimmung geherrscht. »Es wird getrunken und geliebt. Beim Gang durch das Funkhaus entdeckt Baier zwei Kolleginnen beim Liebesspiel mit vier Männern.« http://www.arte.tv/de/geschichte-gesellschaft/archivs/ Die-letzte-Schlacht/836068,CmC=836676.html

[22] Vgl. Fabrice Virgili, *La France »virile« – des femmes tondues à la Libération*. Paris 2000 (engl. *Shorn Women. Gender and Punishment in Liberation France*. Übers. von J. Flower. London 2002); Anette Warring, *Tyskerpiger – Under besættelse og retsopgør*. Kopenhagen 1994; Kåre Olsen, *Vater: Deutscher. Das Schicksal der norwegischen Lebensbornkinder und ihrer Mütter von 1940 bis heute*. Übers. v. E. Drolshagen. Frankfurt a. M.

2002; Ebba D. Drolshagen, *Nicht ungeschoren davonkommen. Das Schicksal der Frauen in den besetzten Ländern, die Wehrmachtssoldaten liebten,* Hamburg 1998

23 Willy Brandt: »40 Jahre Deutsch-Norwegische Beziehungen«, in: Deutsch-Norwegische Gesellschaft (Hg.), 1949–1989: 40 Jahre Deutsch-Norwegische Beziehungen; Oslo 1989, S.18–31

24 Dies ist auch der Titel eines Buches über die Kollaboration in den Niederlanden. Vgl. Nanda van der Zee, »Um Schlimmeres zu verhindern ...« *Die Ermordung der niederländischen Juden: Kollaboration und Widerstand,* übers. von Bram Opstelten, München 1999

25 Rusinek, S.12

26 Einhart Lorenz, »Norwegen – Land der Kollaborateure?« Sendung im 1. Programm des Hessischen Rundfunks im Rahmen der Serie »Kollaboration und Nationalsozialismus in Europa 1938–1945«, 11.1.1989. Einhart Lorenz war zum Zeitpunkt der Sendung Leiter des norwegischen Arbeiterarchivs. In Norwegen wurden dreißig Landesverräter zum Tode verurteilt, die letzten fünf Verurteilten wurden im August 1948 zu lebenslanger Haft begnadigt, weil es zu schwierig geworden war, ein freiwilliges Exekutionskommando für sie zusammenzustellen. Aus: Sunnmørsposten, Sonderbeilage zum Kriegsende, 1995, S.42

27 Robert Bohn, *Reichskommissariat Norwegen. »Nationalsozialistische Neuordnung« und Kriegswirtschaft.* Beiträge zur Militärgeschichte 54, München 2000, S.260, Fußnote 466

28 Bohn, S.271

29 Entbehrlich waren auch die Frauen, die aktiv am militärischen und zivilen Widerstand teilgenommen hatten. Ihre Leistungen und Taten wurden nach der deutschen Kapitulation systematisch verschwiegen. Heroisiert wurde ausschließlich der männliche Widerstandskämpfer. Siehe hierzu insbesondere Claudia Lenz, Haushaltspflicht und Widerstand. Erzählungen norwegischer Frauen über die deutsche Besatzung 1940–1945 im Lichte nationaler Vergangenheitskonstruktionen, Tübingen 2003

30 Solhjell, S.176

31 Der 17.-Mai-Umzug bedeutet den Norwegern traditionell sehr viel. Zudem war dies der erste seit fünf Jahren.

32 Einar Klungnes, Hverdagskrigen i Rauma, Otta 1995, S.257. Der Ort ist vermutlich Åndalsnes.

33 »Der sowjetische Staatschef Stalin ließ eine große Zahl aus der deutschen

Kriegsgefangenschaft entlassener oder befreiter Sowjetsoldaten nach ihrer Rückkehr als Häftlinge in die Zwangsarbeitslager des Gulag verbringen, da in Gefangenschaft geratene Rotarmisten generell als Verräter und Feiglinge angesehen wurden. Es war den Rotarmisten verboten, sich in Kriegsgefangenschaft zu begeben. Stalin machte selbst bei seinem Sohn keine Ausnahme.« Wikipedia, Stichwort »Kriegsgefangene im Zweiten Weltkrieg«. [11. April 2008]

[34] Solhjell, S.446f. Zitiert wird aus der Lokalzeitung Hallingdølen.

[35] Auch in Dänemark mussten deutsche Soldaten »die 1,5 Millionen Minen Quadratmeter für Quadratmeter mit der Hand« räumen, »obwohl dieser Akt der Vergeltung gegen die Genfer Konvention verstieß«. Die deutschen Soldaten erhielten aber »nicht der Status von Kriegsgefangenen. Die Führer der alliierten Streitkräfte nannten sie um in ›entwaffnete feindliche Streitkräfte‹. Damit verloren sie alle Rechte, die Kriegsgefangene aufgrund der Genfer Konvention zustehen.« Die Ernährung war katastrophal, abends ließ man die Soldaten über das Terrain gehen, das sie tagsüber geräumt hatten. Die Soldaten nannten das ›den Todesmarsch‹. In Dänemark starben etwa 250 Soldaten, in Norwegen mindestens 179, eine nicht bekannte Anzahl wurde schwer verletzt. Zitiert nach: Dänemark – Minensuche an der Westküste, SWR, 27.5.2008; http://www.wissen.swr.de/sf/php/02_sen01.php?sendung=7434

[36] Rusinek, S.12

[37] Nach dem im Krieg geltenden Familienrecht verloren Norwegerinnen, die einen Ausländer heirateten, ihre norwegische Staatsbürgerschaft erst bei der Ausreise. Um aber alle Frauen ausbürgern zu können, die einen Angehörigen der Besatzungsmacht geheiratet hatten, wurde das Gesetz bei Kriegsende mit nachträglicher Wirkung und nur für diese Ehen dahingehend geändert, dass die Staatsbürgerschaft mit der Eheschließung erlosch. Da nach der Kapitulation alle deutschen Staatsangehörigen das Land verlassen mussten, mussten auch diese Frauen ausreisen – und zwar selbst dann, wenn sie verwitwet oder geschieden waren. Siehe Drolshagen 1998; Olsen 2002

[38] Näheres über die Geliebten der Wehrmachtssoldaten und deren Kinder: Olsen 2002, Drolshagen 1998, Ebba D. Drolshagen, *Wehrmachtskinder. Auf der Suche nach dem nie gekannten Vater*, München 2005

[39] Rusinek, S.12

VIII. ... dann kommt die Moral
(Nachkrieg)

[1] Mythen der Nationen hieß eine Ausstellung, die 2004/2005 im Deutschen Historischen Museum in Berlin gezeigt wurde. Thema war die Frage, wie sich Europa, USA und Israel an den Zweiten Weltkrieg, an Völkermord und Vertreibung erinnern. Zur Ausstellung erschienen zwei umfangreiche Begleitbände.

[2] Der Ruf der Sowjetunion in Westeuropa sollte sich allerdings sehr schnell ändern, aber das ist ein anderes Thema. In den seither vergangenen Jahrzehnten sind die Kategorien »gut« und »böse« allerdings durcheinandergeraten. In den »90-er Jahren ergab eine Umfrage des [US-amerikanischen] National Council for History Education, dass 40 Prozent der Studenten glauben, die USA hätten während des Zweiten Weltkriegs auf der Seite der Deutschen gegen die Sowjetunion gekämpft«. Internettext auf arte zum amerikanischen Dokumentarfilm *The War;* http://www.arte.tv/de/geschichte-gesellschaft/The-War/1935126.html

[3] Zitiert in: Klaus Harpprecht, »Gab es Nazis überhaupt jemals? 1945 oder die Entdeckung der deutschen Leere«, in: Die Zeit, 19/2005, 4. 5. 2005

[4] Der Auschwitz-Prozess verdankt sich der Beharrlichkeit eines einzigen Mannes: Generalstaatsanwalt Fritz Bauer, der Ende der fünfziger Jahre gegen den Widerstand der Justizbehörden die Prozesse gegen die Täter von Auschwitz durchsetzte.

[5] Reinhart Koselleck, »Differenzen aushalten und die Toten betrauern. Der Mai 1945 zwischen Erinnerung und Geschichte«, in: Neue Zürcher Zeitung, 14. Mai 2005

[6] Harald Welzer u. a., »*Opa war kein Nazi.*« *Nationalsozialismus und Holocaust im Familiengedächtnis,* Frankfurt a. M. 2002, S. 103 f.

[7] Eric Hobsbawm, *Zeitalter der Extreme. Weltgeschichte des 20. Jahrhunderts,* München 1997, S. 211

[8] Die Geschichtsbilder im Osten Europas waren und sind völlig andere. Umfassende Informationen hierzu finden sich in dem zweibändigen Katalog zur Ausstellung Mythen der Nationen. 1945 – Arena der Erinnerungen. Vgl. Kap. 7, Anm. 1

[9] Hobsbawm, 1997

[10] Seppo Hentilä (Helsinki). Zitiert im Tagungsbericht »Deutschland – Skan-

dinavien. Vergangenheitspolitik und Erinnerungskulturen im Schatten der Kriegserfahrungen (1940–1945)«, 18.5.2007–19.5.2007, Kiel, in: H-Soz-u-Kult, 17.6.2007; [http://hsozkult.geschichte.hu-berlin.de/tagungsberichte/id=1607]

11 Der Film Flammen & Citron (Tage des Zorns) hatte in Dänemark in den ersten drei Tagen 100 000 Besucher. Max Manus lockte binnen eines Monats eine Million Norweger ins Kino, das ist über ein Fünftel der Gesamtbevölkerung.

12 »Des Parisiens sous l'Occupation, photographies et débats«; http://www.paris.fr/portail/Culture/Portal.lut?page_id=145&document_type_id=2&document_id=50952&portlet_id=11706 [URL16.5.2006]

13 Das lag nicht nur an den harmlosen Motiven, es hatte auch technische Gründe: Zum einen sind es Farbbilder, die allein aufgrund ihrer Farbigkeit eine größere Lebendigkeit haben und somit eine völlig andere emotionale Botschaft transportieren als die bekannten Schwarzweißbilder dieser Zeit. Zum anderen scheint auf allen Bildern die Sonne, weil die frühen Farbfilme viel Licht brauchten. Bei der Kontroverse um die Ausstellung ging es (auch) um die Frage, ob Fotografien eine verlässliche historische Quelle sind. Vielleicht beschert sie Frankreich eine ähnliche Grundsatzdiskussion um Stellenwert und Wahrheitsgehalt von historischen Fotografien, wie sie die Ausstellung Verbrechen der Wehrmacht Ende der neunziger Jahre in Deutschland ausgelöst hat.

14 Jean-Paul Sartre, *Paris unter der Besatzung. Artikel und Reportagen 1944–1945*, hg. v. Hanns Grössel, Reinbek b. Hamburg 1980, S. 39

15 Sehr bald nach dem Krieg begann man in Norwegen, »Okkupationszeit« und »norwegischer Widerstandskampf« nahezu gleichzusetzen. Ein besonders schlagendes Beispiel hierfür ist der Titel eines Buches über den Kriegsalltag in der Stadt Ålesund. Er lautet Der stumme Widerstand (Den tause motstand).

16 Dorothee Schmitz-Köster, *»Liebe Mutter, hier ist es wunderschön…«. Als deutscher Soldat in Norwegen*. Feature für Radio Bremen, 2001

17 Zur romantischen Liebe als einzig legitimer Begründung für den »Landesverrat der Frauen«, siehe Ebba D. Drolshagen, *Nicht ungeschoren davonkommen. Das Schicksal der Frauen in den besetzten Ländern, die Wehrmachtssoldaten liebten*, Hamburg 1998

18 Klaus Naumann in Dieter Dowe (Hg.), »Mein Vater war doch kein Verbrecher – und doch hat er einem verbrecherischen Regime gedient«. Podi-

umsdiskussion des Gesprächskreises Geschichte der Friedrich-Ebert-Stiftung in Bonn am 16. November 1998, Bonn 1999; http://www.fes.de/fulltext/historiker/00525002.htm

[19] Thomas Hettche, »Was ist schweizerisch? Afrika«, in: Neue Zürcher Zeitung, 10. 5. 2008

Nachbemerkung – Alte Männer waren Soldaten

[1] Die einzige Ausnahme bildeten Berichte von jenen Wehrmachtsangehörigen, die in der Arktis an Kriegshandlungen beteiligt waren. Es wird oft vergessen, dass dort der nördlichste Zipfel der Ostfront verlief.

[2] Heinz Orlowski war am 9. Februar 1945 in einer Luftschlacht mit englischen Bombern in Westnorwegen abgeschossen worden und hatte überlebt. Seine Maschine, eine Focke-Wulf 190 mit dem Namen Weiße Eins, wurde geborgen und im Texas Air Museum restauriert. Sie ist eine von nur fünf erhaltenen Maschinen der ehemals 20000 gebauten FW 190. Der Film begleitete Orlowski nach Texas, wo er nochmals in das Cockpit der Maschine stieg.

[3] Zitiert in: Geert Mak, *In Europa. Ein Reise durch das 20. Jahrhundert.* Übers. v. A. Ecke und G. Seferens. München 2005, S. 111 f.

[4] A. J. Liebling, *Mollie and Other War Pieces,* University of Nebraska Press 2004, S. 9

[5] Ich wäre sicher besser darauf vorbereitet gewesen, wenn ich beizeiten Ernst Jünger gelesen hätte.

[6] Zitiert in Martin Ebel, Wenn Geschichte spricht. 1000 Seiten Europa: Geert Mak plädiert mitreißend für einen geistig offenen Kontinent; in: Die Welt, 14. 01 2006

[7] England galt den meisten deutschen Soldaten als der »wahre« Feind, englandfeindliche Äußerungen der Zivilbevölkerung wurden sehr gern zitiert. Um nur ein Beispiel anzuführen: »Viele Franzosen dachten damals über die Engländer erbost: ›Zuerst drängten sie uns zur Kriegserklärung, dann ließen sie uns im Stich.‹« Ludger Tewes, *Frankreich in der Besatzungszeit 1940–1943. Die Sicht deutscher Augenzeugen,* Bonn 1998, S. 324

[8] Armin Lang, »Norwegen als unbewusstes Problem: Bemerkungen zum deutsch-norwegischen Verhältnis im ersten Jahrzehnt nach dem Zweiten

Weltkrieg«, in: Tom Kristiansen (Hg.), *Tysklandsbrigaden. Fra okkupasjon til samarbeid,* Oslo 1998 [Die norwegische Deutschlandbrigade. Von der Okkupation zur Kooperation]. Alle Aufsätze zweisprachig auf Norwegisch und Deutsch. Vgl. auch http://www.tysklandsbrigaden.no, dort den Link Publikasjoner [URL Januar 2008]

9 Ruth Weih, *Lässt sich Alltag okkupieren? Die norwegische Grenzgemeinde Kirkenes während der deutschen Besatzung 1940–44,* Kiel (Magisterarbeit) 1999, S.117

10 Ich danke Brigitte Rauch, die mir davon erzählt hat.

11 Kriegserinnerungen von Dr. Walther Ludwig; http://www.dhm.de/lemo/forum/kollektives_gedaechtnis/457/index.html [URL November 2007]

12 Erhard Eppler in Dieter Dowe (Hg.), »Mein Vater war doch kein Verbrecher – und doch hat er einem verbrecherischen Regime gedient«. Podiumsdiskussion des Gesprächskreises Geschichte der Friedrich-Ebert-Stiftung in Bonn am 16. November 1998, Bonn 1999; http://www.fes.de/fulltext/historiker/00525002.htm

13 Zu Tagebüchern und Briefen, insbesondere Feldpostbriefen als Quelle der historischen Forschung siehe z. B. Klaus Latzel, *Deutsche Soldaten – nationalsozialistischer Krieg? Kriegserlebnisse – Kriegserfahrung 1939–1945,* Paderborn 1998. Zum autobiographischen Gedächtnis siehe z. B. Welzer u. a., »*Opa war kein Nazi.« Nationalsozialismus und Holocaust im Familiengedächtnis,* Frankfurt a. M. 2002

14 In ihrem herausragenden Buch *Der Krieg meines Vaters* (Berlin 2004) schildert Dorothee Schmitz-Köster anschaulich eine solche sentimentale Reise in die Vergangenheit, die ihr Vater 1971 – auf den Spuren seines Krieges – mit der ganzen Familie nach Norwegen unternahm.

15 Dowe 1999

16 Harald Welzer, »Die ewigen Rechthaber. Gutmenschen, Moralisten und verfolgende Unschuldslämmer«, in: taz, 5.9.2006

Literatur

Nicht nachgewiesene Zitate stammen aus meinen Gesprächen mit Zeitzeugen sowie aus unveröffentlichten Tagebüchern und Briefwechseln, die mir als Leihgaben oder als Kopien vorlagen. Ebenfalls nicht mit ihrer Quelle nachgewiesen sind Zitate aus privaten Kriegserinnerungen, die im Internet zugänglich sind.

Beck, Birgit: *Wehrmacht und sexuelle Gewalt. Sexualverbrechen vor deutschen Militärgerichten 1939–1945*, Paderborn/München/Wien/Zürich 2004

Böll, Heinrich: *Briefe aus dem Krieg. 1939–1945*, hg. von Jochen Schubert, Köln 2001

Bohn, Robert: *Reichskommissariat Norwegen.* »*Nationalsozialistische Neuordnung« und Kriegswirtschaft* (Beiträge zur Militärgeschichte 54), München 2000

Browning, Christopher R.: *Ganz Normale Männer. Das Reserve-Polizeibataillon 101 und die »Endlösung« in Polen*, übers. von J. P. Krause, Reinbek b. Hamburg 1996 (erweiterte Taschenbuchausgabe 1999)

Bunting, Madeleine: *The Model Occupation. The Channel Islands under German Rule, 1940–1945*, London 1995

Dowe, Dieter (Hg.): »Mein Vater war doch kein Verbrecher – und doch hat er einem verbrecherischen Regime gedient«. Podiumsdiskussion des Gesprächskreises Geschichte der Friedrich-Ebert-Stiftung in Bonn am 16. November 1998, Bonn 1999; http://www.fes.de/fulltext/historiker/00525002.htm

Drolshagen, Ebba D.: *Nicht ungeschoren davonkommen. Das Schicksal der Frauen in den besetzten Ländern, die Wehrmachtssoldaten liebten*, Hamburg 1998

Drolshagen, Ebba D.: *Wehrmachtskinder. Auf der Suche nach dem nie gekannten Vater*, München 2005

Duras, Marguerite: *Hiroshima Mon Amour,* übersetzt von W. M. Guggenheimer, Frankfurt a. M. 1963

Eriksen, Anne: *Det var noe annet unter krigen. 2. verdenskrig i norsk kollektivtradisjon,* Oslo 1995

Flanner, Janet: *Paris, Germany. Reportagen aus Europa 1931–1950,* zusammengestellt von Klaus Blanc, übers. von Angelika Felenda, München 1992

Gildea, Robert: *Marianne in Chains. Daily Life in the Heart of France during the German Occupation,* New York 2002

Hartlaub, Felix: »*In den eigenen Umriss gebannt*«. *Kriegsaufzeichnungen, literarische Fragmente und Briefe aus den Jahren 1939 bis 1945,* hg. v. Gabriele Lieselotte Ewenz, Frankfurt a. M. 2007

Heer, Hannes/Naumann, Klaus (Hg.): *Vernichtungskrieg. Verbrechen der Wehrmacht 1941–1944,* Hamburg 1995

Helms, Heinrich: »*Nun gute Nacht, meine Lieben!*« *Briefe aus dem Zweiten Weltkrieg,* hg. von Siegmund Helms, Münster 2006; http://www.archiv-der-zeitzeugen.com/PDFHelms_GuteNacht.pdf

Hennig, Johannes Martin: *En tysk soldats dagbok frå krigen i Nord-Norge,* hg. von Berit Nøkleby, Oslo 2002. [Ich zitiere allerdings aus dem ungekürzten Manuskript, das mir von Pastor Hennigs Sohn überlassen wurde. Die norwegische Übersetzung ist eine stark gekürzte Auswahl dieser Tagebücher und Briefe.]

Hoem, Edvard: *Die Geschichte von Mutter und Vater,* übers. v. Ebba D. Drolshagen, Frankfurt a. M. 2007

Humburg, Martin: *Das Gesicht des Krieges. Feldpostbriefe von Wehrmachtssoldaten aus der Sowjetunion 1941–1944,* Wiesbaden 1998

Jaklin, Asbjørn: *Nordfronten. Hitlers skjebneområde,* Oslo 2006

Junila, Marianne: »Relationerna mellan de tyska soldaterna och den finska civilbefolkningen i norra Finland under fortsättningskriget«, in: *Studia Historica Septentrionalia,* 14:1/1987, Oulu 1988

Junila, Marianne: »Das Zusammenleben der finnischen Zivilbevölkerung und der deutschen Truppen in Nordfinnland in den Jahren 1941–1944« [deutschsprachige Zusammenfassung der Dissertation *Kotirintaman aseveljeyttä: Suomalaisen siviiliväestön ja saksalaisen sotaväen rinnakaiselo Pohjois-Suomessa 1941–1944],* Helsinki 2000

Kalmbach, Gabriele (Hg.): *Paris 1940–1944. Die dunklen Jahre der Ville Lumière,* Berlin 1993

346

Klungnes, Einar: *Hverdagskrigen i Rauma,* Otta 1995

Kolland, Dorothea: »Frontmusik«, in: Hanns Werner Heister (Hg.): »*Entartete Musik*« *1938 – Weimar und die Ambivalenz,* Saarbrücken 2001. Zitiert nach http://www.kultur-neukoelln.de/texte/FRONTMUSi.pdf

Latzel, Klaus: *Deutsche Soldaten – nationalsozialistischer Krieg? Kriegserlebnis – Kriegserfahrung 1939–1945,* Paderborn 1998

Lenz, Claudia: »Vom Widerstand zum Weltfrieden. Der Wandel nationaler und familiärer Konsenserzählungen über die Besatzungszeit in Norwegen«, in: Harald Welzer (Hg.): *Der Krieg der Erinnerung. Holocaust, Kollaboration und Widerstand im europäischen Gedächtnis,* Frankfurt a. M. 2007, S. 41–75

Lilienthal, Georg: *Der »Lebensborn e. V.«. Ein Instrument nationalsozialistischer Rassenpolitik,* Frankfurt a. M. 1993; überarb. u. erw. Ausg. Frankfurt a. M. 2003

Mak, Geert: *In Europa. Ein Reise durch das 20. Jahrhundert.* Übers. v. A. Ecke und G. Seferens. München 2005

Meinen, Insa: *Wehrmacht und Prostitution im besetzten Frankreich,* Bremen 2002

Müller, Rolf-Dieter: »Liebe im Vernichtungskrieg. Geschlechtergeschichtliche Aspekte des Einsatzes deutscher Soldaten im Russlandkrieg 1941–1944«, in: Frank Becker/Thomas Großbölting/Armin Owzar/Rudolf Schlögl (Hg.): *Politische Gewalt in der Moderne.* Festschrift für Hans-Ulrich Thamer, Münster 2003, S. 239–267

Némirovsky, Irène: *Suite française,* übers. von Eva Moldenhauer, München 2005

Olsen, Kåre: *Vater: Deutscher. Das Schicksal der norwegischen Lebensbornkinder und ihrer Mütter von 1940 bis heute,* übers. v. Ebba D. Drolshagen, Frankfurt a. M. 2002 (Original: *Krigens barn. De norske krisbarna og deres mødre,* Oslo 1998; deutsche Taschenbuchausgabe unter dem Titel: *Schicksal Lebensborn. Die Kinder der Schande und ihre Mütter,* München 2004)

Pedersen, Terje A.: *Tyskerjenter i Norge. Reaksjoner og klippeaksjoner, 1940–1946,* Oslo 2006 (Diplomarbeit)

Potente, Hilmar: *Von Potsdam zum Polarkreis und zurück. Der Weg der 163. Inf. Division,* Teil I: *Norwegen,* Selbstverlag 1982

Reese, Willy Peter: »*Mir selber seltsam fremd«. Die Unmenschlichkeit des Krieges. Russland 1941–1944,* hg. von Stefan Schmitz, München 2003

Ringdal, Nils Johan: *Mellom barken og veden*, Oslo 1987

Sartre, Jean-Paul: *Paris unter der Besatzung. Artikel und Reportagen 1944–1945*, hg. v. Hanns Grössel, Reinbek b. Hamburg 1980

Schmitz-Köster, Dorothee: *Der Krieg meines Vaters. Ein Soldat in Norwegen*, Berlin 2004

Seidler, Franz W.: *Prostitution, Homosexualität, Selbstverstümmelung. Probleme der deutschen Sanitätskriegsführung 1939–1945*, Neckargemünd 1997

Solhjell, Kåre Olav: *Krigsår i Hallingdal 1940–1945*, Ål 1995

Tewes, Ludger: *Frankreich in der Besatzungszeit 1940–1943. Die Sicht deutscher Augenzeugen*, Bonn 1998

Theweleit, Klaus: *Männerphantasien*, Frankfurt a. M. 1977 und 1978

Ulstein, Ragnar: *Småsamfunn i storkrig*, Oslo 1980

Vercors: *Das Schweigen des Meeres*, Zürich 1999

Virgili, Fabrice: *La France »virile« – des femmes tondues à la Libération*, Paris 2000. (engl. Shorn Women. Gender and Punishment in Liberation France, über. von J. Flower, London 2002)

Warring, Anette: *Tyskerpiger – Under besættelse og retsopgør*, Kopenhagen 1994

Weih, Ruth: *Lässt sich Alltag okkupieren? Die norwegische Grenzgemeinde Kirkenes während der deutschen Besatzung 1940–44*, Kiel (Magisterarbeit) 1999

Weih (verh. Sindt), Ruth: *Alltag für Soldaten? Kriegserinnerungen und soldatischer Alltag in der Varangerregion 1940–44*, Kiel (Dissertation) 2005

Welzer, Harald: *Das kommunikative Gedächtnis. Eine Theorie der Erinnerung*, München 2002

Welzer, Harald/Moller, Sabine/Tschuggnall, Karoline: *»Opa war kein Nazi.« Nationalsozialismus und Holocaust im Familiengedächtnis*, Frankfurt a. M. 2002

Wendisch, Irja: *Meine Zeit wird kommen. Dr. Conzelmanns Kriegsjahre in Lappland*, Grevenbroich 2005 (finnische Originalausgabe 2002)

Werth, Léon: *33 Tage. Ein Bericht*, übers. von Tobias Scheffel, mit einem Nachwort von Lothar Baier, München 1996

Wilz, Marie: *Die Wahrnehmung des französischen Kriegsgegners in Feldpostbriefen aus dem Zweiten Weltkrieg.* Diplomarbeit an der TU Berlin, Institut für Sprache und Kommunikation, Berlin 2002; http://feldpostsammlung.org/pdf/wilz_frankreichbild.pdfh

Susanne Schädlich

Immer wieder Dezember

Der Westen, die Stasi, der Onkel und ich

»Es geht um Himmelsrichtungen zum Beispiel. Um das Wort *Wo*. Wie auf einem Kompass. Wo gehöre ich hin, wo komme ich her? Darum, wie es ist, wenn man keine Wahl hat. Wie es für die war, die mitgingen mit dem Vater, oder für die, die blieben. Mir geht es um das, was war, und darum, *wie* es war. Davor und danach. Was hat das alles aus mir, aus uns gemacht?«

Auf der Suche nach Heimat in einer
zerissenen Welt

Droemer